Mittmann · Mordverdacht

Wolfgang Mittmann

Mordverdacht

Große Fälle der Volkspolizei 4

Das Neue Berlin

Im Interesse des Schutzes der Privatsphäre beteiligter und betroffener Personen oder von Hinterbliebenen wurden einige Namen vom Autor geändert. Die mit ihnen in Zusammenhang stehenden Tatsachen sind verbürgt.

Quellen und Dank

Tatort Schwerin
KPEV »Mordsache Kohl«, LKA Schwerin Tgbnr. 2805/48 (Duplikat im Archiv des Autors);
LHA Schwerin, Bestand »Landtag Mecklenburg 1948-52« Az Nr. 545;
»Landes-Zeitung«, Schweriner Ausgabe v. 3.3.48 u. 1.4.49;
Richard Bessel: Die Volkspolizei und das Volk. Mecklenburg-Vorpommern 1945 – 1952. In: Sozialismus auf dem Lande. Schwerin 1999;
ders.: Volkspolizei zwischen Krieg und Sozialismus. In: Archiv für Polizeigeschichte. Heft 3/1993;
Fürmetz/Reinke/Weinhauer: Nachkriegspolizei in Deutschland. Hamburg 2001;
Karl Mewis: Frischer Wind in Mecklenburg. In: Die ersten Jahre. Berlin 1978;
Schwerin – ein illustrierter Reisebericht. Bremen 1995.
Der Autor dankt Karl-Wilhelm Braasch (Schwerin), Manfred Drews (Berlin), Maria P. (Bernau), Willi Hellmann (Seefeld), Horst Parton (Cottbus) und den Mitarbeitern des Mecklenburgischen Landeshauptarchivs sowie des Stadtarchivs in Schwerin.

Schüsse in der Chausseestrasse
Strafprozeßakte »Zygmund Andrezy al. Siegmund Andree«, LG Cottbus Az 3Ks 4/49 2-3-8;
»Märkische Volksstimme« v. 11.3.49, 17.3.49, 18.3.49 u. 13.5.49;
»Lausitzer Rundschau v. 31.6.70;
»Die Volkspolizei« Heft 4/49 u. 7/49;
Erinnerungsbericht Fritz Genz (Archiv des Autors);
Bergmann/Mittmann: Schüsse in der Laubenkolonie. In: Geschichte erlebt und mitgestaltet. Berlin 1984;
Wolfgang Mittmann: Nach dem Mörder wird gefahndet. Berlin 1988.
Der Autor dankt Ulrich Siebert (Borgsdorf), Marie Sonke (Lakoma), Eduard M. (Cottbus), Kriminaldirektor Hans-Joachim Zimmerling (Cottbus), Kriminalrat a.D. Roland Mette (Cottbus), Klaus Wilke (Cottbus), Dr. Bärbel Schönefeld (Polizeihistorische Sammlung beim Polizeipräsidenten in Berlin) und Opel-Autohaus Wahn (Uebigau).

Arsen
KPEV »Mordsache Otto B.«, BDVP Potsdam Tgbnr. 784/58, Brandenburgisches Landeshauptarchiv Rep. 404, Nr. 1059;
Franz Meinert: Der Giftmord mit Arsenik. In: Kriminalistische Monatsblätter. Hamburg 1946
Schnorr/Grube: Arsen in der Kriminalistik. In: Schriftenreihe der DVP. Jahrg. 1958, Nr. 24;
Siegfried Schnorr: Die wichtigsten Schädlingsbekämpfungsmittel in der Landwirtschaft. In: Schriftenreihe der DVP. Jahrg. 1956, Nr. 2;
Peter Przybilski: Zwischen Galgen und Amnestie. Berlin 1979;
»SUPER-ILLU«, Jahrgang 1991 und 1992;
Thomas Wilde: Todesstrafe ist die Tötung eines Menschen als staatliche Reaktion auf die Verwirklichung einer Straftat. In: bdk-profil 1-3/99;
»Märkische Volksstimme« v. 12.4.58;
Angelika und Bernd Erhard Fischer: Kloster Zinna – Ort der Gegensätze. Potsdam 1997;
Herbert Ewe: Rügen, Rostock 1975.
Der Autor dankt Gottfried Köhler (Potsdam), Fred Knochmuß (Welsickendorf), Steffen Claus (Kriminalmuseum Aschersleben) und den Mitarbeitern des Brandenburgischen Landeshauptarchivs sowie dem Stadtarchiv Jüterbog.

Erbarmungslos
Strafprozeßakte »Mordsache Karl-Heinz Sch.«, Staatsanwaltschaft Halle;
»Freiheit« v. 16.11.79 und 21.11.79;
»Mitteldeutscher Express«, Ausgabe Halle v. 24. – 28.6.91;
»SUPER-ILLU«, Heft 43/1991;
W. Eisenächer u.a.: Zwischen Saale und Harz – Mansfelder Land. Orb 1993.
Der Autor dankt Winfried Wölfel (Halle-Merseburg), Siegfried Schwarz (Halle), Helmut Lieneweit (Hettstedt), Magdalena Sonderhausen (Röblingen).

Die Fotos stammen aus dem Archiv des Autors.

ISBN 3-360-00962-2

Rosa-Luxemburg-Str. 39, 10178 Berlin
Umschlagentwurf: Jens Prockat
Druck und Bindung: Ebner Ulm

Inhalt

Tatort Schwerin 7
1948 – Ein Mord aus niederen Motiven

Schüsse in der Chausseestraße 85
1949 – Polizistenmord in Cottbus

Arsen 139
1955 – Der Weihnachtsmann aus Jüterbog

Erbarmungslos 203
1979 – Der Frauenmörder vom Salzigen See

Tatort Schwerin

Ein Mord aus niederen Motiven
1948

Eisgrau schimmerte der Himmel, der sich über die mecklenburgische Landeshauptstadt spannte. Noch nicht einmal 100 000 Menschen lebten 1948 in den Mauern Schwerins. Die ehemalige großherzogliche Residenz war ihrem Charakter nach eine Stadt der Kleinbürger, der Beamten, der Händler und der Handwerker geblieben. Eine kurze, breite Straße führte von der Schloßinsel in die vom Krieg nur wenig beschädigte Altstadt. Drei Asphaltstraßen mit ansehnlich erhaltenen Bürgerhäusern durchaderten das Gewirr von verwinkelten Gassen und schmalen Gäßchen. Erst der Zustrom von Umsiedlern aus den deutschen Ostgebieten hatte die Zahl der Einwohner von 64 000 auf 94 000 anschwellen lassen. Man lebte auf engstem Raume; ein jeder hatte sich, so gut es eben ging, eingerichtet. Das gesellschaftliche Leben war von provinzieller Enge geprägt. Da gab es Cliquen und Klüngel, wie überall. Jeder wußte, wer mit wem harmonierte, wem man zu mißtrauen hatte und in welche Nischen sich die Seilschaften der früheren braunen Parteigänger zurückgezogen hatten. Wichtige lokale Machtpositionen waren inzwischen von den Mitgliedern der neuen Einheitspartei besetzt. Aus allen Teilen der Sowjetischen Besatzungszone hatte die Parteiführung ihre bewährten Genossen nach Schwerin in Marsch gesetzt. Viele von ihnen waren im Frühjahr 1945 aus Zuchthäusern und Konzentrationslagern durch die Rote Armee befreit worden. Die eingesessenen Mecklenburger warteten ab. Sie fragten voller Skepsis: Wie lange würden sich die neuen Machthaber wohl halten können?

Das vierstöckige Wohnhaus in der Schweriner Schloßstraße 36 war von einem guten Dutzend Mietparteien belegt. Da gab es Hauptmieter und Untermieter. Im Erdgeschoß links befand sich der Eingang zur Tauschzentrale und zum Schuhhaus Otto Fischer. Rechts daneben das Uhrenfachgeschäft Schwarzenbach. Im ersten Stock hatte sich der praktizierende Arzt Dr. Wüsthoff niedergelassen. Ganz oben im vierten Stock lagen die Wohnräume des Fotografen Fritz Purweis, der gemeinsam mit seiner Frau Kätchen ein Fotofachgeschäft nebst Atelier in der Schmiedestraße unterhielt.

Es war kalt am Dienstag, dem 2. März 1948. Ein frischer Wind wehte vom Westufer des Schweriner Sees durch die Schloßstraße. Gegen sechzehn Uhr kam Frau Kätchen in Begleitung der Friseuse, Eliane Dubol, die Mecklenburger Straße herauf. Die siebenunddreißigjährige Fotografenfrau trug einen modischen Wintermantel und ein überaus keckes Hütchen. »Ich verstehe gar nicht«, meinte sie verärgert, »warum die Gretel nicht ans Telefon gegangen ist. Ich wollte ihr nur sagen, daß sie uns einen guten Kaffee kochen soll. Du bist doch noch mein Gast, Eli?«

»Ein Täßchen Bohne schlage ich nie aus.«

Schwerin – Schloßstraße 36

Sie bogen in die Schloßstraße ein. Die langgestreckte Häuserfront zur Linken war mit rotem Spaltklinker verkleidet. Über dem Hauseingang mit der Nummer 36 hing eine Normaluhr – das Innungszeichen der Firma Schwarzenbach.

Die beiden Frauen öffneten die Haustür und stiegen bis zum

vierten Stock hinauf. Die Korridortür zur Wohnung Purweis war nicht verschlossen, nur eingeklinkt. Frau Purweis steuerte sogleich in die Küche. Der Mittagsabwasch war noch nicht erledigt. Unberührt stand das Geschirr im Spülstein. Gretel hatte sich nicht darum gekümmert. Wo steckte das Hausmädchen überhaupt?

»Gretel?« rief Kätchen Purweis laut. »Gretel, wo sind Sie?«

In ihrem Zimmer war das Mädchen nicht. Margarete Kohl lag auf der Couch im Wohnzimmer. Ihr Körper war mit einem bunten Steppbett bedeckt, zwei Kopfkissen über Brust und Gesicht gezerrt. Lediglich die Füße ragten ein wenig unter der Decke hervor.

»Mein Gott, Gretel, ist Ihnen übel?« rief Frau Purweis erschreckt.

Ihre Freundin eilte herbei. »Deck sie doch erst mal auf! Ich hole einen Schluck Wasser.«

Die Fotografin warf die Kissen zur Seite. Das Gesicht des Mädchens kam zum Vorschein. Blau angelaufen, mit einer dünnen Spur Blut unter der Nase. Nicht das geringste Anzeichen von Atmung. Die vierundzwanzigjährige Hausangestellte war tot.

»Oh, mein Gott!« Kätchen Purweis' schriller Aufschrei alarmierte das Haus. Türen flogen auf. »Was ist denn da oben los?« rief Minna Lolke aus dem dritten Stock, während Magdalena Pingler aus der Wohnung darunter sich rasch bekreuzigte.

»Schickt den Doktor rauf! Sofort! Mit der Gretel ist was Schlimmes passiert!«

In der Arztpraxis im ersten Stock hielt sich nur die Sprechstundenhilfe auf. Fräulein Petrowitsch warf die Krankenblätter zur Seite, die sie soeben auf den neusten Stand bringen wollte, und hastete die Stiegen hinauf. Die ausgebildete Krankenschwester erkannte auf den ersten Blick, daß Gretel Kohl nicht mehr zu helfen war. Ein Hanfstrick war um den Hals der Unglücklichen geschnürt, linksseitig verknotet. Vorsichtig löste Fräulein Petrowitsch das Seil, ohne den Schlingenknoten zu beschädigen.

»Herr Doktor Wüsthoff ist zu einem Krankenbesuch gefahren, nach außerhalb«, erklärte sie. »Wir müssen Doktor Asmuß anrufen!«

Der Arzt kam sofort. Er besichtigte die Leiche und verweigerte den Totenschein. »Das sieht wie Selbsttötung aus, oder gar

Mord. Tut mir leid, ich muß die Polizei verständigen. Kommen Sie, meine Damen, wir warten alle in der Küche. Hier darf jetzt nichts mehr verändert werden!« Asmuß drängte die Anwesenden aus dem Wohnzimmer.

Nachdem die Meldung über den Leichenfund das Kriminalamt in der Schweriner Amtsstraße erreicht hatte, brachen der Oberassistent Rolf Stepanek und die Kriminalassistentin Tischerowski zu einer ersten Inspektion des Tatortes auf. Ein Schutzpolizist vom 1. Polizeirevier bewachte die Wohnungstür. Er winkte die beiden Kriminalangestellten ins Schlafzimmer.

Kätchen Purweis saß auf der Bettkante und sog an einer Zigarette. Völlig entnervt starrte sie auf den Wäscheschrank. Alle Türen standen offen. »Sehen Sie sich das bloß an«, jammerte die Frau. »Die Mäntel sind gestohlen. Meine Kleider, Kostüme und die gesamte Bettwäsche. Unfaßbar!«

Ein Verdacht keimte in Stepanek auf. Mit einer hastigen Handbewegungen ordnete er sein struppiges Blondhaar. »Du bleibst hier!« befahl er seiner Kollegin. Dann verließ er den Raum, um den Arzt zu befragen. »Können Sie schon was sagen, Herr Doktor?«

»Sie meinen zur Todesursache?« Doktor Asmuß zog die Schultern hoch. »Die Schlinge wurde mit ziemlicher Kraft zugezogen. Ziemlich atypisch für einen Suizid. Hundertprozentig ausschließen kann ich es natürlich nicht. Aber Selbstmörder pflegen im allgemeinen den Strick an einem Balken aufzuhängen, am Fensterkreuz, an einer Stuhlllehne, oder von mir aus auch an einer Türklinke.« Sie traten neben die Leiche. »Doch die hier, sehen Sie, lag unter dem Deckbett. Ihre Hände haben den Strick nicht mal berührt!«

»Also doch ein Mord?«

Der Arzt nickte nachdenklich. »Jedenfalls paßt diese Version wohl eher zu den ausgeräumten Schränken.«

»Und wann, schätzen Sie, ist es passiert?«

»Zwischen vierzehn und sechzehn Uhr. Ich schlage vor, Sie ziehen Doktor Eltester zu Rate. Er ist als Gerichtsarzt vereidigt.«

Stepanek ließ sich das Telefon zeigen. Mit einem Taschentuch griff er nach dem Hörer, um die Fingerabdrücke nicht zu verwischen, und drehte unter Zuhilfenahme eines Bleistiftes die Wählerscheibe.

»Janke!« meldete sich der Kommissariatsleiter K1 im Kriminalamt.

»Hier Stepanek. Ich glaube, es ist besser, wenn du dir selber ein Bild von der Sache machst, Ernst. Hier spricht einiges für Raubmord!«

Obersekretär Janke sah zur Uhr. Gleich siebzehn Uhr. Mit Not und Mühe erreichte er noch die Erkennungsdienstmitarbeiter Riechemeier und Reichwald, die gerade im Begriff waren, die Dienststelle zu verlassen. Murrend schleppten die beiden ihre schwere Fotoausrüstung und den Aluminiumblechkoffer, der alle notwendigen Werkzeuge und Spurensicherungsmittel enthielt, zum Einsatzfahrzeug – eine dunkle Mercedes-Limousine, die irgendwann als Taxi gedient hatte und sich heute nur noch durch ihren hohen Benzinverbrauch auszeichnete. Immer wieder gab es Ärger bei der Abrechnung der Benzinmarken.

Am »Arsenal« stieg Oberkommissar Oehlbeck zu. Der Demmler-Bau am Pfaffenteich beherbergte die Landespolizeibehörde und das mecklenburgische Landeskriminalamt. Hans Oehlbeck hatte die Sechzig bereits überschritten. Er war ein kleiner untersetzter Mann mit rundem Gesicht. Oehlbeck galt als Doyen der mecklenburgischen Mordkommissionen. Schon in der Weimarer Republik hatte er die Dienstmarke in der Tasche getragen. Dutzende von Berufsneulingen waren seit 1945 durch seine Schule gegangen. Naturgemäß fiel ihm, dem Dezernatsleiter K1, die Aufsicht über die Mordkommission »Schloßstraße«, wie sie später genannt wurde, zu.

Entgegen allen Darstellungen in gängigen Kriminalromanen entbehren Ermittlungen in Mordsachen jedweder Romantik und Spannung. Mühsam und zeitraubend muß der Kriminalist Informationen sammeln, Spuren suchen und für eine spätere Feinauswertung sichern. Nichts darf dem geschulten Blick des Erkennungsdienstlers entgehen, denn wer will am Anfang einer Untersuchung schon entscheiden, welcher Spur bei der Überführung des Täters besondere Bedeutung zukommen wird.

Mit aufwendiger Geschäftigkeit machten sich die beiden Männer vom Erkennungsdienst an die Arbeit. Obersekretär Janke übernahm das Protokoll der Tatortbesichtigung. *»Das Tatzimmer hat eine Größe von 5 m x 4 m und ist mit modernen Möbeln aus-*

Tatzimmer: auf der Couch das abgedeckte Mordopfer

gestattet«, schrieb er. *»Zur linken Hand ist eine sogenannte Raucherecke hergerichtet. Um einen kleinen Rauchtisch stehen zwei Polstersessel. Auf dem Aschenbecher liegt ein Zigarettenkippen, auch stelle ich Asche im Aschenbecher fest. Bei dem Zigarettenkippen handelt es sich um eine Unitazigarette mit der Aufschrift ›Sondermischung‹.«*

Janke drehte sich dem Korridor zu. »Hat jemand von ihnen im Wohnzimmer geraucht?« fragte er. »Frau Purweis? Frau Dubol? Oder Sie, Herr Doktor?«

»Ich weiß, wie ich mich an einem solchen Ort zu verhalten habe«, reagierte der Arzt verschnupft.

»Und die Tote?« Janke stutzte, als er sah, daß der Arzt griente. »Ich meine natürlich, ob Fräulein Kohl geraucht hat, als sie noch lebte?«

»Gretel hat nie geraucht!« erklärte Kätchen Purweis bestimmt. »Sie war ein sehr ordentliches Mädchen. Die gute Seele des Hauses, wenn Sie es genau wissen wollen.«

»Auf der Lehne des einen Sessels, der gleich links neben der Tür steht, liegen ein Paar graue Wildlederhandschuhe. Sie sind auffallend klein. Die Handschuhe liegen aufeinander und sind so zusammengedrückt, als hätte die Person, die die Handschuhe

trug, diese einige Zeit in der Hand getragen. Das Leder weist Schweiß- und andere Schmutzspuren, besonders bei beiden Daumen und Zeigefingern auf. Der Mittelfinger des linken Handschuhes ist an der Innenseite 3 cm aufgetrennt ...«

Keiner der Anwesenden kam als Besitzer der Handschuhe in Betracht. Dann können sie ja eigentlich nur vom Täter stammen, schlußfolgerte Ernst Janke. Er beschrieb die wuchtige Radiotruhe in der Fensterecke, die Stehlampe mit dem Telefontisch davor und schilderte die Lage der Leiche auf der Couch. Exakt bezeichnete er jedes Kleidungsstück, das die Tote auf dem Körper trug. Unter ihren Fingernägeln kratzte er den Schmutz hervor, um ihn für die mikroskopische Untersuchung zwischen zwei Glasplatten aufzubewahren. Auch das Tatwerkzeug, die Hanfstrickschlinge, landete bei den Beweisasservaten. Jankes Bericht umfaßte zuletzt sieben Seiten. Er schloß ihn mit den Sätzen: *»Ich untersuche das Zimmer mit dem Sachbearbeiter K 7 nach Spuren, doch ist nichts besonderes festzustellen. Einige Fingerabdrücke auf Glasplatten und Silberschalen werden vom Sachbearbeiter ausgewertet.«*

Oberkommissar Oehlbeck stand in der Küche und verhandelte mit Dr. Eltester. Inzwischen war auch die Amtsgerichtsrätin Bauer als Vertreterin der Schweriner Justiz am Tatort eingetroffen. Die gesetzlich vorgeschriebene Leichensektion wurde für Mittwoch, den 3. März, angeordnet.

Tatwerkzeug: Ein 1 m langer Hanfstrick

Aus dem Schlafzimmer trat Oberassistent Stepanek. Er schwenkte sein dickes Notizbuch in der Hand. »Unglaublich, was hier alles fehlt«, berichtete er. »Sechs Damenmäntel, drei Kostüme, zehn Kleider, drei Herrenmäntel, drei Anzüge, fünf Hosen, sechs mal Bettwäsche, dazu diverse Unterwäsche, Schuhe und sogar ein Radioapparat.«

»Alle Wetter«, bemerkte Oehlbeck trocken. »Wie bringt man so einen Stapel unbemerkt aus dem Haus?«

»Vermutlich in den zwei Koffern, die der Mörder im Zimmer des Hausmädchens fand.« Stepanek blickte auf seine Notizen. »Ein schwarzer Lackkoffer mit gelben Riemen und ein brauner Koffer aus Vulkanfiber. Mit mehreren Hotelzetteln beklebt, die aus Karlsruhe stammen. Ach ja, eine große Aktentasche fehlt auch noch.«

»Ganz schönes Gewicht«, meinte Janke, der in diesem Augenblick im Rahmen der Küchentür auftauchte. »Der Täter muß ungewöhnlich kräftig sein, wenn er das alles auf einen Ritt aus dem Hause geschafft haben soll.«

Oehlbeck zupfte an der gepunkteten Fliege, die er korrekt zum braunen Anzug trug. »Dafür erscheinen mir die Wildlederhandschuhe ein bißchen zu klein geraten«, brummte er. »Ich denke, der Mörder ist mindestens zweimal durchs Treppenhaus gegangen.«

»Oder er hatte Komplizen, die im Hausflur oder auf der Straße auf ihn gewartet haben«, setzte Janke seine Mutmaßungen fort. »Wo ist übrigens unser Fräulein Tischerowski abgeblieben?«

»Ich habe sie vorhin durchs Haus geschickt. Ein bißchen rekognoszieren. Vielleicht hat einer der Mieter eine interessante Beobachtung gemacht.« Der Oberkommissar fingerte an seiner Uhrkette, beäugte das Zifferblatt der großväterlichen Zwiebel, die er in der Westentasche trug. »Ich vermisse übrigens Ihren Gatten«, wandte er sich an die Wohnungseigentümerin. »Schon zweiundzwanzig Uhr, Frau Purweis. Hat er um diese Zeit noch im Geschäft zu tun?«

»Mein Mann ist gar nicht in Schwerin«, sagte sie knapp.

»Ach nee!«

»Fritz ist am Sonntag nach Leipzig gefahren. Zur Frühjahrsmesse. Die wurde heute eröffnet. Lesen Sie denn keine Zeitung, meine Herren?«

Von der alten, grünen Tür blätterte die Farbe. Minna Lolke stand im Korridor und lauschte auf die Geräusche im Treppenhaus. Eben hatte jemand den mechanischen Klingelknauf gedrückt.

»Hallo? Wer ist denn da?«

»Kriminalpolizei«, antwortete eine gedämpfte Frauenstimme.

»Ja? Was wollen Sie?«

»Ich muß mit Ihnen reden. Machen Sie doch bitte einen Moment auf.«

Die Tür war mit einer Sperrkette gesichert. Minna Lolke öffnete sie vorsichtig einen Spalt. Eine junge Frau, mit Mantel und Baskenmütze bekleidet, stand im trüben Licht des Treppenhauses und streckte ihr einen Klappausweis entgegen. »Ich habe nur ein paar Fragen«, sagte sie. »Mein Name ist Eva Tischerowski.«

Minna Lolke raffte den Morgenmantel um ihre mageren Schultern zusammen. Dann ließ sie die Kriminalangestellte über die Schwelle. Die junge Frau entschuldigte sich sofort. »Ich hoffe, Sie haben noch nicht geschlafen.«

»Bei dem Lärm, den Ihre Leute veranstalten, kann man sowieso nicht schlafen«, murrte Minna. Sie mochte Ende fünfzig sein. Ein dürrer Zopf aus grauem, strähnigen Haargeflecht baumelte auf ihren Nacken herab. An den Füßen schlappten riesige Pantoffeln. Während sie die lästige Besucherin in das schmale Wohn- und Schlafzimmer führte, fragte sie neugierig: »Ist sie denn wirklich ermordet worden, die Kleine von Purweis?«

»Ja. Fräulein Kohl ist leider tot.«

»Traurig, sehr traurig«, murmelte die Alte. »Viel hat das Mädel nicht vom Leben gehabt. Vierundzwanzig Jahre. Und schon ist alles zu Ende. Wer tut denn so was?«

Der enge Raum roch nach Vorkriegsseife und ein bißchen nach Drogerie. Auf dem altertümlichen Sofa war eine Schlafstatt bereitet. Minna Lolke räumte eine Handvoll Kleider von der Stuhllehne. »Gucken Sie sich nicht so genau um, Kindchen. Is' nicht sonderlich gemütlich bei mir. Weiß ich ja. Aber ich bin Witwe und lebe allein.« Sie deutete auf den freigewordenen Stuhl, während sie sich in das Federbett auf dem Sofa kuschelte.

»Sie kannten Fräulein Kohl schon lange?«

»Zwei Jahre ist es her, daß ich hier ins Haus kam. Bin Flüchtling aus dem Pommerschen. Die Gretel auch. Oft hat sie bei mir auf dem Sofa gesessen und mir ihr Herz ausgeschüttet. Wie eine eigene Tochter stand sie zu mir. Ich bin doch kinderlos geblieben.«

»Hatte Fräulein Kohl keine Angehörigen?«

»Die Eltern wohnen in Bad Doberan. Und hier, in Schwerin, lebt noch eine Schwester. Frau Purweis weiß bestimmt die Adresse.«

»Und wie steht's mit den Männern?«

»Verlobt war die Gretel mal, das weiß ich. Aber der junge Mann ist 1946 gestorben. Die Lunge hat nicht mehr mitgemacht.«

»Keine Bekanntschaft seitdem?«

»Die Gretel war sehr solide, Kindchen. Höchstens mit ihrer Schwester ist sie mal ins Kino gegangen. Oder mit der Gerdel Hillmers, die auch bei Purweis angestellt ist. Als Lehrling im Fotogeschäft. Wohnen tut die nämlich auch im Haus. Das Zimmer über mir.«

»Mit vierundzwanzig«, sagte die Kriminalassistentin skeptisch, »hat man doch mehr als nur einen Verehrer an der Hand.«

Minna Lolke kicherte wie ein Schulmädchen. »Sie vielleicht, Kindchen, das will ich gern glauben. In den Sommermonaten bin ich mit der Gretel manchmal abends noch spazieren gegangen. Die meisten Männer gefielen ihr nicht. Zu etwas Festem ist es nie gekommen. So was hätte sie mir erzählt.«

An sich nichts Besonderes, dachte Eva Tischerowski, die bloß noch mit halbem Ohr zuhörte. Viel mehr als der übliche Haustratsch war nicht zu erfahren, worauf sich, bei Lichte besehen, wohl kaum eine vernünftige Ermittlung aufbauen ließ. Kurzentschlossen stand die Kriminalassistentin auf. »Ich muß jetzt leider weiter, Frau Lolke. Vielen Dank für die Auskünfte. Und wenn Ihnen doch noch etwas einfallen sollte ... Ich schau morgen nochmal bei Ihnen rein.«

»Moment noch, Kindchen. Eine Sache will ich Ihnen noch erzählen. Gestern, also am Montag, war ein junger Mann im Treppenhaus. Er machte einen ganz freundlichen Eindruck. Gretel unterhielt sich eine Weile mit ihm. Später, als sie dann zu mir in die Wohnung kam, da lachte sie und erzählte, daß der junge Mann schon mal am Sonnabend dagewesen sei. Er wäre vom Wohnungsamt gekommen und hätte die Räume bei Purweis besichtigt.«

Eva Tischerowski nahm flugs wieder Platz. »Das interessiert mich jetzt aber wirklich, Frau Lolke. Erzählen Sie, wie sah denn dieser Mann aus?«

»Naja, wissen Sie, Kindchen, so richtig hab ich ihn auch nicht gesehen. Das war eben nur ganz kurz auf der Treppe. Meine Augen ..., und die Brille hatte ich nicht dabei ...«

»War er groß oder klein?« fragte die Assistentin. »Schlank oder vielleicht dick? Denken Sie nach, Frau Lolke. Bitte!«

Die Antwort kam zögerlich. »Eher groß, mein ich. Und schlank. Ja, das war er bestimmt.«

»Die Bekleidung? Was hatte er an?«

»Einen dunklen Mantel. Und an einen Hut kann ich mich erinnern. Der könnte auch dunkel gewesen sein, so grau oder braun.«

Eva notierte eifrig. »Alter, Gesicht und Haarfarbe?« wollte sie das Gedächtnis der alten Frau noch einmal aktivieren, aber Minna Lolke kapitulierte. »Eine dunkle Aktentasche hielt er in der Hand. Das weiß ich. Aber mehr ... nee, tut mir leid, Kindchen.«

Zur gleichen Zeit saß der Oberassistent Stepanek Gerda Hillmers gegenüber. Das pummelige Mädchen, das als Fotolaborantin bei Purweis arbeitete, wohnte auf der gleichen Etage im Mordhaus. In ihrem blassen Gesicht fielen die grünlich schimmernden, sehr schmal geschnittenen Augen besonders auf. Ein schwarzes Samtband umschloß ihre braune Ponyfrisur.

»Naja, die Gretel war ja nu immer alleine, nöch«, erzählte sie lebhaft. »Mit sich selbst is die nie zufrieden gewesen. Sie wär ja man auch gern mit ein' Freund zusammen gewesen. Sie hatte eben immer Pech.«

Stepanek beobachtete, wie das Mädchen nervös an ihrem Taschentuch zupfte. »Wann haben Sie Fräulein Kohl zuletzt gesehen?« fragte er.

Gerda Hillmers krauste die Stirn. »Das war gestern. So kurz nach dreizehn Uhr im Geschäft. Gretel brachte Mittagessen für die Chefin. Und da ...«, Tränen füllten ihre Augenwinkel, »da war sie noch ganz vergnügt. Fiel sogar der Chefin auf.«

»Haben Sie mit ihr gesprochen?«

»Nicht viel, nur belanglosen Kram. Wir waren ja alle so beschäftigt. In der Firma war 'ne Kontrolle angesagt. Da mußte denn ja auch alles tiptop sein, nöch. Legt die Chefin immer großen Wert drauf.«

»Ist Fräulein Kohl lange in der Schmiedestraße geblieben?«

»'ne Stunde, länger nich. Kurz nach zwei is sie wieder nach Hause. Da war sie sogar in Herrenbegleitung.« Ein schwaches Lächeln. »Unser Lehrling hat ihr den Bohnerbesen in die Wohnung getragen.«

»Aha«, meinte Stepanek, »Und wie heißt dieser Lehrling?«

»Karl-Friedrich Holzmann. Der wohnt inne Königstraße.«

»Wie lange ist Holzmann denn weggeblieben?«

»Ooch, nich lange. Fünfzehn Minuten später war er schon wieder zurück.«

Stepanek überschlug im Geist die Wegstrecke. »Ist Ihnen etwas an ihm aufgefallen, Fräulein Hillmers? Ich meine, benahm er sich anders als sonst? War er aufgeregt oder verwirrt, wie jemand, der etwas Außergewöhnliches erlebt hat?«

Ihr Gesicht hellte sich auf. »Ach, nöö! Unser Holzi is doch so'n richt'ger Dösbattel. Den stößt so leicht nix aus die Buxen!«

Magdalena Pingler war noch im Unterrock, als Eva Tischerowski bei ihr klopfte. Die siebenunddreißigjährige Mieterin aus dem zweiten Stock spülte ihre Seidenstrümpfe in einer hellblauen Emailleschüssel. Ungeniert setzte sich die Kriminalassistentin an den Küchentisch und erläuterte ihr Anliegen.

Die zur Fülligkeit neigende Frau nickte bereitwillig. »Freilich kenn ich die Mieter am längsten«, erklärte sie munter. »Ich wohn doch mit meiner Familie seit elf Jahren in der Schloßstraße. Mein Männe war früher bei der Marine. Und die Wahrsagerin hat neulich in meiner Hand gelesen, daß er bald aus der Gefangenschaft nach Hause kommt.« Ein tiefer Seufzer.

»Schön für Sie«, unterbrach Eva den Redefluß der Frau. »Aber vielleicht können Sie mir etwas über die Familie Purweis erzählen?«

»Jaja, den Herrn Purweis kenn ich ja schon seit 1939. Kurz vor dem Krieg ist er – damals noch mit seiner ersten Frau – in die Wohnung im vierten Stock eingezogen. 1941 wurden sie geschieden, und er heiratete die jetzige Frau. Fräulein Grete kam erst 1946 in den Haushalt. Nein, Schlechtes kann ich über keinen sagen. Und von Frau Purweis hab ich immer nur Gutes über die Grete gehört. Sie sei eine Perle, sagte Frau Purweis immer. Ich habe die beste Meinung von ihr, auch wenn ich nur selten mit ihr gesprochen habe.«

»Warum?«

»Herr Purweis ist der Hausobmann. Er führt das Meldebuch und muß die Lebensmittelkarten verteilen. Fräulein Grete hat die Karten dann immer zu uns Mietern gebracht. Niemals gab es Unstimmigkeiten.« Die Pingler hielt einen Strumpf gegen das Lampenlicht. »Mist!« schimpfte sie. »Die kann ich schon wieder wegschmeißen! Gehen bei Ihnen auch so viele kaputt?«

Die Kriminalassistentin überging das spezifische Frauenthema. »Gab es Männergeschichten bei Margarete Kohl?«

Magdalena Pingler ließ ein kurzes Lachen hören. »Die war viel zu schüchtern«, behauptete sie. »Einen Verlobten hat es mal gegeben, aber der soll ja schon verstorben sein. Hab's so im Haus gehört.«

»Von Frau Lolke?«

»Schon möglich.«

»Frau Lolke hat gestern einen jungen Mann im Haus gesehen, der angeblich schon am Sonnabend bei Fräulein Kohl zu Besuch war.«

Magdalena Pingler hielt inne. »Der im dunklen Mantel und dem braunen Hut? Ich denk, der kam vom Wohnungsamt?«

»Sie kennen ihn?«

»Nee, aber der war heute auch im Haus. Stand am Treppenfenster im ersten Stock. Hat 'ne Zigarette geraucht.«

»Wann war das?«

»So gegen zwei Uhr muß das gewesen sein. Ich bin gerade rasch zum Bäcker. Als ich nach 'ner viertel Stunde zurückkam, war niemand mehr da.«

»Sie wissen die Zeit so genau?«

Magdalena Pingler strich eine widerspenstige Haarsträhne aus ihrem Gesicht. »Weil mein Sohn – er ist elf – um vierzehn Uhr dreißig ins Kino wollte.«

Es klapperte an der Korridortür. Eva Tischerowski hob den Kopf und lauschte. Ein Schlüssel wurde im Schloß gedreht.

»Das wird mein Untermieter sein«, sagte Frau Pingler rasch. »Herr Pongratz ist Schauspieler.«

Die angelehnte Küchentür flog auf. »Hallo, du meine Schöne!« Ein älterer Herr mit silbrigem Haarschopf tänzelte über die Schwelle. Er trug einen großzügig geschnittenen Anzug aus breitgeripptem Cord. Um Hals und Schulterpartie hatte er ein elegantes Tuch geschlungen Seine linke Hand schwenkte einen breitrandigen Hut. »Drei Vorhänge, Verehrteste!« Theatralisch riß er die Arme auseinander. »Drei Vorhänge! Das Publikum war begeistert wie nie! Du mußt dir unbedingt die nächste Vorstellung anschauen!« Dann erst stutzte der aufgedrehte Mime. »Holla – Besuch? Wer ist dies schöne Frauenzimmer, wenn man hier fragen darf?«

»Kriminalassistentin Tischerowski«, stellte Eva sich vor.

»Wie – der Arm des Gesetzes in diesem Hause?« Ein süffisanter Blick streifte seine leichtbekleidete Vermieterin. »Sag an, Verruchte, was hast du getan?«

»Weißt du, was passiert ist?« rief die Pingler lebhaft: »Du wirst es mir nicht glauben. Die Grete Kohl ist umgebracht worden!«

»Was, die Kleine vom Fotografen?« Pongratz' Überraschung war echt. »Weiß man, wer das getan hat? Jemand aus dem Haus?«

»Unsere Ermittlungen haben erst begonnen«, erklärte die Kriminalangestellte am Tisch. »Sie könnten uns helfen. Vielleicht hegen Sie einen bestimmten Verdacht?«

»Wollen Sie mich zum Denunzianten stempeln?« Die Abfuhr war deutlich. »Ich weiß überhaupt nichts. Nicht einmal, wen ich verdächtigen sollte.«

»Ob das Mädchen Feinde hatte, würde ich gern wissen. Einen verschmähten Liebhaber? Oder hat ihr jemand gedroht? Könnte es nicht sein, daß Ihnen irgend etwas aufgefallen ist?«

»Ich weiß wirklich nicht, wie ich Ihnen nützen kann. Für das Mädel habe ich mich nicht interessiert. In meinem Alter, wissen Sie, schaut man wohl eher nach reiferen Frauen.« Seine Augen folgten Magdalena Pingler, die sich anschickte, ihre Strümpfe zum Trocknen an der Leine überm Küchenherd festzuklammern.

Die Kriminalassistentin dachte sich ihren Teil. »Bitte, Herr Pongratz, wo haben Sie sich im Laufe des Tages aufgehalten?« Die Selbstgefälligkeit des angejahrten Thespisjüngers ging ihr auf die Nerven.

»Oho!« protestierte der Schauspieler. »Brauch ich jetzt tatsächlich ein Alibi?«

Eine feine Röte überflog das Gesicht der Kriminalassistentin. Sie fühlte sich ertappt. »Reine Routine«, behauptete sie rasch, doch ihre Körpersprache verriet sie.

»Vormittag war ich im Theater zur Probe. Dann hier in der Wohnung. Gegen drei hat mich eine Kollegin abgeholt.«

»Stimmt, das war Frau Jorti«, sprang die Pingler ihm bei.

»Ist Ihnen ein fremder Mann im Treppenhaus aufgefallen? Dunkler Mantel, Hut und eine Aktentasche?«

»Nein«, beteuerte der Mime. »Meine Kollegin und ich sind zum Theater-Café spaziert. Wir wollten, wie Sie sich vielleicht denken können, in aller Ruhe Kaffee trinken. Danach begaben wir uns zur Vorstellung ins Große Haus.« Sein Lächeln wurde wölfisch. »Ist Ihre Neugier nun endlich gestillt, Madame Sherlock Holmes?«

»Noch nicht ganz, Herr Pongratz«, gab sie grantig zurück. »Ich möchte noch Ihre Personalien. Sie wissen doch – fürs Protokoll. Bei uns braucht alles seine Ordnung.«

Zwei Männer mit einer dunklen Zinkwanne begegneten der Kriminalassistentin im Treppenhaus, als sie, noch immer wütend, zur Berichterstattung in den vierten Stock eilte. Umständlich und über das Treppengeländer kantend trugen sie die Tote nach unten. Auf der Straße wartete ein Leichenauto, um Margarete Kohl zum Ziel ihrer vorletzten Reise – den Sektionsraum im Krematorium des Schweriner Friedhofs zu bringen.

»Vortrefflich, Mädel«, lobte Oberkommissar Oehlbeck die junge Kollegin vor der versammelten Kommission. Das tat er höchst selten. Von Frauen in der Kripo hielt er nicht viel. Seinem Ver-

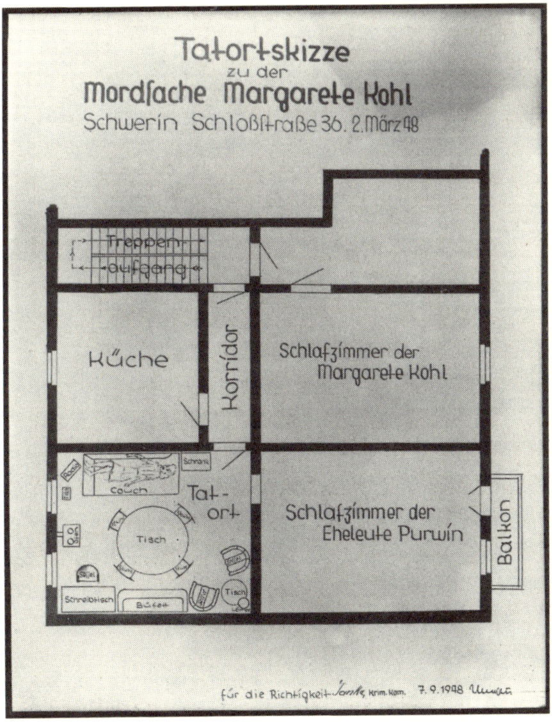

ständnis zufolge war der Beruf des Kriminalisten eine reine Männerdomäne.

»Unsere Arbeitshypothese lautet, daß Fräulein Kohl zwischen vierzehn und sechzehn Uhr erdrosselt wurde«, nahm Oehlbeck den Faden wieder auf. »Um die angenommene Tatzeit weiter einzugrenzen, müssen wir die letzten Stunden im Leben der Hausangestellten rekonstruieren. Was hat sie genau getan? Wo und wann ist sie mit wem zusammengetroffen?«

»Vernehmung aller Hausbewohner«, schlug Obersekretär Janke vor.

»Richtig. Vergeßt mir aber die Angestellten der Firma nicht.«

»FOTO-Purweis in der Schmiedestraße 23«, zitierte Stepanek aus seinem Notizbuch.

»Wir wissen außerdem mit ziemlicher Sicherheit, daß sich am Nachmittag ein fremder Mann im Haus aufgehalten hat. Prägen Sie sich die Personenbeschreibung bitte genau ein!« Auf seinen Wink wiederholte Eva Tischerowski das Signalement. Die Kollegen schrieben eifrig mit.

»Sofortige Fahndung nach dem Unbekannten«, wies Oehlbeck dann an. »Herr Janke wird die notwendigen Maßnahmen veranlassen. Fernschreiben an die entsprechenden Dienststellen. Verständigung der Bahn- und der Grenzpolizei. Sie wissen ja Bescheid.«

Ernst Janke nickte, wobei eine Spur Zurückhaltung in der Miene des einundvierzigjährigen Obersekretärs zu lesen war. Janke führte am liebsten selbst das Kommando. Unberührt fuhr der ranghöhere Oehlbeck fort: »Für Sie, Kollege Stepanek, habe ich eine Sonderaufgabe. Sie nehmen sich die Kneipen am Grunthalplatz und den Bahnhof vor. Denken Sie vor allem an die Gepäckaufbewahrung. Die Koffer könnten zwischengelagert sein.«

»Jetzt, mitten in der Nacht?« Der dunkelblonde Oberassistent verzog das Gesicht. Seine Augenlider waren von Müdigkeit gerötet.

»Ja, was denn sonst?« raunzte Oehlbeck zurück. »Oder wollen Sie warten, bis der Typ uns im Morgengrauen womöglich durch die Lappen geht?«

Rolf Stepanek stellte den Kragen seiner Lederjacke hoch und schob die Hände tief in die Taschen. Leichter Nachtfrost erfrischte ihm das Gesicht. Die Wismarsche Straße, die er schnellen Schrittes hinaufmarschierte, führte direkt zum Grunthalplatz. Der Platz war dem Hauptbahnhof vorgelagert. Der Kriminaloberassistent stand kurz vor seinem dreißigsten Geburtstag. Die Arbeit bei der Kripo machte ihm Spaß, obwohl er nie mit einer solch hohen Anzahl von Überstunden gerechnet hatte, die jedem Polizisten in diesen Jahren entgeltlos abverlangt wurde. Die Lebensmittelkarte der Kategorie I entschädigte ein bißchen und half, seine kleine Familie über Wasser zu halten.

Rolf Stepanek klingelte an der Tür zur Bahnpolizeiwache. »Nanu, Besuch vom Kriminalamt?« staunten die uniformierten Kollegen, als der Kriminaloberassistent eintrat. Man kannte einander, selbst wenn man zu unterschiedlichen Polizeisparten gehörte. Natürlich erleichterte das die Zusammenarbeit. Auch darin ähnelte Schwerin einer Provinzstadt. »Ist wieder was passiert?« wollten die Bapo's von ihm wissen.

»Wir haben einen Mord in der Schloßstraße«, gab Stepanek Auskunft. »So wie es aussieht – Raubmord. Sind 'ne Menge Kleidungsstücke geklaut worden. Vermutlich in zwei Koffern weggeschleppt. Ich möchte mich mal im Wartesaal umsehen, und – wenn's geht – in der Gepa.«

Zwei Bahnpolizisten begleiteten ihn. Bis zur Gepäckabfertigung waren es nur ein paar Schritte. Ein älterer Eisenbahner mit Dienstmütze und dunkelgrauer Latzschürze hob das Gitterfenster über dem kniehohen Abfertigungstresen an, gewährte den Polizisten Einlaß.

Stepanek beschrieb dem Eisenbahner die Koffer, die für die Kripo von Interesse waren. Gemeinsam suchten sie die Regale ab. Stepanek staunte, was die Leute alles per Bahnfracht zur Verschickung brachten: Holzkisten, Fässer, Frachtkartons, Koffer, Säcke, Taschen und andere Gepäckstücke. Die Regale waren lückenlos gefüllt, manche Gegenstände jedoch nur zwecks Aufbewahrung hinterlegt. Selbst Fahrräder konnte man in der Gepäckaufbewahrung finden. Die Koffer entdeckten sie nicht.

Eine halbe Stunde später schlenderte Stepanek durch den Wartesaal. Die beiden Uniformierten hatte er als Rückendeckung im Eingangsbereich zurückgelassen. Blanke Holztische und Stühle standen in dem langen, schmalen Raum. Von der hohen Decke hingen zwei ramponierte Lüster herab, tristes Dämmerlicht verbreitend. Die Luft war von Tabaksrauch und säuerlichem Biergeruch geschwängert, der Ausschank schon geschlossen. Es gab aber noch Faßbrause, Tee oder eine undefinierbare schwarze Brühe, die als Kaffee serviert wurde. Stepanek erinnerte sich: In dem Glaskasten am Ende der Theke hatten früher Teller mit leckeren Fritten, Bockwürste oder hausgemachten Sauerfleischportionen gestanden. Jetzt lag da nur noch ein Zettel mit der Aufschrift »Tabakwaren nur auf Marken! Neue Preise für Zigaretten: Stück sechzehn, neunzehn und fünfundvierzig Pfennig!«

Männer und Frauen unterschiedlichen Alters hockten an den Tischen. Meist starrten sie trübsinnig in die leeren Gläser oder Tassen. Rucksäcke, pralle Bündel und schäbige abgewetzte Koffer zwischen die Beine geklemmt, verdösten die Leute den Umsteigeaufenthalt ihrer ausgedehnten Hamsterfahrten. Der eine oder andere mochte dabei sein, dessen Reiseziel die vierzig Kilometer entfernte Zonengrenze bei Ratzeburg bildete. Auch Obdachlose, Heimkehrer, gewisse Fräuleins mit hochhackigen Schuhen und eine Handvoll bedeutungsloser Schieber krochen allabendlich mit Hilfe einer 20-Pfennig-Bahnsteigkarte im Schweriner Hauptbahnhof unter. Die größeren Gauner verkehrten jedoch nebenan, im zwielichtigen Lokal Mitschke.

Stepaneks Rundgang erregte Aufsehen. Am Stammtisch leerten einige »Reisende« auffallend rasch die Kaffeetassen. Schwarze Lorke dürfte kaum darin gewesen sein, überlegte der Oberassistent, wohl eher etwas Schärferes. Die Männer beglichen ihre Rechnungen und strebten dem Ausgang zu. Ungute Erfahrungen mit der Polizei hatten sie gelehrt, daß hinter dem Auftauchen eines Kriminalangestellten jederzeit eine Razzia folgen konnte. Stepanek grinste amüsiert. Aber das, was er suchte, war im Wartesaal nicht zu finden. Weder ein Koffer noch der junge Mann, auf den die Personenbeschreibung zutraf.

Der Oberassistent bedankte sich bei den Kollegen der Bahnpolizei. Mehr um sich selbst zu beruhigen, stattete er dem Bahnhofshotel noch einen kurzen Besuch ab. Der schläfrige Portier schob ihm das Meldebuch über den Tisch. Stepanek ging die Geburtsdaten der männlichen Gäste durch. Nein, ein Mann unter der Altersgrenze von fünfunddreißig Jahren war nicht dabei.

Stepanek machte sich auf den Rückweg zum Kriminalamt. Als er durch die Arsenalstraße kam, wanderte sein Blick unwillkürlich zur obersten Fensterreihe des kastellartigen Gebäudes empor. Vor rund hundert Jahren war das Arsenal im tudorgotischen Stil nach Plänen des Hofbaumeisters Georg Adolph Demmler errichtet worden. Dort oben befanden sich die Diensträume des Landeskriminalamtes. Nirgendwo brannte Licht hinter den Scheiben. Und dieser Oehlbeck, dachte Stepanek mißgelaunt, liegt bestimmt schon in seinem warmen Bett.

Doch der Oberkommissar war keineswegs nach Hause gegangen, wie Stepanek argwöhnte. Noch in der Nacht hatte er sich, unter Umgehung der Pressestelle der Landespolizeibehörde, wofür ihm später ein Rüffel zuteil wurde, mit den Nachtredakteuren der Schweriner Zeitungsverlage in Verbindung gesetzt. Als die Leser am Morgen des 3. März 1948 ihre Zeitungen aufschlugen, stand auf der Lokalseite der mecklenburgischen »Landes-Zeitung« die Notiz:

Mord in der Schloßstraße

Am 2. März gegen 16.30 Uhr wurde die 24-jährige Hausangestellte Margarete Kohl aus Schwerin in der Wohnung des Photographen P. in der Schloßstraße 36 ermordet aufgefunden. Die Tat ist in der Zeit von 14 bis 16 Uhr ausgeführt worden. In Tatverdacht steht ein jüngerer Mann, mit braunem Mantel und grauem Hut bekleidet, der sich als Angestellter des Wohnungsamtes ausgegeben hatte.

Wer noch nichts von der Untat gehört hatte, der wußte es nun. Und fast jeder hatte alsbald seine eigene Theorie. Nur die Männer der Schweriner Mordkommission stocherten weiter im dunkeln.

LANDES - ZEITUNG

Mord in der Schloßstraße

Am 2. März gegen 16.30 Uhr wurde die 24-jährige Hausangestellte Margarete Kohl aus Schwerin in der Wohnung des Photographen P[redacted] in der Schloßstraße 36 ermordet aufgefunden. Die Tat ist in der Zeit von 14 bis 16 Uhr ausgeführt worden. In Tatverdacht steht ein jüngerer Mann, mit braunem Mantel und grauem Hut bekleidet, der sich als Angestellter des Wohnungsamtes ausgegeben hatte.

3. März 1948

Kriminalassistent Karl-Wilhelm Braasch, ein langaufgeschossener, dünner und etwas blaß wirkender Mann, war der jüngste Mitarbeiter im K1. Da er vom nächtlichen Einsatz der Mordkommission verschont geblieben war, schickte Obersekretär Janke ihn zum Friedhof. Der Sektionstermin war kein angenehmer Auftrag. Janke meinte jedoch, der »junge Dachs« müsse so schnell wie möglich begreifen, daß ihr vermeintlicher Traumberuf auch Schattenseiten habe.

Mehr Licht in der Mordsache versprach sich die Kommission von den Aussagen der übrigen Hausbewohner. Einer nach dem anderen wurden die Mieter am Mittwochvormittag ins Kriminalamt bestellt.

Die Zeugin Ilse Lenke, Mieterin der Nachbarwohnung im vierten Stock, gab vor der Kriminalassistentin Tischerowski zu Protokoll: *»Ich bin auf der Post in der Bismarckstraße beschäftigt. Gestern mittag war mein Dienst um 12.30 Uhr beendet. Als ich in meiner Wohnung in der Schloßstraße 36 ankam, hörte ich, daß Gretchen noch in der Wohnung Purweis war. Vermutlich hat sie das Mittagessen gerichtet, das sie täglich zur Schmiedestraße ins Geschäft trägt. Sie geht meistens kurz nach 12.30 Uhr weg. Als ich mich in meiner Küche aufhielt, es muß zwischen 13.00 Uhr und 13.30 Uhr gewesen sein, hörte ich, daß an der Tür der Wohnung Purweis geklingelt wurde. Ich habe mich aber nicht weiter darum gekümmert.*

Um 13.30 Uhr habe ich meine Wohnung verlassen, um zu Bekannten zum Schelfmarkt zu gehen. Als ich das Haus verließ und ein paar Schritte zur Bismarckstraße zu gegangen war, hielt vor unserer Haustür ein gräulicher Wagen. Ich drehte mich nach diesem um, ob es meine Schwester sei, weil diese des öfteren mal mit dem Wagen ihres Chefs nach Hause gefahren wird. Sie war es aber nicht. Es war ein Wagen älterer Bauart und Kastenform. Auf dem Kühler war ein kleiner runder Aufsatz. Ich sah mich mehrmals nach diesem Wagen um, es stieg aber keiner aus. Wie mir heute von Herrn Fischer, der ein Schuhwarengeschäft in unserem Hause hat, erzählt wurde, hat der Wagen nach 14.00 Uhr, als Herr Fischer sein Geschäft betrat, auch noch vor der Tür gestanden. Der Wagen war auch ihm fremd. Mehr kann ich zu dieser Angelegenheit nicht aussagen.«

Oberkommissar Oehlbeck, der alle Protokolle aufmerksam las,

bevor seine Mitarbeiter die Zeugen entlassen durften, markierte den letzten Absatz mit einem Bleistiftstrich. Nachdenklich nahm er die dunkle Hornbrille ab. »Wenn das hier stimmt, dann hätten wir die Erklärung, wie der Mörder die geraubten Koffer aus dem Haus bringen konnte.«

Eva Tischerowski teilte die Meinung. »Nach dem Auto zu fahnden, dürfte ja nicht allzu schwierig sein.«

»So?« Oehlbeck griente verstohlen. »Dann verstehe ich nicht, weshalb Sie hier noch tatenlos herumstehen, junge Kollegin?«

Obersekretär Janke steckte den Kopf zur Tür herein. »Die Schwester der Toten ist da«, verkündete er. »Übernehmen Sie das mal, Kollege Oehlbeck? Ich bin mit dem Lehrling Holzmann beschäftigt.«

Die Trauer um ihre Schwester war unverkennbar. Oberkommissar Oehlbeck musterte die junge Frau. Eine gewisse Ähnlichkeit mit der Ermordeten war nicht zu leugnen; nur ein bißchen jünger schätzte er das Mädchen. Erika Kohl war gerade achtzehn geworden. Sie trug ein schlichtes Wollkleid und eine wärmende Strickjacke, hatte dichtes schwarzes Haar und ein breites, etwas slawisches Gesicht, das dennoch anziehend wirkte. Die braunen Augen flatterten, als Oehlbeck ihr sein Beileid aussprach.

»Bitte«, sagte er, »setzen wir uns, Fräulein Kohl. Haben Sie Ihre Eltern in Bad Doberan erreicht?«

Die Ruhe und die Sicherheit, die Oehlbeck zu verbreiten bemüht war, erzielten die von ihm beabsichtigte Wirkung. Tapfer einen Tränenausbruch unterdrückend, erklärte das Mädchen: »Ich habe mit Mutti telefoniert. Sie wollen mit dem Abendzug kommen.«

»Ich verstehe, daß Ihnen das alles sehr nahe geht«, meinte Oehlbeck behutsam. »Aber wir müssen eine Reihe von Fragen stellen. Ich denke, Sie wollen doch auch, daß dieses Verbrechen so schnell wie möglich gesühnt wird.« Und auf ihr schwaches Nicken hin: »Wie war eigentlich das Verhältnis zwischen Ihnen und Ihrer Schwester?«

»Gretel besuchte mich, so oft sie konnte. Dabei war sie ein ziemlich ernster Mensch. Aber wir haben uns sehr gemocht.«

»Hat sie sich jemals über ihren Arbeitgeber beschwert?«

»Ich weiß nur, daß es ihr bei Purweis gefallen hat. Sie wurde von den Leuten gut behandelt. Besonders der Chef soll nett zu ihr gewesen sein.«

»Wie ist das zu verstehen? Hatte er etwas mit ihr?«

Vehement schüttelte Erika Kohl den Kopf. »Nein, nicht wie Sie denken, Herr Oberkommissar. Bei Purweis fand immer mal ein Atelierfest statt. Meine Schwester hat dann die Gäste bedient. Und einmal, so erzählte sie, hat der Chef sie auch geküßt.«

»Wie hat denn Frau Purweis auf diesen Kuß reagiert?«

»Ich glaube, die war eifersüchtig. Sie wurde nämlich sehr ärgerlich und sagte zu Gretel, sie solle sich ein bißchen zurückhalten. Man könne den Männern nicht über den Weg trauen.«

»Naja, auch ein Ratschlag«, brummte Oehlbeck. »Welche Männerbekanntschaften pflegte Ihre Schwester denn?«

»Ich weiß von einem Verlobten, der in Westdeutschland verstorben ist. Sie wollte immer zu ihm ziehen, bis die Nachricht von seinem Tod kam. Seit einem halben Jahr trauerte sie um ihn. Sie war immer allein.«

Erika Kohl versank in Schweigen. Bilder einer unbeschwerten Kindheit tauchten vor ihrem geistigen Auge auf. Erinnerungen an fröhliche Jahre, die sie gemeinsam mit ihrer Schwester erlebt hatte.

Oberkommissar Oehlbeck respektierte ihre Gefühle. Er schwieg, bis sie unter verhaltenem Schluchzen ihre Rede wieder aufnahm: »Am Sonntag hat mich die Gretel noch besucht. Da erzählte sie mir, daß am Sonnabendvormittag ein Mann vom Wohnungsamt in der Schloßstraße war, der sich die Wohnung von Purweis ansehen wollte. Er stamme aus Ostpreußen, hat er ihr erzählt, und daß seine Frau auf der Flucht gestorben ist. Dann hat er Gretel gefragt, ob sie mal mit ihm ins Kino geht?«

»Vom Wohnungsamt, hier in Schwerin?«

»Ja, vom Hauptamt. Er wäre für die Außenbezirke zuständig, hat er zu Gretel gesagt.«

»Die Schloßstraße liegt doch in der Innenstadt«, versetzte Oehlbeck. »Ziemlich merkwürdig, was Ihre Schwester Ihnen da erzählt hat.«

Erschrocken preßte sie beide Hände auf ihren Mund. »Jetzt, wo Sie es sagen, Herr Kommissar. Ob der Mann vielleicht ...?«

»Sie meinen, ob er der Mörder ist? Wir werden es herausfinden, Fräulein Kohl. Mit Ihrer Hilfe. Sie müssen mir nur alles sagen, was Sie über den Mann wissen!«

Ihre Erregung wuchs. »Gestern habe ich Gretel gegen acht Uhr früh ein letztes Mal gesehen, Herr Oberkommissar. Ich hatte einen Brief von zu Hause bekommen, den wollte ich meiner Schwester zeigen. Als wir uns verabschiedeten, sagte Gretel richtig vergnügt: ›Wenn du einen Herrn siehst mit braunem Hut und grauem Mantel, das ist der Herr vom Wohnungsamt!‹ Ich glaube, die beiden hatten wirklich eine Verabredung.«

Karl-Friedrich Holzmann erweckte keineswegs den Eindruck, jener Sorte von Küstenbewohnern anzugehören, die man in Schwerin gemeinhin als ›Dösbattel‹ bezeichnet. Der Maßstab, den der lebenserfahrene Obersekretär Janke anlegte, unterschied sich himmelweit von den Ansprüchen der pummeligen Laborantin Gerda Hillmers. Der sechzehnjährige Lehrling gehörte seit zwei Jahren zum FOTO-HAUS Purweis. Im Gespräch mit Ernst Janke stellte er sein klares Urteilsvermögen über die geschäftlichen und privaten Beziehungen seiner Brötchengeber unter Beweis. »Ich kenne sämtliche Kundschaft, die im Laden verkehrt. Sehr gute Bekannte von Herrn Purweis sind ein gewisser Landgerichtsrat Blaue und Herr Jeborski aus Schwerin. Es ist mir bekannt, daß diese beiden Herren sehr gut mit meinem Chef befreundet waren. Ich möchte bemerken, daß sie zu dritt sehr oft in der Wohnung meines Chefs gefeiert haben ...«

Gleich zu Beginn der Vernehmung hatte Janke dem Jüngling einen grauen Wildlederhandschuh gereicht. »Probieren Sie den doch mal!« hatte er eher beiläufig gefordert, um dann gespannt zu beobachten, wie Holzmann sich vergeblich mühte, den Handschuh überzustreifen. Das edle Stück paßte ihm nicht, der Lehrling hatte viel zu dicke Finger. Gewiß, seine Kräfte hätten ausgereicht, um die Hausangestellte in der Schloßstraße zu erdrosseln, doch da er die Handschuhe nicht am Tatort zurückgelassen haben konnte, war er in Jankes Augen durch das kleine Experiment entlastet.

Zufrieden ließ der Obersekretär das Beweisstück in seinem Schreibtisch verschwinden. Er lehnte sich auf seinem Stuhl zurück. »Wie war das nun, als Sie Fräulein Kohl gestern mittag zur Schloßstraße begleiteten?«

»Den Auftrag hatte mir Frau Purweis gegeben. Fräulein Kohl

Die vom Mörder vergessenen Handschuhe

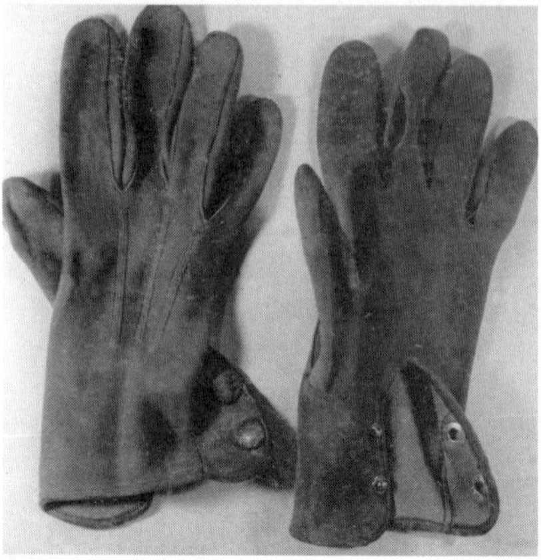

schleppte zwei volle Einkaufstaschen. Außerdem sollte sie den Bohnerbesen mit in die Wohnung nehmen. Da sagte die Chefin: Hilf ihr doch mal fix, Holzi! Im Geschäft sagen alle ›Holzi‹ zu mir.«

»Um welche Zeit war das?«

»Als wir in der Schloßstraße ankamen? Zehn Minuten nach zwei. Ich hab's auf der Uhr gesehen, über dem Geschäft von Schwarzenbach.«

»Gut. Dann sind Sie ins Haus gegangen, stiegen die Treppen hinauf. Ist Ihnen unterwegs jemand begegnet? Ein Mieter vielleicht?«

»Nein ...«, sagte Holzmann zögerlich. »Ein Mieter war es nicht. Aber auf dem obersten Treppenpodest stand wirklich ein Mann.«

»Vor der Wohnungstür?«

»Nein, auf der anderen Seite. Gegenüber von meinem Chef. Ich glaube, die Wohnung gehört Frau Lenke. Fräulein Kohl fragte, ob er zu Purweis wolle. Da drehte der Mann sich um und sagte: ›Nein, nicht zu Ihnen, zu Lenke!‹«

»Und weiter?«

»Fräulein Kohl meinte: ›Da wird wohl niemand zu Hause sein.‹ Sie schloß die Tür auf, und wir gingen in die Wohnung.«

»Sind Sie länger geblieben?«

»Eigentlich nicht. Im Geschäft war noch ein Haufen Arbeit zu erledigen. Ich wartete nur einen Moment im Vorflur, weil Fräulein Kohl mir eine Zigarette versprochen hatte. Dann bin ich wieder gegangen.«

»Und der Mann auf dem Treppenpodest?«

»Der war inzwischen verschwunden.« Holzmann stockte, setzte im gleichen Atemzug zu einer Berichtigung an: »Das heißt, ich überholte ihn beim Runtergehen auf der Treppe. Zwischen dem ersten und zweiten Stock.«

»Sind Sie überzeugt, daß der Mann das Haus tatsächlich verlassen hat?«

»In Richtung Marienplatz ist er gelaufen. Ich habe mich ja noch umgedreht.«

»Hatten Sie den Eindruck, daß Fräulein Kohl und der Mann sich womöglich kannten?«

»Das kann schon sein.« Holzmann sah an dem Obersekretär vorbei, irgendwohin auf die gekalkte Zimmerwand, die mit einem Bildnis des mecklenburgischen Ministerpräsidenten Höcker geschmückt war. »Zuerst hat sie gestutzt, als sie ihn vor der Tür stehen sah. Ihre Frage klang auch sehr freundlich, der Mann antwortete schroff. Mir kam es vor, als ärgerte sie sich über diesen Ton. Und, was mir noch aufgefallen ist, der Mann wußte sofort, daß sie zur Wohnung Purweis gehört. Also hat er sie schon mal gesehen.«

Ernst Janke dachte nach. Der Scharfsinn des jungen Burschen imponierte ihm. Ob sein Gedächtnis wohl auch so gut funktioniert, wenn ich ihn nach einer Personenbeschreibung frage?

Ohne ins Stocken zu geraten, diktierte Karl-Friedrich Holzmann für das Prokoll: *»Ich beschreibe diese Person, von der die Rede ist, wie folgt: Größe etwa 1,74 m groß, kräftig gebaut, auffallend wulstige Lippen, dunkelbraune Haare. Bekleidung: Wintermantel, Fischgrätenmuster braun-weiß. Wahrscheinlich dunkelbrauner Hut, helle Hose, hohe schwarze Schnürstiefel. Die Schuhe hatten eine spitze Form, es hatte den Anschein, daß diese Schuhe dem Herrn zu groß waren. Der Herr trug eine braune Aktentasche bei sich. Als Verschluß hatte die Tasche links und rechts je eine Schnalle mit Lederriemen. Er trug die Tasche in der rechten Hand; ebenfalls seinen Hut, den er zwischen Zeige- und Mittelfinger der Rechten hielt. Dieses habe ich noch sehr gut in Erinnerung.«*

Ernst Janke blickte von der Schreibmaschine auf. »Sie würden den Mann wiedererkennen?« fragte er hoffnungsvoll.

»Worauf Sie sich verlassen können«, antwortete ›Holzi‹ im Brustton der Überzeugung. »Mir fällt da gerade noch etwas ein, Herr Janke. Als ich das Haus verließ, stand auf der Straße ein Auto. Wenn mich nicht alles täuscht, war es ein DKW älterer Bauart.«

Während die Vernehmungen im Kriminalamt liefen, war Kriminalassistent Schröder zum »Klinkenputzen« in die Schloßstraße beordert worden. Er ging von Haus zu Haus, trabte treppauf und treppab, klingelte an jeder Wohnungstür und stellte immer wieder die gleichen Fragen. Die Antworten, die er notierte, glichen sich aufs Haar. Niemand wollte etwas bemerkt haben: keiner hatte Verdächtiges gesehen.

Am Marienplatz verschnaufte er eine Weile. Er sah den Straßenbahnen zu, die nach kurzem Halt in Richtung Weststadt oder durch die Wismarsche Straße zum Hauptbahnhof polterten. Schröder rauchte eine Zigarette. Er überlegte. Die rückwärtigen Fenster der Wohnungen in der Schloßstraße 36 gingen auf einen Hof hinaus, den man von der Bismarckstraße durch eine Toreinfahrt neben dem Kino »Schauburg« erreichte. Mehrere Garagen und eine Autoreparaturwerkstatt befanden sich dort. Schröder beschloß, der Werkstatt einen Besuch abzustatten.

Ein sauber gepflasterter Hof. Links die kleine Meisterbude. Wenige Meter weiter war eine Segeltuchplane zeltförmig aufgestellt. Unter dem Behelfsdach standen ein Karbidkocher und eine Sauerstofflasche. Daumenstarke Gummischläuche ringelten sich bis zum Wrack einer Wanderer-Limousine. Ein Schweißer hockte davor und versuchte die faustgroßen Löcher in der Karosserie zu flicken.

Durch die weitgeöffneten Tore der Werkstatt drang an- und abschwellender Motorenlärm ins Freie. Schröder sah die Beine eines Autoschlossers, der, seinen Oberkörper weit unter die Kühlerhaube geschoben, an der Feineinstellung einer PKW-Zündung experimentierte.

In der rechten Hofecke war ein Adler aufgebockt. Ein junger Mann im ölverschmierten Drillichanzug wechselte hier die Fahrzeugbereifung. Um das Gespräch mit ihm in Gang zu bringen, opferte Schröder einen kostbaren Glimmstengel. Sein fürstlicher Großmut zahlte sich aus. Günter Scheinert, der Schlosser, erzählte ihm, daß er am Dienstagnachmittag zusammen mit dem Firmenchef beim Überholen eines DKW-Motors war. »Es muß so gegen fünfzehn Uhr gewesen sein, da hörte ich plötzlich zwei oder drei kurze Aufschreie. Ich sagte noch zu unserm Alten: ›Mein Gott, wer schreit denn da so laut? Der kriegt ja fürchterliche Senge!‹« Sein Blick wanderte an der schmucklosen Fensterfront hinauf. »Das Fenster da oben links stand ein bißchen offen. Aber wer vermutet denn gleich, daß am hellerlichten Tag hier bei uns ein Mord passiert. – Die arme Deern.«

Am Nachmittag befahl Oehlbeck, die Mitarbeiter des Schweriner Wohnungsamtes zu überprüfen. Es gab, über das gesamte Stadtgebiet verstreut, mehrere Außenstellen, jedoch nur eine knappe Handvoll Männer, die vom Alter her als Tatverdächtige

Garagenhof in der Bismarckstraße

in Frage kamen. Die vier Herren wurden dem Kriminalamt in der Amtstraße zugeführt.

Minna Lolke war nicht in der Lage, einen der Männer zu identifizieren. Frau Pingler deutete zögernd auf Alfred Zimmermann, während Jankes wichtigster Zeuge, der Lehrling Holzmann, den Kopf schüttelte. »Der, den ich gesehen habe, ist nicht dabei!«

Aber Zimmermann wohnte in der Bismarckstraße, nur einige hundert Schritte vom Tatort entfernt. So erhielt der winzige Hauch eines Verdachtes plötzlich Gewicht. Er wurde nach seinem Alibi befragt.

»Ich verstehe nicht, was ich mit der Mordsache Kohl zu schaffen habe!« quetschte Zimmermann entrüstet hervor.

»Wenn dem so ist«, meinte Janke hinter dem Schreibtisch, »dann brauchen Sie sich auch keine Sorgen machen.«

Und Oehlbeck mahnte: »Es geht uns ausschließlich um Dienstag. Es stehen genügend Leute bereit, die Ihre Aussage im Handumdrehen überprüfen.«

Zimmermann bezähmte seinen aufsteigenden Unmut. »Selbstverständlich kann ich mein Alibi für diesen Tag einwandfrei nachweisen. Um sieben Uhr dreißig bin ich von zu Hause aus zur Dienststelle gegangen und habe im Büro gearbeitet. Um zwölf Uhr dreißig bin ich dann zum Essen gegangen, und zwar zum Ostorfer Ufer Nr. 4. Nach der Mittagspause, es kann so gegen dreizehn Uhr dreißig gewesen sein, bin ich wieder ins Amt zurück.«

»Sie haben den Nachmittag auf der Dienststelle verbracht?« Jankes Stimme barg Mißtrauen und Verwunderung zugleich.

»Wo denn sonst?« gab Zimmermann kalt zur Antwort. Er überhörte Jankes Tonfall. Anstatt hellhörig zu reagieren, setzte er noch eins drauf: »Die Arbeit auf meinem Schreibtisch nimmt nicht von alleine ab!«

Oehlbeck konterte: »Jetzt überspannen Sie aber den Bogen, Herr Zimmermann! Überlegen Sie gefälligst, bevor Sie hier den Mund aufmachen! Ihr Bürovorsteher hat unseren Ermittlern klipp und klar erklärt, daß Sie den Nachmittag nicht im Amt verbracht haben!« Der Oberkommissar stand auf und ging zur Tür.

»Halt!« rief Zimmermann. »Das ist ein Mißverständnis! Bitte, verzeihen Sie! Ich bin ja schon völlig konfus.« Er geriet ins Stottern. »Selbstverständlich erinnere ich mich jetzt. Der Chef hatte mir für den Nachmittag freigegeben. Um halb drei bin ich ins Städtische Krankenhaus gegangen, zu einem Krankenbesuch bei meiner Verlobten. Ich bildete mir ein, das wäre schon am Montag gewesen.« Auf Jankes Verlangen nannte er den Namen der Erkrankten und die Station, auf der sie untergebracht war.

»Wie lange dauerte Ihr Besuch?«

»Bis ungefähr halb fünf. Anschließend bin ich nach Hause und gegen achtzehn Uhr dreißig mit meinem Bruder und meiner Mutter zur Varietévorstellung in die ›Schauburg‹.«

»Na schön, wir überprüfen das!«

»Ich kann Sie nur bitten, meinen Worten Glauben zu schenken«, stöhnte Zimmermann kleinlaut. »Ich wollte Sie wirklich nicht anlügen. Hab dummerweise die Wochentage verwechselt. Ist Ihnen doch auch schon mal passiert, Herr Oberkommissar. Mit dem Mädchenmord in der Schloßstraße habe ich nicht das geringste zu schaffen!«

Tags darauf, am 4. März, kam es zu einem Eklat im Kriminalamt. Oberkommissar Oehlbeck hatte sich eine Liste mit den Personaldaten aller Angestellten des Schweriner Wohnungsamtes besorgt. Bevor er sie zu den Akten gab, las er die Aufstellung gewohnheitsmäßig durch. Ein Eintrag elektrisierte ihn. Der Geburtsort des fünfunddreißigjährigen Gerhard Bonk lag in Ostpreußen. War er vielleicht der Mann, der mit der Margarete Kohl ins Kino wollte? Aber ausgerechnet ihn hatten Jankes Mitarbeiter bei der Überprüfung übersehen. Warum? Als er Stepanek nach den Gründen befragte, antwortete der ihm: »Entscheidung von Obersekretär Janke. Herr Bonk kommt als Täter nicht in Frage.«

Oehlbeck polterte in Jankes Zimmer. »Bisher war ich der festen Überzeugung, wir ziehen alle hier an einem Strang, Herr Janke! Stattdessen erfahre ich, daß Sie hinter meinem Rücken die Ermittlung sabotieren! Warum ist dieser Herr Bonk aus dem Wohnungsamt Thümstraße von der Untersuchung ausgeschlossen worden?«

Janke staunte ihn offenen Mundes an. »Ja, wissen Sie denn nicht, wer Gerhard Bonk ist? Der Mann ist doch nicht irgendwer!«

Oehlbeck stapfte wütend zum Fenster, riß die Flügel auf und schöpfte nach Luft. »Schätze, Sie werden mich gleich aufklären!« grummelte er streitsüchtig.

»Herr Bonk ist anerkanntes Opfer des Faschismus. Er hat bei den Interbrigaden in Spanien gekämpft und war bis zur Befreiung im KZ Sachsenhausen. Nebenbei gesagt, ein guter Bekannter unseres Kreispolizeichefs. Glauben Sie im Ernst, daß so ein Mann einen Mord begeht?«

»Glauben und Wissen sind zwei unterschiedliche Latschen!« muffelte Oehlbeck. »Wenn Sie mich fragen, Herr Janke, ich ziehe Letzteres vor!«

»Ich sehe in meinem Vorgehen keine Staatsaffäre, aber ...«

Mit einem energischen Ruck löste sich der kleine Mann vom Fenster. »Bitte, sorgen Sie dafür, daß die fehlende Person geholt und wie alle anderen überprüft wird!« verlangte er distanziert. »Wie Sie das anstellen, überlasse ich Ihnen, Herr Janke. Nehmen Sie es nicht persönlich, aber politische Bekenntnisse sind für mich noch lange kein Anlaß für Sonderrechte, wenn es um die Aufklärung eines Kapitalverbrechens geht!« Mit der rechten Hand öffnete Oehlbeck die Tür, und marschierte ohne ein weiteres Wort zu verlieren aus dem Raum.

Hans Oehlbecks Ausbruch basierte auf einer zutiefst sozialdemokratischen Gesinnung. 1946 war er als Mitglied der SPD von der neuen Einheitspartei SED geschluckt worden. Anfängliche Zweifel hatte er unterdrückt, doch seit geraumer Zeit beobachtete er mit steigender Skepsis, wie eine Allianz aus gestandenen KP-Mitgliedern, bewährten Spanienkämpfern und ehemaligen Lagerinsassen in Mecklenburg an Macht und Einfluß gewann. Nicht nur im Polizeiapparat besetzten sie wichtige Positionen. Dem verstorbenen Oberst Kahle war der aus Sachsen importierte Horst Jonas auf den Sessel des Landespolizeichefs gefolgt. Aus Berlin eilte Gustav Szinda herbei. Der ehemalige Chef der Spionageabwehr in den Internationalen Brigaden des spanischen Bürgerkrieges trug als Leiter der Personalverwaltung Sorge für die *Rekrutierung ideologisch zuverlässiger Kräfte aus den Reihen der Arbeiterklasse in die mecklenburgische Polizei.*

Angesichts solcher Bedingungen war Oehlbecks Äußerung nicht einmal ganz ungefährlich, doch er rechnete mit der Loyalität des Kriminalobersekretärs Janke. Der drehte ihm gewiß keinen Strick.

Der Kommissariatsleiter K1 machte den Kreispolizeichef zu seinem Verbündeten. Baumgarten ließ sich überzeugen und fuhr zum Bezirksamt 5 in der Von-Thünen-Straße. Es war vereinbart worden, daß er seinen Bekannten zum Polizeirevier 1 bringen sollte. Kurze Zeit später betraten Janke und Stepanek in Begleitung des Foto-Lehrlings die Diensträume der Polizei am Markt. Janke fiel fast auf den Hintern, als sein Kronzeuge trocken erklärte: »Dieser Herr ist mir namentlich nicht bekannt. Aber er ist mit dem Mann vor der Wohnungstür bei Frau Lenke identisch!«

Bonk, der inzwischen wußte, welche Konsequenzen das Ergebnis der Konfrontation für ihn heraufbeschwören konnte, wurde blaß. Ein unangenehmes Brennen machte sich in seinem Magen bemerkbar. Zuviel Säure, hatte ihm der Arzt geraten, am besten, Sie vermeiden jeden Ärger. »Was soll das?« zischte er wütend.

»Sind Sie hundertprozentig sicher?« fragte Rolf Stepanek sicherheitshalber nach.

Holzi wiegte einen Moment lang den Kopf. Er äugte aus den Augenwinkeln zu Gerhard Bonk hinüber, sah dann den Obersekretär Janke an und wiederholte stur: »Er ist mit diesem identisch. Ich weiß das, weil er bei der Begegnung im Haus den Hut in derselben Haltung trug wie jetzt, zwischen Zeige- und Mittelfinger.«

Bonk rollte mit den Augen. »Natürlich war ich nicht in dem Haus!« brüllte er los, erschrak selbst über seinen Gefühlsausbruch und riß sich sofort wieder zusammen. In gemäßigtem Ton fügte er an: »Das zahl ich dir noch heim, du Strolch!« Er jappte nach Atem, war einem Herzanfall nahe.

Janke nahm seinen Zeugen am Arm und führte ihn auf den Flur. »Das ist eine schwere Anschuldigung, Junge, die du gegen Herrn Bonk erhebst«, redete er Holzmann ins Gewissen. »Wenn es auch nur den geringsten Zweifel gibt, dann sag es mir jetzt.«

Mit aller Entschiedenheit verteidigte der Sechzehnjährige seine Aussage. Janke konnte nicht umhin, den Ausgang des Untersuchungsrituals im vorgeschriebenen Polizeiprotokoll festzuhalten.

Aktenkundig wurde auch der Ermittlungsaufwand, den die Kripo um die Person des unversehens zum Tatverdächtigen avancierten Spanienkämpfers entfaltete. Nachdem Bonk unter Aufbietung aller Redekünste besänftigt worden war, gelang es, seinen Tagesablauf vom 2. März 1948 zu rekapitulieren: Um 7.30 Uhr zum Bezirksamt. Um 8.00 Uhr Besprechung mit dem Chef, Herrn Reichemann. Um 9.45 Uhr zu Schneider Scholz in die Voßstraße. Ab 10.30 Uhr wieder in der Dienststelle. Zwischen 12.50 Uhr und 13.50 Uhr bei den Familien Hahn und Wollweber in der Fritz-Reuter-Straße. 14.00 Uhr wieder in der Dienststelle, dann, um 14.30 Uhr, mit dem Fahrrad zum Milchgeschäft, Großer Moor 6, anschließend Filmtheater Schauburg. »Ich kaufte vier Eintrittskarten für die Nachmittagsvorstellung.«

»Titel des Filmes?«

»Am Dienstag lief das Varieté-Programm. Ich war dann noch kurz in der Wohnung, traf meine Frau aber nicht an. So gegen fünfzehn Uhr fünfzehn muß das gewesen sein.«

»Gibt es dafür einen Zeugen?«

»Frau Sperling. Ich traf sie im Hausflur. Von ihr erfuhr ich, daß meine Frau zur Familie Seffzek gegangen war, mit der wir uns für die Schauburg verabredet hatten. Ich bin dann zurück ins Amt. Ankunft gegen 15.30 Uhr.«

Einen halben Arbeitstag benötigten Janke, Stepanek und der aus dem K2 ausgeliehene Oberassistent Wendt, der als besonders akribisch und ideenreich galt, um das Alibi zu durchleuchten. Die Ergebnisse sprachen zugunsten Gerhard Bonks. Vehement warf sich der Leiter des Wohnungsamtes für seinen Angestellten in die Bresche. »Herr Bonk ist ein äußerst ehrlicher und anständiger Mitarbeiter. Ich kann bestätigen, daß er um vierzehn Uhr im Amt war. Gegen halb drei hat er sich erneut abgemeldet und war nach einer Stunde wieder hier am Schreibtisch! Unvorstellbar, daß er auch nur das geringste mit dem Mordfall in der Schloßstraße zu tun hat!«

Die Alibiüberprüfung entwertete Holzmanns Aussage. Gerhard Bonk war erst einmal aus dem Schneider. Zum Glück für die Männer der Mordkommission. Um ein Haar hätten sie sich hier einen handfesten Skandal auf den Hals geladen. Dafür zeigte sich Janke vom vermeintlichen Scharfsinn seines Kronzeugen nun schmählich enttäuscht.

Unverdrossen spürte Eva Tischerowski dem ominösen Personenkraftwagen nach, der laut Aussage der Postangestellten Lenke am Dienstagnachmittag vor dem Mordhaus geparkt hatte. Otto Fischer, so stand es im Vernehmungsprotokoll, hätte das Auto gleichfalls gesehen. Folglich galt ihr erster Weg dem Schuhgeschäft in der Schloßstraße 36.

»Entschuldigen Sie die Störung, es ist nur eine routinemäßige Befragung«, beruhigte sie den nervös werdenden Geschäftsmann.

»Ja, der Wagen hat tatsächlich hier geparkt«, nickte Fischer sofort. »Ich kam gegen vierzehn Uhr vom Mittagstisch, schloß mein Geschäft auf und bin dann in den Lagerraum gegangen. Aber fragen Sie mich nicht, was das für ein Wagentyp war. Ich hab nicht drauf geachtet. So außergewöhnlich ist es ja auch nicht, daß hier ein Wagen parkt. Auf jeden Fall hatte er ein geschlossenes Verdeck. Möglich, daß ein oder sogar zwei Männer drinnen gesessen haben. Tut mir leid, daß ich Ihnen nicht weiterhelfen kann.«

In einem Geschäft auf der anderen Straßenseite stieß die Kriminalassistentin auf den kaufmännischen Angestellten Johannes Markus. Er hatte ein rundes freundliches Gesicht, in dessen Mitte ein pechschwarzes Schnurrbärtchen schwebte. Markus nahm die Lesebrille von der Nase, legte seine Stirn in Falten und malträtierte sein Kinn mit dem stumpfen Ende eines Bleistiftes, als könne er auf die Art seinen Denkprozeß anregen. »Jaja, freilich, da war ein Auto. Aber nicht, wie Sie sagen, am Dienstag. Nee, das Auto stand schon am Montag vor der Nummer 36. Beschwören kann ich's natürlich nicht.« Er breitete die Hände aus. »Die Uhrzeit wollen Sie wissen? Ja, auf jeden Fall zwischen zwei und vier. Das könnte ich noch beschwören, aber der Wochentag ...?« Er ruckte mit den Schultern. »Wer in dem Wagen saß? Am besten, Sie fragen was Gescheites, Fräulein. Ich habe keinen Menschen gesehen.«

»Aber beschreiben können Sie doch das Auto?« appellierte sie.

»Ja, wie soll ich sagen? So ein altertümlicher Wagen. Marke Adler, nach meinem Dafürhalten. Der Wagen hatte kein verschlossenes Verdeck. Nebenbei bemerkt, ich hab ihn schon des öfteren in Schwerin gesehen.«

»Wo?«

»Schwer zu sagen.« Sein Gedächtnis ließ ihn in Stich. »Mal war er hier, mal dort geparkt. Er fiel mir nur auf, weil er so alt wirkte.« Und dann, mit der Miene eines sitzengebliebenen Oberschülers: »Freilich werde ich bei Ihnen im Kriminalamt anrufen, wenn das Auto wieder auftaucht! Mein Wort darauf!«

Die unermüdliche Suche der Kriminalassistentin wurde ein weiteres Mal belohnt. Eva fand eine zweite Zeugin, der das Auto am Dienstag aufgefallen war. Frau Pußmann aus dem dritten Stock des Mordhauses sagte: *»Als ich am Nachmittag des 2.3.48 gegen 14.35 Uhr das Haus verließ, um mich zu meiner Arbeitsstelle zu begeben, stand vor dem Haus 36 ein älterer Wagen. Den*

Typ des Wagens kann ich nicht sagen, jedoch weiß ich genau, daß er ein graues Verdeck hatte. Der Wagen stand in Richtung zu Bismarckstraße. Auf der rechten Seite, also neben dem Führersitz, saß ein Herr. Das Gesicht konnte ich nicht so richtig erkennen, besser gesagt, ich habe darauf nicht geachtet. Jedenfalls fiel mir auf, daß dieser Herr nach unten schaute. Ich kann nicht sagen, ob dieser mit einem Hut oder Mütze bekleidet war. Ich glaube, daß diese Person eine graue Joppe oder Mantel an hatte. Genau kann ich es nicht sagen. Irgendwelche Personen in der Nähe des Wagens oder vor dem Hause habe ich nicht gesehen ...«

Kriminalassistent Schröder, der noch immer durch das Viertel zwischen Marienplatz und St.-Anna-Kirche strich, hatte Verstärkung bekommen. Der lange Schlaks aus der Mordkommission, Karl-Wilhelm Braasch, hatte sich zu ihm gesellt. Gemeinsam klapperten sie die Häuser ab, um die restlichen Anwohner zu befragen. Wer ist am Dienstag zwischen vierzehn und sechzehn Uhr durch die Schloßstraße gekommen? Wer hat vor dem Haus mit der Nummer 36 nennenswerte Beobachtungen getroffen, die zur Aufklärung der Mordtat führen können? Beharrlichkeit und Geduld wurden auf eine lange Probe gestellt. Wieder lernte Braasch, daß sich der größte Prozentsatz aller polizeilichen Ermittlungen in Antworten, wie »So gern ich Ihnen helfen möchte, Herr Kommissar ...«, »Beim besten Willen, da kann ich mich nicht erinneren ...« oder »Ich will nicht mit Bestimmtheit sagen ...« erschöpft. Aber kein Polizeiapparat der Welt könnte es sich leisten, auf solche flächendeckenden Recherchen zu verzichten. Mitunter findet sich in der Aussagenspreu doch ein winziges Körnchen, das alle Mühen lohnt.

Auf eine interessante Spur stießen die beiden Kriminalangestellten, als sie Liselotte Gruhnke befragten. »Ich arbeite bei den Stadtwerken als Sekretärin«, erzählte ihnen die flottgekleidete Mittdreißigerin. »Am Dienstag bin ich gegen vierzehn Uhr rasch zu meiner Wohnung in die Schloßstraße gelaufen. Ich hab den Ofen im Wohnzimmer angeheizt. Das kann so eine dreiviertel Stunde gedauert haben.« Sie legte eine winzige Pause ein, holte knapp Luft. »Aber weil Sie gerade nach Personen fragen, die mir vor dem Mordhaus aufgefallen sind – als ich auf dem Rückweg zur Arbeitsstelle war, sah ich vor der Nummer 36 drei Jungen.

Ja, daran erinnere ich mich ziemlich genau. Sie lümmelten direkt an der Haustür. Und einer sagte, als ich vorbeiging: Jetzt brauchen wir nicht mehr zu warten, der ist bestimmt weg. Dabei blickten sie in Richtung Bismarckstraße. Können Sie damit etwas anfangen?«

Schröder nickte. Das wäre in der Tat etwas Handfestes, versicherte er ihr. Die Beschreibung der Jungen, die sie den Kriminalisten lieferte, war es um so weniger. Zwischen zehn und zwölf Jahren, notierte Braasch, alle drei hatten dunkle Schimützen auf, einer in grauer Trainingshose.

Der Lange war Feuer und Flamme. »Wir müssen versuchen, diese Jungen ausfindig zu machen«, redete er auf Schröder ein.

Sie standen auf der Straße. Schröder machte ein skeptisches Gesicht. »Natürlich eine ganz einfache Kiste«, meinte er ironisch. »Aber wo kriegen wir die Bürschchen so schnell her?«

»Könnte immerhin sein, daß die Jungen hier in dem Dreh zu Hause sind«, vermutete Braasch. Sein Blick fiel auf die Schaufenster des Schuhgeschäftes. »Ich schlage vor, wir erkundigen uns beim Verkaufspersonal.«

Otto Fischer war nicht sonderlich erbaut, als die Kripo schon wieder in seinem Geschäft ermittelte. »Vor zwei Stunden war doch erst jemand hier«, beschwerte er sich. »Eine junge Frau. Gibt es denn bei Ihnen keine Abstimmung in der Arbeit?«

Karl-Wilhelm Braasch – der jüngste Mitarbeiter in der Schweriner MUK

Die Verkäuferin hinter dem Ladentisch half ihnen aus der Klemme. »Der mit der Trainingshose, ist das nicht der Heinz Lütze? Wohnt so gut wie nebenan, nur ein paar Häuser weiter.«

Am Freitag, kurz nach Schulschluß, wurden die elfjährigen Jungen im Kriminalamt vernommen. Heinz Lütze, Peter Dambow und Ludwig Kurzius hockten wie die Orgelpfeifen vor Jankes Schreibtisch. Links der Kleinste, ein struppiger Blondschopf mit abstehenden Segelohren, und rechts der Größte, Heinz Lütze, der eine graue Trainingshose trug. Der Junge in der Mitte schien ihr Wortführer zu sein. Kurzgeschnittenes Stoppelhaar, das wie Flaum wirkte, bedeckte seinen Schädel – die peinliche Begleiterscheinung einer kürzlich absolvierten Entlausungskur.

Janke musterte die Elfjährigen, die von Zeit zu Zeit einen scheuen Blick wechselten. Auf die stumme Art sprachen sie sich gegenseitig Mut zu. Keiner hatte ihnen gesagt, warum sie zur Kripo gebracht wurden, und Gründe für ein schlechtes Gewissen haben Halbwüchsige allemal.

»Ihr drei seid gewiß gute Freunde?« begann der Obersekretär friedlich.

Die Jungen nickten. Dambow antwortete: »Wir gehen in eine Klasse, in die 6a an der vierten Grundschule.«

»Und nach dem Unterricht? Was treibt ihr so?«

»Erst machen wir unsere Schularbeiten, Herr Kommissar. Dann treffen wir uns alle zum Spielen.«

»Oder zum Herumstrolchen, nicht wahr?«

Die Jungen grinsten.

»Und wo ist euer Treffpunkt? In der Schloßstraße?«

»Wir treffen uns in der Wohnung bei Lützes.«

Heinz streckte, wie im Unterricht, den rechten Zeigefinger in die Luft. »Bevor wir spielen, muß ich immer noch die Einkäufe erledigen.«

»Da gehen wir alle mit«, fügte das Segelohr hinzu.

Janke nickte beifällig. »Freunde müssen zusammenhalten, damit einer dem anderen hilft. Aber jetzt erzählt mir mal, wie das am Dienstag war.«

»Meinen Sie den Tag, an dem die Frau in der Schloßstraße ermordet wurde?«

»Ihr wißt von dem Verbrechen?«

»Das von dem Mord stand doch in der Zeitung. In der Schule haben alle darüber geredet.«

»So so.« Janke krauste die Stirn. »An dem Tag seid ihr drei vor dem Schuhgeschäft gesehen worden. Erinnert ihr euch an den Nachmittag?«

»Stimmt«, sagte Dambow. »Wir wollten zum Medeweger See. Eine Weile haben wir auf der Straße auf 'nen Kumpel gewartet. Weil der nicht kam, sind wir ohne ihn losgezogen.«

»Und jetzt strengt euren Grips mal richtig an, Jungens. Ist euch während der Wartezeit in der Schloßstraße was aufgefallen?«

»Sie meinen den Mörder?« rief Kurzius aufgeregt. »Nee, den haben wir nicht gesehen.«

»Aber ein Auto stand da«, meinte Lütze. »Du hast es dir doch noch angesehen, Peter. Ein alter Mercedes.«

»Ist das wahr?« fragte Janke. »Habt ihr das Auto aus der Nähe gesehen?«

»'ne ziemlich alte Karre«, erklärte Dambow altklug. »Dunkelgrau. Der rechte Scheinwerfer war beschädigt und ein Rücklicht zerschlagen.«

»Du weißt genau, daß es sich um einen Mercedes handelte?«

»Großes Ehrenwort, Herr Kommissar. Ich hab mir das Typenschild angesehen. Der Wagen hatte ein graues Verdeck. Bis zu den Fensterscheiben war der voller Dreck.«

»Aha. Und wer hat in dem Auto gesessen? Chauffeur oder Beifahrer?«

»Reingeguckt hab ich, das stimmt. Aber da lag bloß eine graue Decke auf dem Rücksitz.«

»Konnte darunter etwas verborgen gewesen sein? Überleg mal. Ein Koffer, eine Tasche oder ein Radioapparat?«

»Nöö, die Decke war glatt gestrichen.«

»Aber Scheibenräder hatte der Mercedes«, ergänzte Lütze.

»Alle Achtung!« staunte Janke. »Du bist ja ein echter Fachmann.«

Die Bewunderung schmeichelte dem Jungen. »Manchmal helfe ich ein bißchen auf dem Autohof in der Bismarckstraße«, erzählte er stolz. »Sie, Herr Kommissar, sollen wir Ihnen helfen, den Mercedes zu suchen?«

Bismarckstraße: »Schanburg« neben der Hofeinfahrt

Kaum hatte Janke die Jungen nach Hause entlassen, da tauchte Oberkommissar Oehlbeck in der Dienststelle auf. Der Dezernatsleiter, der den Vormittag bei einer Reihe von Stabsbesprechungen im Demmler-Bau verbracht hatte, reichte Janke ein Schriftstück, das sich als Gutachten des Sachverständigen für Daktyloskopie entpuppte.

Landeskriminalamt Mecklenburg *Schwerin/M., den 5.3.48*
Dez. K 7 c – Erkennungsdienst
Gutachten
zu E.A. 2/48

Die eingesandten 7 Tatortspuren, die anläßlich des Raubmordes in Schwerin/M., Schloßstraße 36 gesichert worden sind, zeigen durchweg nur sehr geringe, unklare Papillarlinienbildungen, die annehmbar von Fingern verursacht worden sind. Zu einer verantwortlichen daktyloskopischen Auswertung reichen die Spuren nicht aus. Es mußten daher von vornherein 6 Stück als unbrauchbar ausgeschieden werden. Nur von einer Spur, die aber auch nur einen Teilfingerabdruck (das 2. Glied) zeigt, wurde versuchsweise ein vergrößertes Fotogramm angefertigt. Bei der Nachprüfung hat sich herausgestellt, daß auch diese Spur nicht

genügend Charakteristiken zeigt, die zur einwandfreien Feststellung des Verursachers unbedingt erforderlich sind ...
i.V. gez. Strebe *Dezernatsleiter*

Die in jedem Kriminalroman als überzeugendes Indiz für die Ergreifung eines Täters geltenden Fingerabdrücke hatten sich als wertlos erwiesen. Die Chance, den Mörder mit Hilfe der Kartei vorbestrafter Personen, die bei ihrer Festnahme daktyloskopisch behandelt wurden, zu überführen, war vertan. Wem nützte es jetzt noch, nach den Gründen zu fragen. Ob der Täter die Abdrücke verwischt oder ob Riechemeier bei der Sicherung der Spuren geschludert hatte, ließ sich kaum noch eruieren.

»Schietkram!« kommentierte Janke den verunglückten Auswertungsbericht.

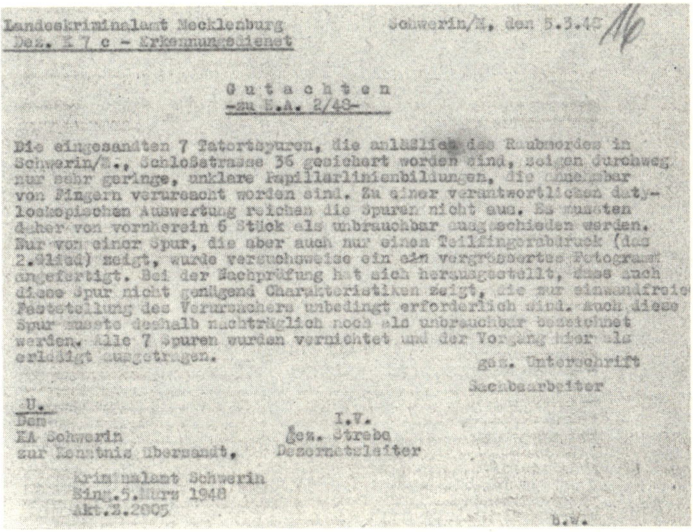
Landeskriminalamt Mecklenburg Schwerin/M., den 5.3.48
Dez. K 7 c - Erkennungsdienst

Gutachten
-zu E.A. 2/48-

Die eingesandten 7 Tatortspuren, die anläßlich des Raubmordes in Schwerin/M., Schloßstrasse 36 gesichert worden sind, zeigen durchweg nur sehr geringe, unklare Papillarlinienbildungen, die anscheinbar von Fingern verursacht worden sind. Zu einer verantwortlichen daktyloskopischen Auswertung reichen die Spuren nicht aus. Es mussten daher von vornherein 6 Stück als unbrauchbar ausgeschieden werden. Nur von einer Spur, die aber auch nur einen Teilfingerabdruck (das 2. Glied) zeigt, wurde versuchsweise ein ein vergrössertes Fotogramm angefertigt. Bei der Nachprüfung hat sich herausgestellt, dass auch diese Spur nicht genügend Charakteristiken zeigt, die zur einwandfreien Feststellung des Verursachers unbedingt erforderlich sind. Auch diese Spur musste deshalb nachträglich noch als unbrauchbar bezeichnet werden. Alle 7 Spuren wurden vernichtet und der Vorgang hier als erledigt ausgetragen.

gez. Unterschrift
Sachbearbeiter

U.
Dem
KA Schwerin
zur Kenntnis übersandt.

I.V.
gez. Strebe
Dezernatsleiter

Kriminalamt Schwerin
Eing. 5. März 1948
Akt. Z. 2005

b.w.

Oehlbeck setzte sich geschäftig hinter den zweiten Schreibtisch. Helles Tageslicht flutete hinter ihm durch die Scheiben, legte eine Aureole um seinen schütteren Haarkranz. »Was wissen wir denn nun wirklich?« stellte er als Frage in den Raum. »Über welche gesicherten Erkenntnisse verfügen wir?«

Janke nahm den Ball, den der Oberkommissar ihm mit dieser Frage zuwarf, an. »Erstens – die Tatzeit«, begann er aufzuzählen. »Dienstag, der 2. März, zwischen vierzehn und sechzehn Uhr.

Und wenn wir die Aussage des Zeugen Scheinert zugrunde legen, waren die Schreie, die er gegen fünfzehn Uhr auf dem Hof der Autowerkstatt gehört hat, die Hilferufe des Opfers.«

»Doktor Eltesters Obduktionsbefund spricht dafür«, nickte Oehlbeck.

»Zweitens – zu eben dieser Zeit stand ein Auto vor der Tür. Es ist anzunehmen, daß es zum Abtransport der Raubbeute benutzt wurde.«

»Wir wissen aber nicht, ob es sich um einen DKW oder um einen Adler handelte.«

»Beides ist falsch. Es war ein Mercedes.« Janke reichte dem Oberkommissar das Vernehmungsprotokoll, das die drei Jungen gemeinsam unterzeichnet hatten.

»In der Tat, da könnte was dran sein. Kinder sind aufmerksame Beobachter.«

Janke spielte mit dem Lineal, das auf seinem Schreibtisch lag. »Und dieser Peter«, sagte er, »hat sich den Wagen von nahem angesehen. Das graue Verdeck, der beschädigte Scheinwerfer und das kaputte Rücklicht sind Anhaltspunkte, die eine Fahndung wesentlich erleichtern. Im Augenblick klappern meine Leute die Schweriner Werkstätten ab.«

»Gut. Was haben wir noch?«

»Drittens – die Zigarettenstummel der Marke ›Sondermischung‹ ...«

»Pafft jeder zweite Raucher in dieser Stadt«, wehrte Oehlbeck ab.

»Und viertens – die Handschuhe«, fuhr der Obersekretär unbeirrt fort. »Sie gehören dem Täter, einem Mann mit auffallend kleinen Händen, doch kräftig genug, um sein Opfer zu erdrosseln.«

»Stop mal!« Hastig rutschte der Oberkommissar auf seinem Stuhl nach vorn. »Im Obduktionsbefund lese ich: Erstickungstod durch Strangulation. Also ist die Kohl doch mit diesem Strick umgebracht worden, und einen solchen zuzuziehen, traue ich jeder Frau zu. Statistisch gesehen ist übrigens jeder sechste Mörder eine Frau. Wußten Sie das nicht?«

»Schwer vorstellbar.«

»Glaub ich Ihnen«, meinte Oehlbeck trocken. »Aber wer will uns daran hindern, die Variante eines weiblichen Mörders, wenn auch nur theoretisch, hier am Schreibtisch durchzuspielen?«

»Der Mann vom Wohnungsamt!«

»Wäre ein Argument, das gegen meine Theorie spricht. Trotzdem sage ich Ihnen jetzt, es könnte auf einen Zufall hinausgelaufen sein, der absolut nichts mit dem Mord zu tun hat.« Oehlbeck rieb sich die fleischige Nase. »Möglicherweise war der Unbekannte jener Kavalier, mit dem die Kohl sich verabredet hatte.«

»Und der Diebstahl der Bekleidung?«

»Vorgetäuscht, die ganze Chose. Man wollte uns glauben machen, daß der Mörder von außen kam.«

Die Gedankenakrobatik Oehlbecks wollte dem geradliniger denkenden Obersekretär nicht so recht einleuchten. »Jemand aus dem Hause?« Er schüttelte mißbilligend den Kopf. »Ich sehe da überhaupt kein Motiv, Kollege Oehlbeck.«

»Warten Sie's ab, Janke. Vor einer Stunde, als ich aus dem Arsenal kam, traf ich zufällig die kleine Kohl. Treuherzig erzählte sie mir, daß sie sich über Frau Purweis schrecklich geärgert hätte. Sie war in Begleitung ihrer Mutter in der Schloßstraße, um Gretels Nachlaß abzuholen. Als die Mutter sich bei der Purweis für die gute Behandlung ihrer Tochter bedankte, erklärte die Fotografin den beiden Frauen sehr schroff: ›Und das sagen Sie mir jetzt nach alledem!‹ – Klingt ein bißchen merkwürdig, wie? Aber warten Sie, es kommt noch besser. Die Purweis beklagte sich, daß sie mit ihrem Mann einen schweren Stand gehabt hätte, weil der nichts auf die Gretel kommen ließ.«

»Typischer Anfall von Eifersucht«, brummte Janke.

»Die verständlich wird, wenn man weiß, daß Frau Purweis sich um die Weihnachtszeit herum einer Unterleibsoperation unterziehen mußte. Erinnern Sie sich, was Ihr famoser Zeuge Holzmann Ihnen berichtet hat?« Er deutete mit einer Kopfwendung auf den Aktenstapel. »In der Wohnung des Chefs wurde häufig gefeiert. Etwas ähnliches finden Sie im Vernehmungsprotokoll der kleinen Kohl über dieses Atelierfest in dem Fotoladen.«

»Naja, ein fideler Bursche«, räumte Janke ein. »Alles andere – entschuldigen Sie, Herr Oehlbeck – klingt wie eine fixe Idee. Margarete Kohl war gewiß nicht der Typ, der einen Mann zur Kopflosigkeit verleiten konnte.«

Oberkommissar Oehlbeck nahm ihm den Einwand nicht übel. »Was wissen wir schon über den Hintergrund der Familie Purweis? Nicht allzuviel«, lieferte er die Antwort gleich mit. Er rekelte sich auf seinem Stuhl. »Diese Seite, Janke, müssen wir jetzt vertiefen. Uns interessieren: der Leumund des Ehepaares, die finanzielle Situation, ihr ständiger Bekanntenkreis. Wie leben die Leute? Wer geht bei ihnen ein und aus? Bis der Ehemann aus Leipzig zurück ist, brauchen wir Klarheit!«

Während die Mitarbeiter der Mordkommission ein weiteres Mal, nun mit neuen Aufträgen versehen, im Stadtgebiet ausschwärmten, griff Hans Oehlbeck zum Telefon. Er rief in dem Fotogeschäft in der Schmiedestraße an und bestellte die Laborantin zur Vernehmung. Zwanzig Minuten später trat Gerda Hillmers, von einem Hausposten begleitet, in Jankes Zimmer. Sichtlich gehemmt nahm das pummelige Mädchen auf dem angebotenen Stuhl Platz, zog die Schöße ihres Mantels über den Knien zurecht. Die Blicke aus ihren schmalgeschnittenen Augen streiften verlegen durchs Zimmer, sie erfaßten die Gesichter der beiden Männer vor ihr und blieben an dem älteren Oberkommissar haften.

»Wir kommen am besten gleich zur Sache, Fräulein Hillmers«, sagte Oehlbeck. »Erzählen Sie uns etwas über die Familie Purweis. Wir möchten eine Vorstellung davon bekommen, wie das Zusammenleben mit Ihren Arbeitgebern ablief.«

»Eigentlich kann ich nix Schlechtes sagen, nöch. Ich bin ja erst vor einem halben Jahr in die Firma eingetreten.«

»Und vorher?«

»Hab ich bei Mudding in Güstrow gelebt. Frau Purweis hat mich als Fotolaborantin eingestellt. Ihr gehört das Atelier, während der Chef das Verkaufsgeschäft leitet. Zu uns Angestellten ist er immer freundlich. Bloß die Chefin, die ist manchmal 'n büschen launisch.«

»Polizeilich gemeldet sind Sie aber in der Schloßstraße?«

»Weil ich erst im November Zuzug bekommen habe.«

»Auf Betreiben Ihres Arbeitgebers?«

Allmählich verlor Gerda Hillmers ihre steife Haltung, die sie zu Beginn wie einen Schutzpanzer um sich aufgebaut hatte. »Der Chef meinte zu seiner Frau, daß ich doch das Einzelzimmer haben könnte, das auf der gleichen Etage im Flur. Wenn man die Treppe raufkommt, die Tür geradezu. Die Gretel hat vor mir in dem Zimmer gewohnt.«

»Seit dieser Zeit, nehme ich an, lernten Sie Margarete Kohl etwas besser kennen?«

»Ja, ganz recht. Zuerst habe ich sie man bloß immer im Geschäft gesehen. Als ich dann in die Schloßstraße zog, natürlich öfter.«

»Sie und die Gretel Kohl waren ja fast im gleichen Alter«, sagte Oehlbeck. »Wenn Sie Wand an Wand wohnen, noch dazu bei der gleichen Herrschaft angestellt sind, kommt man sich doch zwangsläufig näher. Wie war die Gretel?«

»'n büschen einsam, nöch. Unzufrieden mit der Welt und mit sich selbst. Sie hätte gern 'n richtigen Freund gehabt.«

»Waren Sie oft bei ihr in der Wohnung?«

»Manchmal haben Gretel, ich und die Frau Purweis abends noch zusammengesessen. Wir hörten Radio und beschäftigten uns mit verschiedenen Handarbeiten.«

Oehlbeck merkte auf. Gewohnt, wärend eines Frage- und Antwortspieles die Regungen seines Gegenüber stets aufmerksam zu beobachten, war ihm ein feines Stirnkrausen aufgefallen. Oehlbeck hakte nach. Er tat es mit einem gewissen Schuß von Ironie: »Familienanschluß sozusagen. Höchst selten zwischen Angestellten und ihrer Herrschaft.«

»Davon habe ich mich in letzter Zeit ja auch 'n büschen zurückgezogen, nöch. Bin nicht mehr so oft in die Wohnung gegangen, wie das früher der Fall war. Mudding hat es mir geraten.«

»Warum?«

Sie überlegte sich ihre Antwort. »Wegen dem Verhalten der Chefin. Seit die im Krankenhaus war, hat sich ihr Benehmen sehr geändert. Ich mein man, daß sie eifersüchtig is' auf ihren Mann. Einmal haben sie sich richtig gekracht, weil sie dachte, er hätte mit mir oder der Gretel eine Liebschaft angefangen.«

»Gab es nicht auch stichhaltige Gründe für diesen Verdacht?«

»Sie meinen das Atelierfest, wo die Männer uns geküßt haben?«

»Zum Beispiel«, nickte Oehlbeck. »Wer gehörte denn alles zu den Gästen?«

»Och, das sind immer dieselben Leute. Friseurmeister Schröder bringt seine Frau mit. Dann Herr Zustava, Frau Bauer, Herr Jeborski, der Herr Blaue«, zählte sie auf. »Und noch ein Ehepaar aus Bad Kleinen, die mit Frau Purweis befreundet sind.«

»Und wie hat Frau Purweis die Küsserei aufgefaßt?«

»Ziemlich böse war die, nöch, weil ich doch auf dem Schoß von 'n Chef saß. Wir sollten uns von den Männern nicht so schamlos abknutschen lassen, hat sie zu Gretel und zu mir gesagt.«

»Wer war denn Gretels Kavalier bei diesem Fest?«

»Das war der Herr Jeborski. Der hat sich auch sonst sehr für die Gretel interessiert.«

»Inwiefern?«

»Tscha, das war nämlich so. Nach dem Atelierfest, also als die Chefin zur Operation im Krankenhaus war, hat der Chef mal mit Herrn Jeborski in der Wohnung gefeiert. Die Gretel war gerade bei mir im Zimmer, als die Männer klopften und uns zu einem Likör einluden. Wir ließen uns überreden. Nach einiger Zeit, nöch, wir hatten zwei oder drei Schnäpse getrunken, wurden die Männer zudringlich. Herr Jeborski probierte es bei Gretel, während ich mich vor dem Chef vorsehen mußte. Ich stand schnell auf und hab am Radioknopf gedreht. Als die Gelegenheit günstig war, Herr Purweis goß die Schnapsgläser voll, bin ich aus dem Zimmer gerannt.«

»Und Fräulein Kohl ...?

»... kam etwas später nach. Puterrot war die im Gesicht, richtig erhitzt. Die Männer hätten ihr ganz schön zugesetzt, meinte sie.« Gerda Hillmers machte ein Pause. »Irgendwie hat die Chefin aber was von dem Abend läuten hören. Sie veranstaltete einen Riesenkrach mit ihrem Mann. Ich sollte auf der Stelle entlassen werden. Hat der Chef mit Not und Mühe verhindert. Er wollte keinen Skandal.«

Obersekretär Janke, der während des Gespräches fortlaufend Notizen für das Vernehmungsprotokoll machte, fragte jetzt: »Was meinen Sie, Fräulein Hillmers, hätte die Gretel für einen Fremden ohne weiteres die Tür geöffnet, um ihn in die Wohnung zu lassen?«

»Kann ich mir nicht vorstellen. Sie war ja man eher 'n Angsthase, fürchtete sich schon, wenn mal das Licht ausging, weil Stromsperre war.«

Nachdem sie gegangen war, verarbeiteten sie das Gehörte. Janke war sehr nachdenklich geworden. Seine Notizen sichtend, fragte er: »Jeborski? Sagt Ihnen der Name etwas? Ich habe das Gefühl, als hätte ich ihn erst kürzlich gehört.«

»War vorige Woche in der ›Landes-Zeitung‹ zu lesen. In einem Artikel über vorbildliche Initiativen beim Verlegen der täglichen Arbeitszeit in die Nachtstunden, um das Stromnetz zu entlasten. Herbert Jeborski ist Werkleiter in der Färberei Krone«, gab Oehlbeck zur Antwort. Er hob den Kopf, starrte den Obersekretär nachdenklich an. »Ein Puzzlespiel, mein Lieber, das seltsamerweise zueinander paßt. Ich meine, wenn der Raub der Kleider tatsächlich vorgetäuscht ist, dann gibt es keine bessere Möglichkeit, als die Plünnen in einem Färbereibetrieb verschwinden zu lassen.«

»Und die Koffer?«

»Es könnte sich lohnen, gezielt zu suchen.«

Was die ausgesandten Ermittler bis gegen zweiundzwanzig Uhr an Informationen anschleppten, ließ die Konturen des Bildes, das sich am Freitagabend für die Mordkommission in der Mordsache Kohl abzeichnete, deutlicher hervortreten. Von seiner These, daß auch eine eifersüchtige Frau über genügend Kräfte verfüge, um ihre Rivalin strangulieren zu können, nahm Oehlbeck schleunigst Abstand. Kätchen Purweis besaß ein lupenreines Alibi, das durch Nichts zu erschüttern war. Um so stärker rückte Herbert Jeborski ins Zentrum polizeilicher Aufmerksamkeit. Frau Purweis hatte in ihrer zweiten Befragung erklärt, daß Herbert Jeborski sich seit Jahren in der Wohnung auskannte und wohl auch ein bißchen wild auf die Gretel war. Einmal hätte er es sogar nachts an ihrer Zimmertür versucht.

Peinlich berührt gestand Jeborski den Vorfall ein. In aller Herrgottsfrühe hatten die Polizisten ihn am Samstag aus dem Bett geholt. Der Mann war fünfundvierzig Jahre alt und gut einsachtzig groß. Er hatte schwarzes, leicht pomadisiertes Haar, das er mit einem akkurat gezogenen Mittelscheitel straff nach hinten gekämmt trug. Sein gedrungener Körper steckte in einem stahlblauen Anzug.

»Jaja, Sie haben ja recht, meine Herren. Aber es war nicht so, wie es im nachhinein den Anschein erweckt. An diesem Abend, es muß ein gutes Jahr her sein, hat Fritz, ich meine Herr Purweis, seinen Geburtstag nachgefeiert. Ich war sein letzter Gast, und als ich das Haus verlassen wollte, er hatte mir seinen Schlüssel in die Hand gedrückt, kam ich mit dem Haustürschloß nicht klar.

Ich bin wieder in die vierte Etage zurückgegangen, wollte aber Purweis' nicht wecken. Da habe ich leise an Gretels Tür geklopft. Die rührte sich nicht. Bin die Treppe also wieder runter. Es stimmt auch, daß Frau Purweis aus der Wohnungstür guckte, aber ich meldete mich nicht mehr, weil der Schlüssel sich endlich im Schloß drehte. Am nächsten Tag gab ich den Schlüssel im Geschäft zurück. Jemand von den Angestellten kann das vielleicht noch bezeugen. Man kennt mich dort.«

Gleich zu Beginn der Befragung hatte Jeborski eine mögliche Verstrickung in die Mordsache Kohl kategorisch von sich gewiesen. Erst als die Kriminalisten ihn bei einigen Ungereimtheiten ertappten und daraufhin ihren Vernehmungsdruck verstärkten, wich seine Arroganz einer gewissen Einsicht.

»Sie waren in letzter Zeit sehr häufig Gast in der Familie Purweis. Gab es einen besonderen Anlaß dafür?«

»Meine Frau und ich waren oft in der Schloßstraße eingeladen. In letzter Zeit, zugegeben, war ich manchmal allein bei Purweis. Immer wenn ich in der Innenstadt zu tun hatte, schaute ich im Geschäft vorbei. Unsere Firma ist jetzt zum Nachtbetrieb übergegangen. Sie wissen schon, wegen der Stromsperren.«

»Und ich dachte, es war wegen der kleinen Gretel ...«, provozierte Oehlbeck trocken.

»Donnerlüttchen! Wie oft soll ich es noch sagen? Ich hatte nichts mit der Kohl! Fritz und ich haben sie gern mal geneckt, weil sie so schreckhaft war.«

Janke: »Was sollen wir uns denn unter dieser Neckerei vorstellen, Herr Jeborski?«

Er stieß einen tiefen Seufzer aus. »Es kam halt vor, daß wir sie unverhofft von hinten angeschubst haben, oder wir warfen ihr ein Kissen zu. Wir amüsierten uns, wenn sie vor Schreck zusammenzuckte. Ich konnte sie gut leiden.«

Oehlbeck: »Weshalb Sie ja auch von Zeit zu Zeit den unwiderstehlichen Drang verspürten, das Mädchen in den Arm zu nehmen und zu küssen.«

»Meine Güte!« Der Mann schlug die Hände über dem Kopf zusammen. »Das war bei der einen oder anderen Familienfeier, bei einem Atelierfest eventuell. Aber diesen Dingen mißt man doch unter Freunden keine besondere Bedeutung bei.«

Oehlbeck: »Versuchen Sie gar nicht erst, uns weiszumachen, daß Sie nie allein mit ihr gewesen sind!«

Jeborskis Gesicht nahm einen dunkelroten Farbton an. »Ich will jetzt zugeben, daß es mal so einen Fall gegeben hat«, besann er sich. »Und zwar nach einem Atelierfest, wo ich mich auf die Couch gelegt hatte, um auszunüchtern. Fräulein Kohl kam früh zum Aufräumen. Schön, ich wollte sie küssen, aber mehr ist nicht passiert. Frau Lolke kam nämlich dazu, die half der Gretel beim Saubermachen.«

Janke: »Und der Abend in der Wohnung? Frau Purweis lag noch im Krankenhaus.«

»Da ist doch gar nichts passiert. Die Mädchen sind in ihrem Zimmer verschwunden. Aus. Schluß. Ich bestreite ganz entschieden, daß ich eine intime Beziehung mit der Kohl unterhielt!« erregte er sich. »Ja, sind denn hier alle verrückt geworden? Halten Sie mich womöglich für ihren Mörder?«

»Jeder Mensch kann zum Mörder werden«, philosophierte Oehlbeck. »Der eine aus Haß oder Habgier, bei dem anderen sind es Eifersucht oder abgewiesene Liebe.«

»Ich kann mich nicht darauf besinnen, daß Gretel Kohl jemals eine abneigende Haltung gegen mich an den Tag gelegt hätte. Mehrmals habe ich sie gefragt, warum sie keinen Freund hat. Männern gegenüber erschien sie mir etwas abweisend. Nur mit mir und den Männern im Freundeskreis war das anders.«

Janke: »In diesem Punkt teilen wir Ihre Meinung, Herr Jeborski. Unklar bleibt für uns, warum sie einem Wildfremden den Zutritt zur Wohnung erlaubt hat?«

»In der Stadt wird erzählt, daß Mäntel und Kleider gestohlen wurden. Mir ist unbegreiflich, wer dafür in Frage kommen soll?«

»Jemand, der sich in der Wohnung auskennt«, erklärte Oehlbeck, »der ziemlich genau wußte, daß die Gretel sich zur Tatzeit allein in den Räumen befand!«

Janke streckte seinen Arm aus. »Ich könnte mir vorstellen, jemand wie Sie, Herr Jeborski!«

Jankes unverhüllte Verdächtigung riß den Färbermeister von seinem Stuhl. »Um Gottes willen, was reden Sie denn da, Mensch?« Bestürzt raufte er sich die Haare. »Ich kann Ihnen doch mein Alibi erbringen. Bitte, schreiben Sie es auf: Am Vormittag habe ich etwas geschlafen. Um vierzehn Uhr kamen die Kinder aus der Schule. Ich habe mit ihnen über die Schularbeiten gesprochen. Dann kam meine Frau nach Hause. Ich hab mich noch einmal hingelegt und bin dann in den Betrieb zur Nachtschicht gegangen. Das heißt, entschuldigen Sie, fast hätte ich es vergessen, gegen zwanzig Uhr erschien ja noch Herr Blaue.«

»Landgerichtsrat Blaue?« Oehlbeck schien überrascht.

»Herr Blaue war zufällig mit dem Auto unterwegs und wollte mich nur rasch informieren, daß man die Gretel Kohl tot in der Wohnung aufgefunden hat, und daß sie umgebracht wurde. Ich fragte ihn noch, woher er das wüßte? Frau Amtsgerichtsrätin Bauer, sagte er, wäre am Mordtatort gewesen und hätte ihn dienstlich unterrichtet.«

Oehlbeck fragte sachlich: »Wer gehört eigentlich noch zu Ihrem Freundeskreis?«

»Das Ehepaar Dubol, Friseur Schröder, Frau Gruhnke, Frau Bauer und der Landgerichtsrat. Ihn habe ich während meiner Schöffenzeit bei der Großen Strafkammer kennengelernt, als Herr Blaue den Vorsitz innehatte. Wir verstanden uns auf Anhieb, trafen uns auch einige Mal privat, bevor ich ihn in den Bekanntenkreis einführte.«

»Fremde hatten da wohl keinen Zutritt?« spöttelte Janke, der eigene Vorstellungen über den illustren Zirkel hegte.

»Nein, wir kannten uns alle.«

»Womit wir wieder beim Ausgangspunkt wären«, konstatierte Oehlbeck. »Der Mörder war Gretel Kohl bekannt, er kannte sich in den Räumlichkeiten aus, und er wußte, in welchen Schränken die wertvolle Bekleidung hing.«

Jeborski hob plötzlich den Kopf. »Einen Augenblick, meine Herren. Mir fällt eben ein, daß außer mir noch ein Mann in der Wohnung Bescheid weiß. Vor drei oder vier Wochen bekam Frau Purweis Besuch aus Karlsruhe. Ihr zukünftiger Schwager hat einige Tage in der Schloßstraße gewohnt. Ich möchte nicht, daß meine Worte falsch interpretiert werden, aber einen Zusammenhang kann man nicht ausschließen.«

»Es ist gut, wir werden Ihrem Hinweis nachgehen«, versprach Oehlbeck. Dann begann er das Vernehmungsprotokoll zu diktieren. Zum Schluß umfaßte es fünf Seiten, womit es zum längsten und zugleich ausführlichsten Protokoll geriet, das seit Beginn der Morduntersuchung zu Papier gebracht worden war.

Janke krönte Jeborskis Vernehmung mit einem Haussuchungsbefehl, den er dem Leiter des Färbereibetriebes unter die Nase hielt.

»Aber das ist doch absurd!« stotterte Jeborski konsterniert. »Was versprechen Sie sich von der Durchsuchung?«

»Vielleicht finden wir einen Radioapparat. Noch besser gefiele mir ein schwarzer Lackoffer mit gelben Riemen. Warten wir's ab.«

Der Auftrag fiel an Rolf Stepanek und an den Kriminalassistenten Braasch. Sie verfrachteten Jeborski auf den Rücksitz der Mercedeslimousine und fuhren mit ihm in die Wismarsche Straße, wo die Färberei Krone ihre Niederlassung hatte. Die Gebäude, die sie vorfanden, machten einen düsteren Eindruck. Baufällige Schuppen, ein marodes Heizhaus, aus dessen Schornstein es qualmte, und eine langgestreckte Werkhalle, in der es übel roch. Sie sprangen über Pfützen, auf denen es regenbogenfarbig schillerte. Braasch beneidet die Männer und Frauen, die hier beschäftigt waren, keineswegs. Knochenarbeit hatten sie an den Kesseln zu leisten, um den Farbsud am Brodeln zu halten, in den sie dann bergeweise die unansehnlich gewordenen Kleider, Hemden, Schürzen und Mäntel stopften. Nach geraumer Zeit waren die einzelnen Stücke wieder herauszufischen und kamen in die Trockenkammer. Braasch verspürte Hustenreiz, feuchtwarmer Brodem benahm ihm den Atem.

Dreimal durchsuchten sie das Fabrikgelände in alle Richtungen, stapelten probeweise einen Haufen gebrauchter Kleider um und überprüften jeden Winkel in den möblierten Büroräumen. Bevor Stepanek und Braasch restlos kapitulierten, sahen sie sich noch in der Wohnung des Werkleiters um. Jeborskis Familie verfolgte ihr Tun mit großen Augen.

Stepaneck vermerkte: *Die Wohnung selbst besteht aus Wohn- und Schlafstube, Küche, Speisekammer, Flur, Toilette, 1/2 Zimmer, Keller und Boden. Bei der Haussuchung wurde nichts Verdächtiges gefunden. Herr Jeborski verhielt sich während der Haussuchung sehr ruhig und erweckte nicht den Eindruck, daß er irgendwie stark aufgeregt sei und etwas zu verbergen habe.*

gez. Stepanek, Krim.-Oass.

Obersekretär Janke nahm den Bericht seiner Mitarbeiter mit

unbewegter Miene zur Kenntnis. Vor einer Stunde hatte sich Oehlbeck eilig von ihm verabschiedet. Der Oberkommissar war ins Landeskriminalamt zurückgerufen worden. Inzwischen war er nach Rostock unterwegs, wo man zwei Kinderleichen aufgefunden hatte.

Selbstverständlich blieb die Mordkommission »Schloßstraße« auch am Sonntag nicht untätig. Janke, nunmehr zum Chef der MOK aufgerückt, schickte alle verfügbaren Leute ins Bahnhofsviertel. An den Wochenenden schwoll der Strom der Hamsterfahrer ins Unermeßliche an, die Geschäftigkeit der Schwarzhändler aller Couleurs blühte auf. Scheinbar gelangweilt schlenderten Stepanek, Schröder, Braasch und die Tischerowski durch das dichte Menschengewühl. Augen offenhalten! lautete ihr Auftrag. Nur wenn irgendwo ein »brauner Fohlenpelzmantel mit Tigerbesatz« auftauchen sollte, oder ein »graublauer Kamelhaarmantel« zum Kauf angeboten wurde, sollten sie zufassen und den Verkäufer festnehmen.

Janke klemmt sich hinter seinen Schreibtisch. Der betrübte Gesichtsausdruck seiner Frau, als er ihr am Morgen eröffnen mußte, daß aus dem geplanten Ausflug nach Zippendorf nichts werden könne, ging ihm nicht aus dem Sinn. Jeder Kriminalist lernt diesen Zwiespalt kennen, wenn der Beruf mehr und mehr das Familienleben beeinträchtigt. Er, Janke, brauchte die Familie. Sie war sein Zufluchtspunkt, sein Rückhalt auch, aus dem er die Kraft gewann für immerwährendes Anrennen gegen Raffgier und Mißgunst, gegen Haß, Brutalität und Skrupellosigkeit, mit der die Menschen in seiner Stadt zu Kriminellen wurden.

Janke schlug die Akte auf. Er wollte die Protokolle noch einmal durchlesen, Schritt für Schritt die bisherigen Ermittlungswege nachvollziehen, vielleicht hatten sie ja doch einen Hinweis, sei er auch noch so winzig, im Eifer des Gefechtes übersehen. Dann würde er entscheiden müssen, was als nächstes zu tun war. Er war der Chef.

Für die Mitarbeiter des K7 – Erkennungsdienst und Fahndung – notierte er: Zusätzlich zur Kfz-Fahndung ist die Sachfahndung nach auffälligen Kleidungsstücken in allen Schneiderwerkstätten, Damensalons und in den offiziellen Tauschzentralen anzukurbeln.

Eine Stunde später klopfte es an der Tür. Janke, der die Rückkehr seiner Leute noch nicht erwartete, blickte in den langgestreckten Korridor mit den Bänken, auf denen wochentags die vorgeladenen »Kunden« warten mußten. Jetzt stand ein uniformierter Kollege vor der Tür, der sich in einer zackigen Grußerweisung übte.

»Hauptwachtmeister Steinhagen«, stellte er sich vor. »Kamerad Obersekretär, ich hätte eine wichtige Aussage zu machen, die den Mordfall in der Schloßstraße aufhellen kann.«

Janke schmunzelte. Einladend hielt er dem anderen die Tür auf. »Wenn Sie wohl die Güte hätten, Herr Kollege, meiner Unwissenheit auf schnellstem Wege abzuhelfen ...«

Der Polizeihauptwachtmeister Siegfried Steinhagen sagte aus: *»Am Donnerstag, dem 4.3.48, erfuhr ich von meiner Frau, daß ein gewisser Emil Tolstock, wohnhaft in Schwerin, Johannesstraße, vor zwei Jahren beim Wohnungsamt gearbeitet hat. Von Tolstock wird behauptet, und zwar von einer Frau Mura aus der Landreiterstraße, daß T. aus Freienwalde stammt und dort als SS-Sturmbannführer bekannt gewesen sein soll. Er hat nach den Aussagen der Frau Mura kurz vor dem Kriegszusammenbruch seine Familie für tot erklären lassen. Von meiner Dienststelle ist mir bekannt, daß die ermordete Margarete Kohl ebenfalls aus Freienwalde kommt. Für mich liegt jetzt die Vermutung nahe, daß Tolstock vielleicht der Margarete Kohl aus ihrem früheren gemeinsamen Wohnort bekannt ist, zumal T. sich als Angehöriger des Wohnungsamtes ausgegeben hat. Eine Überprüfung meinerseits bestätigte, daß T. dort beschäftigt war. Die Personalstelle, mit der ich mich in Verbindung gesetzt hatte, konnte mir aber nicht sagen, wo T. zur Zeit beschäftigt ist. Frau Mura äußerte sich meiner Frau gegenüber, daß er beim Preisüberwachungsamt Schwerin eine Anstellung gefunden hat. Eine Nachfrage meinerseits dort bestätigte diese Aussage nicht. Meine persönliche Ansicht ist, daß Tolstock beim Landespreisamt beschäftigt ist. Weitere Aussagen kann ich nicht machen.«*

Noch am gleichen Tage stürzten Janke und Stepanek sich auf die SS-Mann-Spur, die nicht nur unverhofft aufgetaucht war, sondern zudem in die politische Landschaft paßte. Sie trommelten den Leiter des Landesamtes aus seiner Sonntagsruhe. Ratlos zuckte der die Achseln. Ein Mitarbeiter des Namens Tolstock war ihm unbekannt. Die Anwohner in der Johannesstraße nickten zwar, ja, ein Herr Tolstock habe bis zum Herbst vergangenen Jahres hier eingewohnt, inzwischen solle er aber über die grüne Grenze gegangen sein, nach Lübeck oder gar bis Hamburg.

Janke und Stepanek fuhren nach Bad Doberan. Sie suchten die Eltern der Ermordeten auf. »Wahr ist, daß Gretel in Freienwalde geboren wurde«, erklärte ihnen die Mutter. »Im Jahre 1929 sind wir aber nach Daber im Kreis Naugard gezogen. Gretel ging dort zur Schule und 1939 in Stellung nach Berlin, wo sie bis 1946 blieb. Dann erst trafen wir uns in Bad Doberan wieder, bis sie ihre Haushaltstellung bei Purweis antrat. Von einem SS-Mann Tolstock haben wir nie etwas gehört.«

Um eine Hoffnung ärmer traten Janke und Stepanek die Rückfahrt nach Schwerin an.

Die von allen Kriminalisten gefürchtete Durststrecke bei Mordermittlungen ereilte die Mordkommission »Schloßstraße«. Der Informationsfluß versiegte. Nur noch sporadisch konnten Jankes Männer sich den wenigen flauen Fingerzeigen widmen, wie sie ihnen der Fotograf Fritz Purweis nach seiner Rückkehr aus Leipzig lieferte. Während seiner Vernehmung fiel die Bemerkung, daß ein Musiker namens Detter anläßlich eines Atelierfestes geäußert hätte, die Gretel wäre genau seine Kragenweite, die würde er bestimmt nicht von der Bettkante schubsen. Detters Alibi war bereits nach zwei Stunden geklärt.

Obwohl Ernst Janke nun die Mordkommission führte, zeichnete er in seiner Funktion als Leiter K1 zugleich für jeden Aktenvorgang verantwortlich, der in die sachliche Zuständigkeit seines Kommissariates fiel. Dazu gehörten Mord und Totschlag, Raubüberfälle, Brände und folgenschwere Unfälle aller Art. Der Papierwust, der täglich in Jankes Posteingang landete, riß selten ab. Immer wieder war er gezwungen, einzelne Leute aus der Mordermittlung herauszulösen, um sie an anderen Tatorten zum Einsatz zu bringen, Am 10. März schickte er Rolf Stepanek nach Neumühle, wo Unbekannte einen Radfahrer überfallen, ausgeplündert und ermordet hatten. Die Beute – ein paar Wäschestücke und eine Handvoll Lebensmittel! Zwei weitere Arbeitstage, den 11. und 12. März, opferten Janke und die Kriminalassistentin Tischerowski für die Bearbeitung einer Mordsache in Mallentin.

Das Dorf lag neuneinhalb Kilometer von der Zonengrenze entfernt. Am 16. März war Janke bereits wieder in Ludwigslust unterwegs. Unterstützt vom dicken Kowalewski, einem urgemütlichen Mecklenburger, suchten sie nach den Ursachen eines Großbrandes. Und in der Nacht zum 17. März schlug eine bewaffnete Bande im Gebiet der Friedrichsthaler Tannen an der Lübecker Chaussee zu. Vermutlich »Displaced Persons«, von den Nazis nach Deutschland verschleppte Zwangsarbeiter – meist Polen und Russen –, die noch nicht in ihre Heimat zurückgeführt waren. Stepanek und Braasch übernahmen die Ermittlungen, derweil Janke sich um einen schweren Verkehrsunfall im Stadtgebiet kümmerte.

So kann es nicht verwundern, daß der Hinweis einer Frau Tjaden, die Beschreibung des Mannes vom Wohnungsamt träfe doch auf Otto Galschinski zu, im Alltagstrouble unterging. Galschinski zählte zu den Berufskriminellen, die im Nazireich in »Sicherheitsverwahrung« gehalten wurden. Zu den unliebsamen Begleiterscheinungen der Befreiung durch alliierte Streitkräfte gehört die Tatsache, daß neben den politischen KZ-Häftlingen auch die Träger der grünen Winkel auf freien Fuß gelangt waren. Nur wenige nutzten die neugewonnene Freiheit, ein ehrliches Leben zu beginnen. Galschinski war nicht unter den Einsichtigen; seit mehreren Monaten fahndete die Schweriner Kripo im Zusammenhang mit einer Reihe ungeklärter Einbrüche nach dem Flüchtigen.

Als Rolf Stepanek am Mittwochnachmittag durch die Wismarsche Straße lief und vor dem Kino »Capitol« stehenblieb, um sich die Filmplakate und die Fotos anzuschauen, wurde er an Frau Tjadens telefonische Mitteilung erinnert. Die Platzanweiserin des »Capitol«, die er zufällig kannte, sprach ihn vor dem Kino an. »Haben Sie es schon gehört, Herr Stepanek, der Galschinski soll wieder in der Stadt sein. Wird der nicht von Ihnen gesucht?«

»Sie wissen, wo er steckt?«

»Eine Bekannte will ihn vor zwei Tagen gesehen haben. Und da fiel mir ein, daß er doch früher fast jeden zweiten Abend bei uns im Kino saß.«

Noch am gleichen Abend wurde die Vorstellung zwischen der DEFA-Wochenschau und dem Sovexportfilm »Der gebieterische Ruf« unterbrochen. Das Licht ging an und eine Handvoll Polizisten, geführt von Braasch und Kowalewski, marschierten durch die Reihen.

Die Szene wiederholte sich wenig später in der »Schauburg« Schließlich dehnten sie die Razzia auf die umliegenden Kneipen im Stadtgebiet aus. Ein Erfolg war ihnen nicht beschieden.

Am Freitag stieg Oberassistent Stepanek erneut aus der Mordkommission aus. Für vierundzwanzig Stunden wurde er einer Sonderermittlergruppe des Landeskriminalamtes zugeteilt, die Gerüchten »über den Verkauf von Menschenfleisch« in Schwerin nachspüren sollte. Hintergrund dieser entsetzlichen Vermutung war ein Verbrechen, das sich Mitte Januar im sächsischen Chemnitz zugetragen hatte. Der sechsundsechzigjährige Bernhard Oehme hatte seine Schwester getötet, sie wie ein Stück Wild waidmännisch zerlegt und beabsichtigte, das Fleisch, nachdem er selbst davon gegessen hatte, auf dem Schwarzen Markt zu verhökern. Einem Bericht der »Chemnitzer Volksstimme« vom 24. Januar 1948 folgten Veröffentlichungen in der westdeutschen Presse. »Jetzt fressen sie sich in der Ostzone schon gegenseitig auf!« titelte die Journaille. Oehmes Kannibalismus geriet zum Politikum. Die sowjetische Militärverwaltung besann sich auf die Direktive Nr. 40 des Alliierten Kontrollrats vom 12. Oktober 1946, die allen Deutschen verbot, *»Gerüchte zu verbreiten, die zum Ziel haben, ... Mißtrauen oder Feindschaft des deutschen Volkes gegen eine der Besatzungsmächte hervor(zu)rufen.«* Die Justizverwaltung schaltete sich in die Ermittlungen der deutschen Behörden ein. Sie wies Kontrolleinsätze in allen ostdeutschen Ländern an. Oehme wurde zu zehn Jahren Zuchthaus verurteilt. Nach dem Prozeß verschwand er in einem sowjetischen Gulag. Der Sondereinsatz von Schwerin, an dem neben Kriminalisten auch amtliche Fleischbeschauer beteiligt waren, verlor sich im Nichts.

Am 18. März traten die Polizisten der mecklenburgischen Landeshauptstadt zur Absicherung der Feierlichkeiten anläßlich der 100. Wiederkehr der deutschen Märzrevolution von 1848 an. »Freiheit, Frieden, Einheit!« lautete die Losung, unter der die Schweriner Politprominenz zum Festakt aufrief, während Ulbricht auf dem II. Volkskongreß in Berlin eine Erhöhung der Lebensmittelrationen für die sowjetische Besatzungszone in Aussicht stellte.

Auch diesen sachfremden Einsatz ließ Obersekretär Janke als Arbeitsnachweis in der Mordakte vermerken. Eines Tages, so schwante ihm, würde er wohl Rechenschaft ablegen müssen, weil der Mord nicht aufgeklärt war.

Seine Befürchtung bewahrheitete sich. Am 25. Juni 1948 schrieb er auf Anforderung an das übergeordnete Dezernat K1 im LKA: *Das Kriminalamt Schwerin, Kommissariat K1, bearbeitet die Raubmordsache Margarete Kohl vom 2.3.48. Die Ermittlungen, die bis heute noch nichts besonderes gebracht haben, sind noch nicht abgeschlossen. Das LKA Mecklenburg, Dez. K1, erhält in absehbarer Zeit einen Nachtragsbericht über das, was ermittelt worden ist. Ich bitte, die Angelegenheit Kohl bei sich noch auf Wiedervorlage zu legen.*

gez. Janke

Leiter des Kommissariats K1

Als Janke den Brief am Freitag unterzeichnete, ahnte er nicht, daß er das Blatt in der darauffolgenden Woche schon wieder in den Händen halten sollte – diesmal als Adressat.

Am 30. Juni wurde Ernst Janke zum Leiter des Landeskriminalamtes befohlen. Rossner, ein dunkelhaariger, energischer Mann, der von seiner Unfehlbarkeit überzeugt war, verzog keine Miene, als er Janke die Ernennung zum Kriminalkommissar mitteilte. »Und ab morgen sehe ich Sie hier auf dem Stuhl des Dezernatsleiters K1!«

»Ja, aber ich ...«

»Habe ich mich nicht deutlich genug ausgedrückt?« blaffte Rossner. Wenn er Widerspruch witterte, reagierte er meist ärgerlich.

»Selbstverständlich!« versicherte Janke. »Aber was wird dann aus dem Kollegen Oehlbeck ...?«

»Herr Oehlbeck verläßt uns aus gesundheitlichen Gründen!« Und Gustav Szinda, der Personalchef, fügte lächelnd an: »Wir haben uns für seine Pensionierung stark gemacht.«

Unter den SED-orientierten Polizeiführern in der SBZ grassierte die Überzeugung, daß man die politische Zuverlässigkeit eines Volkspolizisten von seiner sozialen und beruflichen Herkunft ableiten könne. Ein proletarischer Hintergrund wurde von vornherein als Garant für eine positive politische Einstellung angesehen. Die bürgerliche Herkunft eines Hans Oehlbeck hingegen bot allen Grund zu Mißtrauen. Bei einer Analyse der Personalakten der rund 700 Kriminalangestellten des Landes Mecklenburg hatte Szinda zudem herausgefunden, daß über zehn Prozent der Personalfragebögen den Vermerk trugen »bei der früheren Polizei tätig gewesen«. Den Anteil der unsicheren Kantonisten rigoros auszumerzen wurde zum erklärten Ziel der Personalpolitik.

Für Männer wie Ernst Janke barg sie die Chance zum beruflichen Aufstieg. Während er ins Landeskriminalamt aufrückte, rutschte Oberassistent Stepanek auf den Sessel des freigewordenen Kommissariatsleiters im Kriminalamt.

An der Ermittlungsakte Kohl mit der Tagebuchnummer 2805/48 änderte der Personalwechsel nichts. Noch immer fehlte jede Spur von einem grauen Mercedes. Und die häufigen Rückfragen in den Schneiderwerkstätten erregten auf die Dauer nur Unwillen. Raubüberfälle, Brände, Morde, Vergewaltigungen, Einbrüche und Diebstähle bestimmten weiterhin den Alltag der Schweriner Kripo. Allein im März 1948 wurden laut Kriminalstatistik 4700 Straftaten im Land Mecklenburg zur Anzeige gebracht.

Drei Wochen später kam Bewegung in die Mordsache. Kommissar Janke erhielt einen Anruf aus der Schmiedegasse. Kätchen Purweis wollte partout den Oberkommissar Oehlbeck sprechen. Es brauchte eine Weile, bis Janke sie überzeugen konnte, daß er jetzt das Zepter in der Hand hielt.

»Na schön, Herr Janke, Sie kennen sich ja auch in unserem Fall aus«, tröstete sie sich. Was sie ihm dann mitzuteilen hatte, ließ den Kommissar neue Hoffnung fassen. Nach dem Gespräch telefonierte er eilig mit dem Kriminalamt. »Hör gut zu, Rolf! Schnapp dir zwei oder drei Leute und fahre ...«

»Keiner da. Ich bin allein«, brummte Stepanek.

»Mußt du eben allein zur Schmiedegasse. Hör dir an, was die Frau Purweis in Erfahrung gebracht hat. Weitere Maßnahmen nach eigenem Ermessen. Halt mich aber auf dem laufenden.«

Die Fotografin lauerte aufgeregt hinter der Ladentür. »Allmächtiger, da sind Sie ja endlich, Herr Oberassistent!« Sie zog ihn in das kleine Büro zwischen Geschäft und Atelier. »Stellen

Sie sich vor, was mir Fräulein Henke heute morgen erzählt hat. Die Kleine arbeitet im Schneidersalon in der Rostocker Straße. Sie und ihre Freundin hätten neulich eine Frau in einem meiner Kleider auf dem Sportfeld gesehen. Zwei Wochen müßte das jetzt her sein. Auf dem Platz, gleich hinter dem Burgsee.«

»Um welches Kleid soll es sich handeln?«

»Das grau und schwarz gestreifte Wienerkleid aus Jerseystoff.«

Stepanek strich über sein Kinn. »Irrtum ausgeschlossen?« fragte er skeptisch.

»Die Henke hat das Kleid vor einem Jahr für mich genäht.«

»Dann könnte was dran sein«, gab der Oberassistent zu. »Noch besser wäre es allerdings, wenn Fräulein Henke Ihnen den Namen der Frau verraten hätte.«

»Ja, freilich doch«, rief die Purweis lebhaft aus. »Die Schwester Marianne. Aus dem Ambulatorium in der Severinstraße.«

Stepanek strahlte. »Na, das nenne ich aber Glück.«

Die Severinstraße lag hinter dem Bahnhof. Knapp fünfzehn Minuten Fußweg von der Schmiedestraße entfernt. Die Fotografin begleitete ihn. Unaufhörlich plapperte die Frau. Sie verteidigte ihre Überzeugung, nun wäre der Fall schon so gut wie gelöst. Erst als sie im Ambulatorium die Auskunft erhielten: »Frau Marianne Petersen können Sie leider nicht sprechen. Liegt seit einer Woche im Städtischen Krankenhaus«, wurde ihr Gesicht etwas länger.

Abermals durchquerten sie die Innenstadt. Dann, endlich, standen sie an Schwester Mariannes Krankenbett. Ein spitzes, blasses Gesicht sah ihnen aus den Kissen entgegen. Stepanek wies sich aus. Auf die Frage nach dem Jerseykleid deutete die Kranke auf das Spind neben der Zimmertür. »Dort im Schrank. Ich hatte es zufällig an, als ich hierher kam.« Sie richtete sich im Bett auf. »Was ist mit dem Kleid?« wollte sie wissen.

Kätchen Purweis stand schon am Spind. »Tatsächlich!« jubelte sie. »Das ist mein Kleid. Ich erkenne es ganz genau. Hier an der Naht, Herr Stepanek, die habe ich mal nachgenäht!«

Mit der Frage »Woher haben Sie das Kleid?« wandte sich der Oberassistent wieder der Patientin zu.

»Du lieber Himmel«, rief Marianne Petersen erschreckt. »Ich habe nichts Unrechtes getan. Das Kleid stammt von einer Bekannten. Eingetauscht, weil es ihr nicht richtig paßte.«

»Wie heißt die Frau?« drängte Stepanek. »Wir brauchen den Namen!«

»Erika Mulinski. Platz der Freiheit Nummer elf.«

Oberassistent Stepanek beschlagnahmte das Kleid. Nachdem er bei der Stationsschwester ein Stück Packpapier erbeten hatte, klemmte er sich das Paket unter den Arm und nahm es als Beweisstück mit. Stepanek und die Fotografin setzten ihre Odyssee fort.

Die Adresse Platz der Freiheit Nr. 11 gehörte zu einem abgewohnten Mietshaus, das vor dem Krieg zweifellos bessere Tage erlebt hatte. Kinder spielten im Hausdurchgang. Keifende Stimmen fielen hinter einer Wohnungstür übereinander her. Im zweiten Stock scheuerte eine Mittdreißigerin die ausgetretenen Treppenstufen. Die Frau war weder hübsch noch ausgesprochen unansehnlich. Brünett schimmerndes Haar wurde von einem schmalen Tuch gehalten, das über der Stirn in einem lockeren Doppelknoten endete.

Stepanek und die Purweis grüßten.

»Zu wem möchten Sie denn?« erkundigte sich die Frau.

»Zu Mulinski.«

»Das bin ich selbst.« Sie richtete sich auf.

Stepanek hielt ihr seinen Ausweis hin. »Vielleicht ist es besser, wir erledigen die Sache in der Wohnung«, sagte er.

Die Wohnung war nicht groß, eher nachlässig aufgeräumt. Ein etwa dreijähriges Kind spielte in einer Ecke der Wohnküche. Arglos lachte es die Besucher an. Vor dem Fenster sah Stepanek eine Nähmaschine. Erika Mulinski schneiderte selbst.

»Ihr Mann ist nicht zu Hause?«

»Bin geschieden. Seit drei Jahren.« Das klang keineswegs unfreundlich, doch Stepanek spürte eisernes Mißtrauen, das sie zu überspielen suchte. Heimlich musterte sie Kätchen Purweis, als überlege sie, welche Rolle die Frau in Stepaneks Begleitung wohl spielen mochte.

»Dann leben Sie allein mit dem Kind?«

»'ne sechzehnjährige Tochter hab ich noch. Lernt Verkäuferin.«

»Wo?«

»Textilkaufhaus in der Mecklenburger Straße.«

Stepanek legte sein Paket auf den Tisch. »Sie sind mit der Schwester Marianne aus dem Ambulatorium befreundet?«

»Was heißt befreundet?« Frau Mulinski zog die Achseln hoch. »Ich kenne sie, wie die anderen Schwestern, die dort arbeiten.«

»Sie haben ihr aber dieses Kleid gegeben?« Der Kriminaloberassistent schlug das Packpapier auf. »Stimmt doch, nicht wahr?«

»Kann schon sein.«

»Das Kleid gehört aber mir!« fuhr Kätchen Purweis erregt dazwischen. »Das ist gestohlen!«

Der Vorwurf prallte an der Frau ab. »Ach ja«, meinte sie leichthin, »ich hab es vor Ostern geschenkt bekommen.«

»Von wem?« fragte der Oberassistent rasch.

Ihr Gesicht zeigte noch immer keine Regung. »Weiß ich nicht mehr. Sie sehen doch, ich habe das Schneidern erlernt. Manchmal ändere ich ein Kleid oder einen Anzug für gute Bekannte.«

»Dieses Kleid stammt aus einer Straftat!« Oberassistent Stepanek verlor seinen verbindlichen Tonfall. Eine energische Gangart erschien ihm ratsam. »Wie ist es in Ihren Besitz gelangt?«

Als wäre ihr kalt, schlang sie die Arme um ihren Oberkörper, demonstrierte gleichsam stumme Abwehr.

»Unter diesen Umständen sehe ich mich gezwungen, eine Haussuchung vorzunehmen!«

Für einen Moment sah es aus, als würde sie nach dieser Eröffnung zusammenbrechen. Sie tastete nach einem Halt am Küchenbüfett und sagte tonlos: »Ich habe es von einem Schwarzhändler gekauft.«

»Name?«

»Den weiß ich nicht.«

Stepanek öffnete die Tür zum Nebenzimmer. Er blickte in einen Raum, in dem zwei Betten, ein Kleiderschrank und eine Frisiertoilette standen. Der Schrank war mit Wäsche vollgestopft. Frau Purweis, die neben den Obersekretär getreten war, musterte den Inhalt. Im Handumdrehen hatte sie einen Stapel Wäsche heraussortiert und bezeichnete ihn als ihr Eigentum. Auf der Kleiderstange entdeckte sie zwei Mäntel, ein Kleid und zwei Kostüme.

Am Küchentisch stehend, verglich Stepanek die einzelnen Stücke mit der Sachbeschreibung auf der Fahndungsliste. Voller Sarksamus sagte er zum Schluß: »Jetzt bin ich aber gespannt, welchen Bären Sie uns diesmal aufbinden wollen?«

»Naja, auch vom Schwarzhändler.«

»Ach ja?« fuhr Stepanek ärgerlich auf. »Der Unbekannte ist so ohne weiteres durch die Gegend gefahren und hat aus einem Auto heraus gestohlene Wäsche angeboten, gleich im Dutzend gebündelt, oder wie?«

»Er kam vom Bahnhof her, hatte einen Rucksack und sprach mich unten im Hausdurchgang an.«

»Lüge! Alles Lüge!« rief Kätchen Purweis, die im Schlafzimmer emsig wühlte. Durchsuchungen dieser Art waren damals nicht unüblich. Heutzutage würden sie jedem Staatsanwalt Ausbrüche von Angstschweiß verschaffen. Mit einem Koffer in der Hand erschien Frau Purweis im Türrahmen. Triumphierend hielt sie ihn hoch.

Schwarzer Lack und gelbe Ledergurte, registrierte Stepanek. »Wir ermitteln wegen Raubmord! Es geht um Ihren Kopf!« drohte er. »Woher stammt der Koffer, Frau Mulinski?«

Der Eintritt eines jungen Mädchens enthob sie vorerst einer Antwort. »Meine Tochter«, murmelte Frau Mulinski. Eva indessen sagte: »Von Hans Wunderberg hat sie ihn. Auch die Wäsche und die Kleider. Alles hat sie von ihm. Er ist ihr Freund.« Ein bitterer Zug lag um ihren Mund. »Ich hab es geahnt, seit die Meldung in der Zeitung stand.«

Stepanek sah sich nach einem freien Platz um, wo er das Beschlagnahmeprotokoll aufsetzen konnte. Seine Wahl fiel auf einen alten Schreibsekretär vor der Fensterfront. Bevor er sich setzte, hob Stepanek die Platte gewohnheitsmäig an. In einem darunterliegenden Fach kam eine Pappschachtel zum Vorschein. Als der Oberassistent sie öffnete, lagen 21 Schuß Pistolenmunition vor ihm.

Erika Mulinski wurde festgenommen und im Gerichtsgefängnis in der Schelfstraße untergebracht. Kommissar Janke, über die jüngsten Entwicklungen in der Mordsache unterrichtet, ließ sich von Kowalewski zur Haftanstalt fahren. Es drängte ihn herauszufinden, inwieweit die Frau in das Verbrechen verstrickt war. Kaum war er aus dem Wagen geklettert, schickte er den Dicken zum Platz der Freiheit Nr. 11. »Wohnungsüberwachung!« befahl er. »Denk daran, dieser Wunderberg darf uns auf keinen Fall durch die Lappen gehen!«

Kowalewski fuhr über Spieltordamm und Obotritentring, bog dann in die Lübecker Straße zum Platz der Freiheit ein. Direkt vor dem Haus ließ er den Wagen ausrollen. Der Oberassistent zog den Zündschlüssel ab. Als das Motorengeräusch erstarb, fiel sein Blick auf zwei Männer, die etwa zehn Meter weiter auf einem Mauerrest saßen. Ende zwanzig der eine, der andere Mitte vierzig. Beide sahen gespannt zu ihm herüber. Kowalewski prägte sich ihr Aussehen ein. Wer weiß, wozu es gut ist, dachte er und stieg aus dem Mercedes. Im gleichen Moment stieß sich der Jüngere von der Mauer ab. Betont gleichgültig wandte er sich der Breitscheidstraße zu und lief, plötzlich schneller werdend, in Richtung Demmlerplatz davon.

Es war die verdächtige Eile, die Kowalewskis Mißtrauen weckte. Eine Alarmglocke in seinem Hirn schrillte los. Mit raschen Schritten stürzte er zur Mauer. »Polizei!« brüllte er den Zurückgebliebenen an. »Ihren Ausweis! Aber dalli!«

Der andere kramte seine Brieftasche hervor. Kowalewski, dem es nicht schnell genug ging, riß ihm den Ausweis aus der Hand, warf einen vergleichenden Blick auf Foto und Original. »Sie heißen Wilhelm Bögel!« bellte er. »Und wer ist der andere?«

»Weiß nich. Kenn ich nich.«

Jede anderslautende Antwort hätte den Kriminaloberassistenten auch verwundert. »Sie bleiben hier stehen!« befahl er barsch. »Warten, bis ich zurück bin!« Dann steckte er den Ausweis ein und heftete sich an die Fersen des Mannes, der mit Siebenmeilenstiefeln davonzukommen trachtete. Trotz seiner körperlichen Statur galt Kowalewski als zäher Hund. Er legte einen Zwischensprint ein, der ihn bis auf fünfzig Meter an den Fliehenden heranbrachte. Kurz vor Erreichen des Demmlerplatzes sah der Mann noch einmal über die Schultern zurück. Erschreckt erkannte er die Nähe seines Verfolgers.

»Stehenbleiben!« brüllte Kowalewski. »Stehenbleiben! Polizei!«

Der andere erhöhte sein Tempo und sprang in den nächsten Hauseingang. Kowalewski stutzte. Im ersten Augenblick war er ein bißchen ratlos, nahm dann aber noch die winzige Bewegung der zufallenden Tür wahr. Bevor er in den Hausflur stürmte, zog er seine Pistole.

Hastige Schritte polterten die Stiegen hinauf. Kowalewski

lauschte. »Bleiben Sie stehen!« wiederholte er seine Forderung. Der andere lief weiter. Seufzend machte der Oberassistent sich an den Aufstieg. Ganz oben klappte eine Tür. Muß der Hausboden sein, dachte Kowalewski, der sich erneut sputete. Für eine Kraxelei über die Hausdächer fühlte er sich keineswegs prädestiniert.

Die Bodentür war unverschlossen. Kowalewski riß sie so weit wie möglich auf. Er verharrte auf der Schwelle, bemüht seine Augen an das Halbdunkel unter dem Dachgebälk zu gewöhnen. Die fast erblindeten Scheiben zweier Dachfenster ließen nur mäßiges Tageslicht herein. Hier und da sickerte ein schmaler Sonnenstrahl zwischen Dachziegeln hervor. Myriaden von Staub tanzten darin.

Kowalewski lud die Waffe durch. Geräuschvoll glitt der Schlitten der Selbstladepistole in die Ausgangsstellung zurück. Jetzt lag eine Patrone im Lauf der entsicherten Waffe. »Machen Sie keinen Blödsinn!« warnte er den Mann auf dem Dachboden. »Sonst wird geschossen!« Er spähte in jeden Winkel des langgestreckten Raumes, blickte vorsichtig hinter aufgetürmten Krempel, zerbrochene Möbel und allerlei Unrat, dabei stets auf seine Eigensicherung bedacht.

Der Mann hockte hinter einem transportablen Küchenherd. Mit vorgehaltener Waffe scheuchte Kowalewski den Reglosen hoch, dirigierte ihn ins Treppenhaus, bis er ihm die Schließacht anlegen konnte. Nun hatte er den Flüchtigen unter Kontrolle. Er griff in die Jacke des Gefesselten, zog den Personalausweis hervor und erklärte mit erleichterter Miene: »Hans Wunderberg, ich nehme Sie vorläufig fest! Bei Widerstand oder Fluchtversuch bringe ich die Schußwaffe in Anwendung!«

Zu seinem Kraftwagen zurückgekehrt, sah Kowalewski, daß der zweite Mann, Wilhelm Bögel, sich inzwischen aus dem Staub gemacht hatte. Zwar ärgerte solcher Ungehorsam die Seele des Kriminalisten, doch eine klügere Lösung war ihm in der aufkommenden Hektik nicht eingefallen. Er tröstete sich mit der Tatsache, daß er wenigstens Bögels Ausweis besaß.

Gegen Mitternacht konnte Kowalewski seinen Rachedurst dann doch noch stillen. Nachdem er Wunderberg zu einem Quartier in der Schelfstraße verholfen hatte, durchstöberte er die kriminalpolizeilichen Registrierunterlagen beim Erkennungsdienst im K7. Kowalewski entdeckte eine Karteikarte, die ihm eine Ahnung vermittelte, weshalb Bögel sich am Platz der Freiheit auf so unfeine Art davongestohlen hatte. Bögel war 1923 in Berlin wegen Totschlages zu einer lebenslänglichen Freiheitsstrafe verurteilt worden. Als letzter Aufenthaltsort war das Konzentrationslager Sachsenhausen auf der Karte vermerkt. Und 1946 saß er in Schwerin unter Raubverdacht für mehrere Wochen in Untersuchungshaft. Die Tat wurde ihm nie nachgewiesen. Warf das nicht ein völlig neues Licht auf die Mordsache Kohl?

Kowalewski holte sich Verstärkung. Die Männer legten sich am Obotritenring auf die Lauer. Als Bögel die Wohnung betrat, schnappte die »Berliner Acht« um seine Handgelenke. Für die Gegenstände, die die Kriminalisten nach einer gründlichen Durchsuchung auf dem Tisch zusammentrugen – Gummiknüppel, Schlagring, Dietrich, Glasschneider und ein Montiereisen – fand Bögel bloß ein höhnisches Lächeln.

Erika Mulinski schwieg in der Haftanstalt. In einer ersten informatorischen Befragung räumte sie Janke gegenüber ein, daß Hans Wunderberg den Koffer und die Bekleidung in ihre Wohnung gebracht hatte. Woher er sie allerdings habe, wisse sie nicht. Und die Pistolenmunition? Keine Ahnung, sie hätte dieselbe noch nie gesehen. Vielleicht stammten die Patronen noch von ihrer Vormieterin, einer Frau Goschel, die 1946 verstarb.

Kriminalkommissar Janke übernahm die Regie in der wiederaufgenommenen Mordermittlung. Nun, da der Fall erneut ins Rollen gekommen war, ließ er sich das Zepter bis zu endgültigen Aufklärung nicht mehr aus der Hand nehmen. Das war er seinem Ego schuldig. Zu den Sofortmaßnahmen, die Janke befahl, gehörte eine Kette von Haussuchungen im Verwandten- und Bekanntenkreis der Festgenommenen. Jede Durchsuchung förderte weiteres Beweismaterial zutage.

Die sechzehnjährige Eva Mulinski sagte aus: *»Als ich gestern unsere Wohnung betrat, traf es mich sehr, als ich die Kriminalbeamten sah und hörte, daß die Sachen, die sich noch in unserer Wohnung befanden, von dem Raubmord bei Purweis stammen. Die persönlichen Bekannten von Hans Wunderberg, dem Freund meiner Mutter, sind mir nicht alle bekannt. Ich weiß, daß ein gewisser Scholden, der in der Baderstraße wohnt, zu ihm ge-*

kommen ist. Ferner ein Heinz Kukas und ein Wilhelm Bögel. Auf die Frage, ob ich annehme, daß Hans eines Mordes fähig sei, kann ich keine Antwort geben. Aber nach dem, was ich jetzt alles erfahren habe, nehme ich doch an, daß er mit der Mordsache Kohl in enger Verbindung stehen muß ...«

Eva unterschrieb das Protokoll und verabschiedete sich.

Als die Tür hinter ihr ins Schloß gefallen war, schlug Janke die Faust auf den Tisch. »Kukas!« rief er aus. »Noch so ein Berufsganove, der Zuchthaus und Sicherheitsverwahrung bei den Nazis abgefaßt hat. Das ist ein Wespennest, Rolf! Eine ganze Bande, sag ich dir, die auf Mord und Totschlag aus war!«

Kukas wurde festgenommen. Obwohl die Durchsuchung nichts Verwertbares erbrachte, hielt Janke an seiner Bandentheorie fest. Kukas landete wegen Verdunklungsgefahr in Untersuchungshaft.

Um so reichhaltiger gestaltete sich die Ausbeute bei dem neunzehnjährigen Walter Scholden. 21 Positionen hielt das Beschlagnahmeprotokoll fest. Scholden hatte eine vierwöchige Gefängnisstrafe wegen Felddiebstahl verbüßt. Janke gelang es, den jungen Schlosser, der im Hafen arbeitete und zudem bereits Vater war, im Verlaufe eines vierstündigen Verhörs nach und nach aufzuschließen.

»Im März 1947 lernte ich in der Gaststätte Astoria unter dem Namen Johannes Block einen Herrn kennen. Ich kann mich noch daran erinnern, daß ich von diesem Herrn Block an diesem Abend angesprochen wurde, der mich um eine Zigarette bat. Ich konnte ihm diesen Wunsch erfüllen. Wir kamen ins Gespräch über Tauschgeschäfte, und zwar wollte er Schnaps haben für eine Pelzweste und ein Paar Gummiüberschuhe. Dieser Tausch wurde am nächsten Tag in meiner Wohnung perfekt gemacht. Block bot noch weitere Sachen zum Tausch an und erklärte mir, wenn ich Verwendung dafür hätte, sollte ich in seine Wohnung am Platz der Freiheit kommen. Dort, bei Frau Mulinski, erzählte er mir, daß er eigentlich aus Wiesbaden sei. In Schwerin wäre er nur auf Besuch. Zu Hause habe er ein Fuhrunternehmen mit mehreren Autos, ein Haus und einen großen Garten, so daß er sich eine Haushälterin leisten muß. Frau Mulinski wollte er nach Wiesbaden mitnehmen, und ich sollte als Kraftfahrer bei ihm angestellt werden ... Im Juli 1947, als ich mit Johannes Block in

die Gärten hinter der Lübecker Straße ging, um mir Obst und Gemüse zu organisieren, bemerkte ich, daß Block mit einem Gegenstand hantierte. Später sah ich eine Pistole in der Hand und hörte ein schnappendes Geräusch, als wenn er sie durchgeladen hat ... Es war um die Weihnachtszeit 1947, als Block eines Abends sagte, er müsse noch ein paar Einweckgläser aus einem Keller holen. Gegen 23.00 Uhr gingen wir zum Obotritenring. Ich wartete auf der Straße, während Block mit einem Nachschlüssel in das Haus ging. Den Schlüssel hatte er von Bögel bekommen. Ganz deutlich sah ich, daß Block auch diesmal seine Pistole durchlud und entsicherte. Er sagte dazu, er müsse besonders aufpassen und würde auch aufs Ganze gehen. Von den Gläsern bekam ich später sechs oder sieben Stück ab ... Soviel mir bekannt ist, hat Block diese Pistole stets bei sich getragen, und zwar in der Rocktasche seiner dreiviertellangen Joppe ... Im November 1947 ist Block weggefahren, um seine Eltern zu besuchen. Als er wieder zurück war, hatte er plötzlich Ausweispapiere und einen Führerschein auf den Namen Wunderberg. Frau Mulinski erzählte mir, daß Block jetzt den Namen seines Stiefvaters angenommen hat ... Zu dem Mord vom 2. März kann ich folgendes sagen: Ende Februar war ich wegen eines Arbeitsunfalles krankgeschrieben. Ich fuhr zu meinen Eltern nach Wittenberge. Als ich am 4.3.48 wieder in Schwerin ankam, erzählte mir meine Frau, daß hier in Schwerin in der Schloßstraße ein Mord verübt wurde. Weiterhin erzählte sie mir, daß Hans Wunderberg am Nachmittag des 2. März zwei Koffer in unserer Wohnung untergestellt habe, die er noch am gleichen Tage, so gegen 19.00 Uhr, zusammen mit Frau Mulinski wieder abholte ... Alle Sachen, die bei mir in der Wohnung beschlagnahmt wurden, habe ich von Erika Mulinski oder von Hans Wunderberg abgekauft oder eingetauscht. Sie erzählte mir, daß sie diese Sachen aus Berlin bekommen würde. Ich habe es auch geglaubt, weil ich mal einen Herrn aus Berlin in der Wohnung bei Frau Mulinski gesehen habe, der sich dort mit Wilhelm Bögel und Heinz Kukas traf ... Ich versichere, daß ich von dem Mord am 2.3. nicht das geringste geahnt habe. Hans Wunderberg sowie Frau Mulinski haben sich mir gegenüber nie über den Mord geäußert ...«

Hans Wunderberg saß in einer Einzelzelle und stierte wortlos vor sich hin. Nachdem Janke ihn am Abend der Festnahme die Lederhandschuhe anprobieren ließ, die wie angegossen paßten, hatte er jede weitere Aussage abgelehnt. Janke ließ ihn daraufhin schmoren. Nur ab und an erkundigte er sich bei den Gefängniswachtmeistern, was sein Schützling so treibe, erhielt aber immer nur die gleiche Auskunft. Erst als man ihm einen abgefangenen Kassiber brachte, in dem Wunderberg die Mulinski aufforderte, keine belastenden Aussagen zu machen, denn er wolle für alles geradestehen, glaubte er die Seite entdeckt zu haben, von der er den Mörder packen konnte – naive Sentimentalität und Rührseligkeit.

Janke begab sich zu ihm in die Zelle. Wunderberg schnellte von seinem Sitz hoch. Er grüßte höflich, stand groß und kräftig dem Kommissar gegenüber. Dunkelblond, gutaussehend, ein Frauentyp eben, wie Janke seinen Eindruck im Schlußbericht wiedergab.

»Bitte, setzen wir uns doch!« Janke nahm auf dem festgeschraubten Hocker Platz. Sein Gegenüber ließ sich auf der Pritsche nieder. Janke hielt ihm die Zigarettenschachtel hin. Wunderberg griff mit zitternden Fingern zu und sog den Rauch, nachdem Janke ihn auch mit Feuer bedient hatte, mit sichtlicher Gier ein.

Janke studierte das ovale Gesicht des Mannes, seine grünlichen Augen, das dunkelbraune und etwas wellige Haar über der hohen Stirn. Wunderberg wirkte ausgesprochen sympathisch. Nichts an ihm deutete auf versteckte Brutalität hin. Und doch war es das Gesicht eines Mörders.

Janke hatte Mühe, sich von seiner Betrachtung loszureißen. Er blickte, wie um sich zu konzentrieren, auf die Uhr und sagte mit halblauter, fast väterlich klingender Stimme: »Die Kinder, wissen Sie, trifft es immer am härtesten.«

Wunderberg hob den Kopf. »Wie meinen Sie das?«

»Nun, ich weiß zum Beispiel, daß der kleine Ewald Mulinski sehr an Ihnen hängt. Für ihn sind Sie der Vater. Was glauben Sie, was er sagen wird, wenn er eines Tages erfährt, daß Sie seine Mutter in die unselige Geschichte hineingezogen haben?«

Wunderberg schwieg. Er grübelte still vor sich hin.

»Und müßten Sie nicht auch an Ihre Eltern denken? Ihr Stiefvater hat Ihnen vertraut. Sie haben seinen Namen angenommen. Ein Name, der in Rerik bekannt ist, wegen der politischen Funktion in der SED.«

Jankes Gegenüber verharrte in Reglosigkeit.

»Vielleicht haben Sie sich Vorteile von dem ehrlichen Ruf versprochen. Schon möglich. Das Fuhrgeschäft wollten Sie gemeinsam erweitern, es ganz groß aufziehen. Und wie haben Sie es ihm gedankt?«

Die Fragen wühlten sich durch Wunderbergs Gedankenchaos, hakten sich fest, beschäftigten ihn unentwegt. »Bitte«, sagte er mit belegter Stimme, »geben Sie mir noch zwölf Stunden Zeit. Vielleicht ...«, er stockte, »vielleicht kann ich mit meinem Vater sprechen. Dann werde ich Ihnen alles sagen. Ich gebe Ihnen mein Wort!«

Janke beschloß, auf das Spiel einzugehen. Es erschien ihm wichtig, Wunderbergs Vertrauen zu gewinnen. Er wußte aus Erfahrung, daß so ein Vertrauensverhältnis den Weg zur Wahrheit wesentlich erleichtern konnte. »Einverstanden«, sagte er deshalb. »Ihr Vater wird verständigt. Ob er Ihrem Wunsch entsprechen will, bleibt allerdings seine Entscheidung. Wir können ihn nicht zwingen, hierher zu kommen.«

Kommissar Janke ließ Erika Mulinski vorführen. Die Frau im zerknitterten Kleid schien über Nacht um Jahre gealtert. Tiefe Falten hatten sich in ihr Gesicht gegraben, ungekämmt und glanzlos das Haar. Es sprach für ihren seelischen Zustand, daß sie sich sofort nach den beiden Kindern erkundigte.

Janke konnte sie beruhigen. »Eva ist sehr verständig. Sie kümmert sich auch um den Kleinen. Außerdem haben wir das Jugendamt eingeschaltet.«

Ein scheues »Danke!«, kaum hörbar geflüstert, stahl sich über die rissigen Lippen der Frau. In ihren Augen schimmerte es feucht.

»Seit wann kennen Sie eigentlich diesen Hans Wunderberg?« fragte Janke. Seitlich von ihm saß die zur Kriminaloberassistentin beförderte Eva Tischerowski, bereit, das Vernehmungsprotokoll auf der Maschine zu tippen.

»Im vorigen Frühjahr habe ich ihn kennengelernt. Hier in

Schwerin war das, vor dem ›Capitol‹. Er lud mich ins Kino ein, dann sind wir in die ›Barbarina‹ zum Tanz gegangen.«

»Daraus wurde eine feste Beziehung?«

»Ja, ich bin geschieden.«

»Wie heißt er denn nun wirklich? Wunderberg oder Block?«

»Damals nannte er sich noch Hans Block. Er sagte, daß er aus dem Westen ist, nur zu Besuch bei seinen Eltern. Die wohnen an der Küste. Sein Stiefvater hat ihm dann die neuen Papiere besorgt, auf den Namen Wunderberg.«

»Aus welchem Grunde?«

»Die brauchte er angeblich, um hier in der Ostzone einen Lastwagen zu kaufen. Den wollte er mit nach drüben nehmen, für sein Fuhrgeschäft in Wiesbaden. Ich sollte auch mit, als seine Frau.«

»Zu diesem Kauf ist es aber nie gekommen?«

»Weil ihm das Geld fehlte.«

»Wovon bestritt Wunderberg seinen Lebensunterhalt?«

»Manchmal«, sagte sie, »hatte er ein bißchen Bargeld. Er brachte mal ein Brot oder ein paar Wurstgläser mit. Einmal schenkte er mir ein Kleid.«

»Und Sie haben sich nicht gefragt, woher die Sachen stammen?«

»Vom Schwarzen Markt, dachte ich. Hans ging oft alleine weg, und wenn ich ihn fragte, antworte er nur: Das ist dienstlich, kümmere dich nicht darum!«

»Wie – dienstlich?«

»Vielleicht hatte es was mit dem Fuhrgeschäft zu tun, das er gründen wollte.«

»Ich denke, er besaß schon eins in Wiesbaden?«

»Hat er zu Anfang erzählt. Aber ich weiß, daß er uns beeindrucken wollte. Aufschneiderei. Mehr war da nicht dran, wie ich später von ihm erfuhr.«

»Wer ist uns?«

»Der Wilhelm Bögel und der Heinz Kukas.«

»Die beiden sind vorbestraft.«

»Zuchthäusler. Ich weiß. Nach dem Zusammenbruch wohnten wir alle im Packhof. Bis das Haus geräumt werden mußte und ich in die Wohnung der vorstorbenen Frau Göschel zog.«

»Wunderberg hatte Geschäfte mit den beiden?«

»Manchmal sind sie nach Berlin gefahren, der Bögel und der

Kukas. Hans lieh ihnen seine Pistole. Wozu weiß ich nicht, aber Bögel hatte einen Dietrich in der Hand. Ich hab's zufällig gesehen.«

»Was für eine Pistole war das?«

»Hans trug sie in der Jackentasche. Mit Waffen kenne ich mich nicht aus.«

»Wo ist die Pistole jetzt?«

»Da müssen Sie Hans selber fragen. Ich weiß es wirklich nicht.«

»Und die Patronen in Ihrem Schreibsekretär?«

»Sind auch von ihm.«

»Na schön«, meinte Janke, »halten wir das alles erst einmal im Protokoll fest.« In der nächsten halben Stunde dominierte das Rattern der Schreibmaschine. Janke, die Hände gewohnheitsmäßig hinter dem Rücken verschränkt, marschierte im Zimmer auf und ab und diktierte den Text. Die Finger der Oberassistentin Tischerowski flitzten über die Tastatur.

»Reden wir jetzt über den Mord in der Schloßstraße!« forderte Janke. »Ich gebe Ihnen den guten Rat, bleiben Sie weiterhin bei der Wahrheit!«

»Ende Februar erzählte mir Hans, daß er Leute ausfindig gemacht habe, die sehr reich sein müßten. Er nannte den Namen Purweis. Er hätte die Hausangestellte kennengelernt und wüßte, wann die Leute außer Haus sind. Hans hatte es sich in den Kopf gesetzt, in die Wohnung einzubrechen. Dann kam der 2. März. Den ganzen Vormittag über machte er mir den Kopf heiß. Er hatte einen zweirädrigen Ziehkarren besorgt, den ich gegen vierzehn Uhr vor dem Haus in der Schloßstraße abstellen sollte. Ich gab seinem Drängen nach und beobachtete von der Ecke Marienplatz aus, was weiterhin passierte. Es muß so kurz nach drei gewesen sein, da zog er den Karren in den Hausflur. Kurze Zeit später schob er ihn beladen in Richtung Bismarckstraße vor sich her. Ich verlor Hans aus den Augen, weil ich von einer Bekannten angesprochen wurde. Erst in der Wohnung trafen wir uns wieder. Hans brachte zwei Säcke und einen Rucksack mit. Er war ruhig und gelassen und erzählte mir, daß er noch zwei Koffer bei Frau Scholden untergestellt hat. Die haben wir am gleichen Abend abgeholt.«

»Wann erfuhren Sie, daß Wunderberg einen Menschen getötet hatte?«

»Am nächsten Tag. Eva kam gegen achtzehn Uhr nach Hause. Sie las mir die Meldung über den Raubmord aus der ›Landes-Zeitung‹ vor. Da lief es mir eiskalt über den Rücken. Mir war sofort klar, daß nur Hans der Mörder sein konnte. Als ich ihn später zur Rede stellte, gab er zu, daß er von dem Mädchen überrascht wurde und daß er sie erwürgt hat.« Erika Mulinski hielt den Kopf gesenkt. »Sie werden mich jetzt fragen, warum ich nicht Schluß gemacht habe mit ihm? Das wollte ich ja, aber ich hab es nicht übers Herz gebracht. Er bettelte, daß ich und die Kinder bei ihm bleiben sollten. Er würde aufs Beste für uns sorgen, nur verlassen sollten wir ihn nicht. Ich hätte mich doch mitschuldig gemacht!«

Hans Wunderberg durfte mit seinem Vater sprechen. Der Wachtmeister, der aus Sicherheitsgründen bei dem Gespräch zugegen war, berichtete Kommissar Janke: »Der Vater hat mehr geweint als sein Sohn, Herr Kommissar. Kein bissel Reue hat der Wunderberg gezeigt, nicht eine einzige Träne, als der Vater ihm noch so eindringlich ins Gewissen redete.«

Allmählich stellte Janke sich die Frage, ob es nicht ein Fehler war, die Unterredung zu gestatten. »Hans«, sagte er deshalb, als der Untersuchungsgefangene ihm beim nächsten Mal gegenüber saß, »Sie hatten mir unter Ehrenwort versprochen, die Wahrheit zu sagen. Ich denke, es ist an der Zeit, über alles zu reden!«

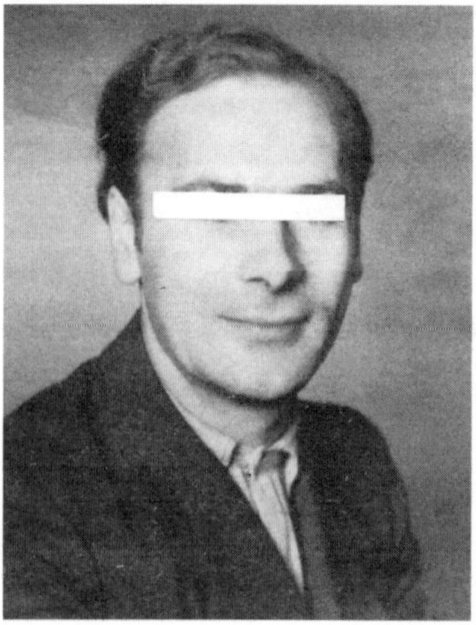

Der Mörder Hans B.

Wunderberg starrte ihn grüblerisch an, er schwieg, schluckte heftig, bis er allen Mut zusammennahm. »Ja, ich hab sie umgebracht, das Mädchen in der Schloßstraße, Herr Kommissar Janke. Aber ich wollte es nicht.«

»Offen und ehrlich – was ist in der Wohnung passiert?«

»Wo soll ich da anfangen?«

»Am besten mit der Pistole?«

»Die hab ich auf einem Schrottplatz gefunden. 1947, als ich aus amerikanischer Gefangenschaft kam und beim Abriß eines Rüstungsbetriebes in der Nähe von Rerik half.«

»Die Amis haben Sie doch schon 1946 entlassen!« unterbrach Janke. »Ein Jahr lang haben Sie in Wiesbaden gelebt, bevor Sie zu Ihren Eltern in die Ostzone gezogen sind. Richtig?«

Wunderberg bestätigte es zögernd.

»Wozu brauchten Sie die Pistole?«

»Weiß ich ja selber nicht, Herr Kommissar. Schießen konnte man mit dem Ding nicht, zu gefährlich. Der Lauf war stark verrostet.«

»Sie haben den Schießprügel aber in Ihrer Rocktasche herumgeschleppt!«

»Naja – so aus Angabe. Einmal hab ich sie auch an Kukas verborgt.«

»Warum?«

»Der wollte sie in Berlin verkaufen. Schließlich gab er sie mir wieder zurück, weil er keinen Käufer gefunden hatte. Ich schmiß sie vor lauter Wut in den Pfaffenteich.«

Wunderberg hoffte, den Besitz der Waffe herunterzuspielen. Für Janke war das Manöver offensichtlich, dennoch beschloß er, nicht länger auf diesem Punkt herumzureiten. Wozu gab es die Spezialisten im K5? Jankes Aufgabe war die Aufklärung des Tötungsverbrechens. »Wie sind Sie bloß auf die unselige Idee verfallen, einen Bruch in der Schloßstraße zu riskieren?«

Wunderberg überlegte gründlich, bevor er sich zu einem letzten Geständnis entschloß: *»Etwa drei Tage vor dem 2. März 1948, als ich vor dem Kino ›Schauburg‹ stand, bemerkte ich ein Ehepaar in voller Eleganz. Beide waren auffallend und gut gekleidet, und mir kam der Gedanke, daß die wohl auch zu den Reichsten gehören müßten, weil sie mit den Schwarzmarktschiebern mitmarschieren. Ich entschloß mich, den Leuten nachzugehen* *und festzustellen, wo sie wohnen, um bei passender Gelegenheit einen Einbruch zu verüben. Ich sah, daß sie das Haus in der Schloßstraße betraten ... Am nächsten Tag, einem Sonnabend, ging ich dann in das Haus die Wohnung erkunden. Erst nach langem Klingeln öffnete das Hausmädchen. Ich sprach mit dem Mädel einige Worte und erfuhr, daß das Ehepaar tagsüber im Geschäft ist. Das Mädel bringe ihnen um dreizehn Uhr das Essen und käme immer erst um fünfzehn Uhr zurück ... Am 2. März hatte ich mir von einem Bekannten einen kleinen Ziehwagen geborgt. Frau Mulinski brachte ihn mir in die Schloßstraße und stellte ihn vor dem Haus Nr. 36 ab. Ich hatte an diesem Tag meinen grauen Wintermantel an und trug meinen braunen Hut. Auch hatte ich meine Wildlederhandschuhe bei mir. In meiner brauen Aktentasche befanden sich zwei Säcke und eine Schnur zum Zubinden. Als auf mein Klopfen niemand öffnete, schloß ich die Tür mit einem Dietrich auf. Ich ging hinein. Ein Radio stellte ich in meinen Rucksack, und als ich einen Koffer fand, füllte ich diesen mit Bekleidungsstücken. Dann trug ich beides in der Kellergang des Hauses und ging dann wieder nach oben. In dem Moment, als ich in Begriff war, wieder die Wohnung zu betreten, kamen ein junger Mann und das Hausmädel die Treppe herauf. Jedenfalls bin ich sofort die Treppen runtergegangen und stellte mich in der Nähe des Schuhgeschäftes Fischer auf. Nach ungefähr fünf Minuten kam der junge Mann aus dem Haus, kurz danach das Mädel. Ich glaube, daß sie in Richtung Rostocker Straße ging. Ich ging nun rasch zurück in die Wohnung Purweis. Ich füllte den nächsten Sack mit Bekleidungsstücken aller Art und wollte ihn mit der mitgebrachten Schnur zubinden. In dem Moment wurde die Korridortür geöffnet. Ich stellte mich, um nicht erkannt zu werden, hinter die Wohnzimmertür und wollte in dem Moment, in dem das Mädel ins Schlafzimmer ging, fortlaufen. Doch dann kam es anders. Das Mädel muß etwas bemerkt haben, denn sie ging nicht ins Schlafzimmer, sondern sie steuerte geradezu auf die Wohnzimmerfenster. Ich erkannte sofort ihre Absicht, sie wollte das Fenster öffnen, um Hilfe zu schreien. Ich weiß nicht, ob sie es sogar schon tat. Ich wollte verhindern, daß sie schreien sollte, und sprang, ohne daß sie etwas gewahr nahm, auf sie von hinten zu und drückte ihr mit beiden Händen den Hals zu. Es kam zwischen uns beiden zu einem heftigen Ringkampf, und wir fie-*

len dabei auch auf den Boden und auf die Couch. Meine Kräfte versagten, und ich legte dann dem Mädel die Schnur, die ich noch in der Hand hatte, um den Hals. Im selben Moment muß sie ohne Besinnung gewesen sein, denn sie gab keinen Widerstand von sich. Wie sich das nun alles richtig abgespielt hat, kann ich heute gar nicht mehr sagen, denn ich kann in dem Moment meines Erachtens nach nicht normal gewesen sein ...«

»Nicht normal?« Janke schüttelte empört den Kopf. »Sie haben sich wohlüberlegt als Angestellter des Wohnungsamtes ausgegeben? Sie wollten mit dem Mädel ins Kino gehen. Haben ihr erzählt, daß sie Witwer sind, aus Ostpreußen stammen ...«

»Stimmt nicht. Bestreite ich.«

»Aber Sie sind doch in Danzig geboren!« hielt Janke ihm entgegen. »Eine Wahrheit auf Stottern? Nee, Hans, die Tour zieht bei mir nicht!«

»Aber wenn ich es doch sage. Tut mir ja auch schrecklich leid, das Ganze. Ich war auf die Klamotten aus, mehr nicht.«

Es war schon absonderlich, wie Hans Wunderberg sich wand, wenn er nur die geringste Chance witterte, sich aus seiner Verantwortung zu stehlen. Eine Taktik, die er bis zum Ende seines Prozesses beibehielt.

»Aber Sie haben einen Menschen getötet!« sagte Janke.

»Ich brauchte Geld, Herr Kommissar. Viel Geld. Im Sommer 1942 hatte ich mich in Holland bei einer Frau angesteckt. Syphillis. Die medizinische Behandlung wurde abgebrochen, weil ich nach Rußland an die Front mußte. Im Januar 1948 zeigte sich bei meiner Freundin, Erika Mulinski, starker Haarausfall. Ich bekam Angst, daß ich sie angesteckt haben könnte. Sie wußte von meiner Krankheit nichts. In meiner Verzweiflung lief ich zum Arzt. Der sagte mir, er habe die nötigen Medikamente nicht zur Verfügung, ich sollte versuchen, sie auf privatem Wege zu beschaffen. Die Kur ist teuer, Herr Kommissar, unheimlich teuer. Ich brauchte ja die doppelte Menge an Medikamenten für meine Freundin und für mich.«

Die Erklärung fand Eingang ins Protokoll. Hinsichtlich seiner Erkrankung hatte er die Wahrheit gesagt. Was Wunderberg nicht wußte, auch Erika Mulinski war seit langem Krankheitsträger, was sie wiederum ihm verschwieg.

Die Verbreitung von Geschlechtskrankheiten war eine der übelsten Nachkriegserscheinungen. Ihre wirksame Bekämpfung scheiterte häufig, weil nicht genügend Medikamente zur Verfügung standen. Plakatanschläge warnten in grellen Schriftzügen mit der bedrohlichen Frage »Kennt Ihr euch überhaupt?«

Das überaus ernstzunehmende Problem machte selbst vor den Reihen der Polizei nicht Halt. Nach dem Selbstmord einer Polizeiangestellten im Januar 1949 sah sich der neue Chefinspekteur Karl Kleinjung gezwungen, eine ärztliche Untersuchung aller mecklenburgischen Polizeiangehörigen nach Geschlechtskrankheiten anzuordnen. Die Ergebnisse, die er der Deutschen Verwaltung des Innern in Berlin-Wilhelmsruh mitteilte, klangen dermaßen erschreckend, daß Erich Mielke spornstreichs nach Schwerin eilte, *um in dieser Frage am Platz die notwendigen Maßnahmen zu ergreifen.*

Am 4. August 1948 wurde der Waffensachbearbeiter des K5 in die »Ermittlungsakte gegen Hans Wunderberg u. a.« eingeschaltet. Das Kommissariat, anfangs als Organ zur inneren Überwachung der Polizei, der Verwaltungsbehörden und vor allem der Justizmitarbeiter gebildet, unter denen die Sowjets nicht zu Unrecht einen hohen Anteil oppositionell eingestellter Kräfte vermuteten, hatte mit der Übertragung der Entnazifizierungsmaßnahmen, die sich aus dem Befehl Nr. 201 der Sowjetischen Militäradministration im August 1947 für die deutschen Behörden ergaben, den Charakter einer politischen Polizei angenommen. Nicht einmal bei den eigenen Kollegen war das Kommissariat beliebt, wie ein zusammenfassender Bericht leitender Berliner Offiziere vom Dezember 1947 über eine Inspektionsfahrt durch Mecklenburg-Vorpommern belegt: *In der Polizei vertretene Meinung, K5 wäre die neue Gestapo, man wisse nicht, was mal hinterher käme.* Die Mitarbeiter des K5, in der Regel zuverlässige SED-Mitglieder, bearbeiteten Delikte, bei denen ein politischer Hintergrund zu vermuten war. Unbefugter Waffenbesitz gehörte zwangsläufig in diese Kategorie.

Hans Wunderberg wurde in den folgenden Wochen wiederholt zum Verhör geholt. Unermüdlich bohrte der K5-Sachbearbeiter, um den Verbleib der Waffe doch noch zu enträtseln. Wunderbergs Beteuerung, der Schießprügel läge längst auf dem Grund des Pfaffenteiches, traute er nicht. Selbst als der Beschuldigte sich anbot, ihm die Stelle auf dem Wasser zu zeigen, winkte der Vernehmer ab. Er wußte um die erhebliche Anzahl von Handfeuerwaffen, die seit Kriegsende im Grundschlick des vierzehn Hektar großen Pfaffenteiches vor sich hin rosteten. Die beschlagnahmten Patronen und die Aussage des Walter Scholden genügten der Justiz, um den Prozeß gegen Wunderberg, Kukas und Erika Mulinski »wegen Verstoßes gegen den Kontrollratsbefehl Nr. 2 v. 7.1.1946« vorzubereiten.

Auch der Kriminalkommissar Ernst Janke plagte sich redlich, um die Widersprüche zwischen Wunderbergs Einlassungen und den Aussagen der Zeugen auszuräumen. Fast sein gesamter Zigarettenvorrat ging dabei zur Neige. Der Untersuchungshäftling machte ihm das Leben schwer. Immer häufiger führte Wunderberg andere Details in die Vernehmungen ein, widerrief bisherige Aussagen und erfand neue Ausreden.

Das Polizeipräsidium in Ostberlin wurde eingeschaltet. Janke wollte Bögels und Kukas' Verbindungen in die Berliner Kriminellenszene auf die Spur kommen. Der Versuch scheiterte am Schweigen der Ganoven.

Um den zwielichtigen Hintergrund für Wunderbergs Namenswechsel gründlich auszuleuchten, richtete die Mordkommission ein Ermittlungsersuchen über den Generalstaatsanwalt Bick an die hessischen Justizbehörden. Zwei Wochen später traf die Antwort aus der amerikanischen Zone ein. Nach Hans Block, der 1946 in Wiesbaden geheiratet hatte, wurden wegen Beteiligung an einer Serie von Autodiebstählen gefahndet.

Am 15. August 1948 sorgte Wunderberg ein weiteres Mal für Aufsehen. Gegen elf Uhr gelang ihm die Flucht aus dem Justizgefängnis in der Schelfstraße 32. Das Gedränge während des Einrückens nach der Freistunde nutzend, hatte er sich hinter einem Holzhaufen verborgen, überkletterte unangefochten die Außenmauer und verschwand in der Altstadt. Im Kriminalamt wurde Alarm ausgelöst. Eine Fahndungsgruppe unter Kommissar Thomas und Oberkommissar Bachert nahm die Verfolgung auf. Eine Stunde später wurde Wunderberg alias Block in der Wohnung eines Bekannten gestellt.

Ernst Janke hatte die Nase gestrichen voll. Am 29. August setzte er sich hin und verfaßte den Schlußbericht an den Staatsanwalt.

Das 32 Seiten umfassende Konvulut war seltsamerweise aus

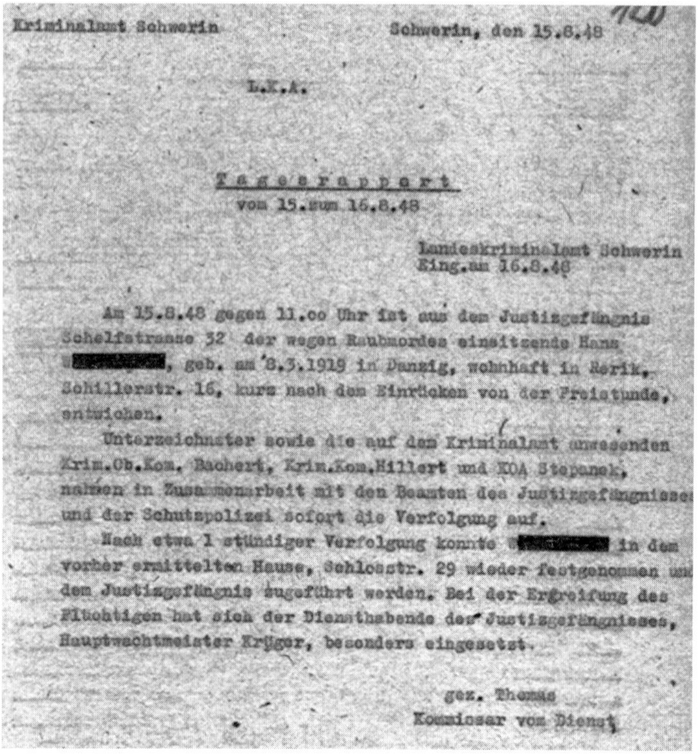
Kriminalamt Schwerin Schwerin, den 15.8.48

L.K.A.

Tagesrapport
vom 15. zum 16.8.48

Landeskriminalamt Schwerin
Eing. am 16.8.48

Am 15.8.48 gegen 11.oo Uhr ist aus dem Justizgefängnis Schelfstrasse 32 der wegen Raubmordes einsitzende Hans [redacted], geb. am 8.3.1919 in Danzig, wohnhaft in Rerik, Schillerstr. 16, kurz nach dem Einrücken von der Freistunde, entwichen.

Unterzeichneter sowie die auf dem Kriminalamt anwesenden Krim.Ob.Kom. Bachert, Krim.Kom.Hillert und KOA Stepanek, nahmen in Zusammenarbeit mit den Beamten des Justizgefängnisse und der Schutzpolizei sofort die Verfolgung auf.

Nach etwa 1 stündiger Verfolgung konnte [redacted] in dem vorher ermittelten Hause, Schlosstr. 29 wieder festgenommen u dem Justizgefängnis zugeführt werden. Bei der Ergreifung des Flüchtigen hat sich der Diensthabende des Justizgefängnisses, Hauptwachtmeister Krüger, besonders eingesetzt.

gez. Thomas
Kommissar vom Dienst

der Sicht eines leitenden Kriminalkommissars und darüberhinaus in der Ich-Form gehalten, wobei die eigenen Verdienste selbstverständlich nicht zu kurz kamen. Auch der Kommissar Janke war ein ehrgeiziger Mann.

Am Donnerstag, den 30. März 1949, stand Hans Wunderberg vor dem Schwurgericht in Schwerin. Der Angeklagte brachte die Richter schier zur Verzweiflung.
Die »Landes-Zeitung« berichtete am 1. April:

Mörder »Wunderberg« zum Tode verurteilt
Schwerin. Am Freitagmorgen gegen 4 Uhr verkündete das Schwurgericht nach etwa 20stündiger Verhandlung gegen den 30jährigen Hans Block, genannt Wunderberg, der am 2. März 1948 die Hausangestellte der Eheleute Purweis, Margarete Kohl, in der Schloßstraße 36 ermordet hatte, das Todesurteil. Bis in die

späten Abendstunden des Donnerstag war es dem Gericht nicht möglich, von dem Mörder die näheren Umstände über die Ausführung der Tat zu erfahren. Block leugnete hartnäckig und gab immer erst dann einen Teil seiner entsetzlichen Mordtat zu, als er vom Gericht an Hand unwiderlegbaren Beweismaterials überführt wurde. Nicht weniger als viermal änderte Block, der übrigens in Wiesbaden verheiratet war und dies bis zum letzten Augenblick verschwieg, seine Aussagen, bis er, nachdem er an den Tatort geführt worden war, gegen 12 Uhr nachts sich zu einem Geständnis bequemte ... Daß es für diesen entsetzlichen Raubmord, der aus den niedrigsten Motiven heraus vorsätzlich ausgeführt wurde, für Wunderberg, der auch von der Kriminalpolizei des Westens wegen verschiedener Autodiebstähle gesucht wurde und mehreren Einbrecherbanden auch in Schwerin angehörte, der bei seinen Streifzügen ständig eine schußbereite Waffe bei sich trug, keine mildernden Umstände angerechnet werden können, ist selbstverständlich, auch wenn Block angab, die Einbrüche und die entsetzliche Mordtat verübt zu haben, um Me-

Mörder „W[redacted]" zum Tode verurteilt

Schwerin. Am Freitagmorgen gegen 4 Uhr verkündete das Schwurgericht nach etwa 20-stündiger Verhandlung gegen den 30jährigen Hans B[redacted], genannt W[redacted], der am 2. März 1948 die Hausangestellte der Eheleute P[redacted], Margarete Kohl, in der Schloßstraße 36 ermordet hatte, das Todesurteil.

Bis in die späten Abendstunden des Donnerstag war es dem Gericht nicht möglich, von dem Mörder die näheren Umstände über die Ausübung der Tat zu erfahren. B[redacted] leugnete hartnäckig und gab immer erst dann einen Teil seiner entsetzlichen Mordtat zu, als er vom Gericht an Hand unwiderlegbaren Beweismaterials überführt wurde. Nicht weniger als viermal änderte B[redacted], der übrigens in Wiesbaden verheiratet war und dies bis zum letzten Augenblick verschwieg, seine Aussagen, bis er, nachdem er an den Tatort geführt worden war, gegen 12 Uhr nachts sich zu einem Geständnis bequemte.

Bereits einige Tage vor dem Mord hatte B[redacted], der nach seiner Rückkehr aus der Kriegsgefangenschaft im Jahre 1946 seinen Namen gewechselt hatte und sich nunmehr W[redacted] nannte, die P[redacted]sche Wohnung aufgesucht. Er gab sich als Wohnungsbeamter aus und erhielt so von der Hausangestellten Zutritt in die Wohnung. Bei der Aussprache erfuhr er näheres über die Gepflogenheiten im P[redacted]schen Haushalt, so u. a. daß in den Mittagsstunden niemand in der Wohnung sei, da Margarete in dieser Zeit das Essen zu den Eheleuten P[redacted] in das Geschäft trage.

Am 2. März gegen 14 Uhr wollte B[redacted] den Einbruch ausüben, wurde aber durch Schritte der Hausangestellten, die mit einem Lehrling eben in die Wohnung zurückkehrte, überrascht, sodaß er zunächst sein Vorhaben aufgeben mußte. Als der Lehrling das Haus wieder verlassen hatte, klingelte B[redacted] an der P[redacted]schen Wohnung, die ihm von der Hausangestellten geöffnet wurde. Beide gingen in das P[redacted]sche Wohnzimmer, unterhielten sich eine Zeitlang, bis in B[redacted] der Entschluß reifte, Margarete Kohl ums Leben zu bringen, um so ungestört die Wohnung auszuplündern und das Diebesgut mit einem von seiner Geliebten an den Tatort gebrachten Handwagen abzufahren.

Der Mörder sprang Margarete an den Hals, würgte und erdrosselte sie mittels einer Schnur und deckte die Leiche mit einer Decke zu. Ungestört packte der Täter das Diebesgut, Kleidung, Wäsche, einen Radioapparat und anderes in einen Sack und einen Rucksack und nahm noch zwei weitere vollgepackte Koffer mit. Die Beute wurde anschließend in die Wohnung seiner Geliebten M[redacted], Platz der Freiheit 11, gebracht.

Daß es für diesen entsetzlichen Raubmord, der aus den niedrigsten Motiven heraus, vorsätzlich ausgeführt wurde, für W[redacted], der auch von der Kriminalpolizei des Westens wegen verschiedener Autodiebstähle gesucht wurde und mehreren Einbrecherbanden auch in Schwerin angehörte, der bei seinen Streifzügen ständig eine schußbereite Waffe bei sich trug, kei
den Umstände angerechnet werden
selbstverständlich, auch wenn B[redacted]
Einbrüche und die entsetzliche Mord
übt zu haben, um Medikamente zur
schweren Krankheit, die er sich 1942
zugezogen hat, zu beschaffen. Wun
die höchste Strafe – die Tode
Des weiteren wurde er zu zehn Jahren
wegen unerlaubten Waffenbesitzes
Seine Geliebte M[redacted] erhielt weg
zum Diebstahl und wegen Nichtanzei
ten Waffenbesitzes insgesamt drei
fängnis unter Anrechnung von vier
Untersuchungshaft.

»Landeszeitung« Schwerin v. 1. April 1949

dikamente zur Heilung einer schweren Krankheit, die er sich 1942 im Krieg zugezogen hat, zu beschaffen. Wunderberg erhielt die höchste Strafe – die Todesstrafe. Des weiteren wurde er zu zehn Jahren Zuchthaus wegen unerlaubten Waffenbesitzes verurteilt. Seine Geliebte Mulinski erhielt wegen Beihilfe zum Diebstahl und wegen Nichtanzeige unbefugten Waffenbesitzes insge-

samt drei Jahre Gefängnis unter Anrechnung von vier Monaten Untersuchungshaft.

Die Verteidigung legte Beschwerde gegen das Todesurteil ein. Block habe nicht vorsätzlich und aus niedrigen Motiven getötet, sondern sich in einem Anflug von Panik, gewissermaßen im Affekt handelnd, zur Tötung der Hausangestellten entschlossen. Damit habe eine besondere Ausnahmesituation gemäß § 211, Absatz 3 des Strafgesetzbuches vorgelegen.

Am 17. Dezember 1949 kam es zur Neuauflage vor dem Schwurgericht. Das Urteil: Hans Block wird als Mörder zum Tode und wegen fortgesetzten, teils schweren, teils einfachen Diebstahls und unbefugten Waffenbesitzes zu einer Gesamtstrafe von 10 Jahren Zuchthaus verurteilt.

Nun rief Block das Oberlandesgericht an, das sein Revisionsbegehren am 23. Januar 1950 als unbegründet verwarf.

Als letzte Ausflucht blieb ein Gnadengesuch an das Präsidium des Landtages im Land Mecklenburg. Der Güstrower Rechtsbeistand Franz Blawat formulierte das Gesuch für den in Dreibergen-Bützow einsitzenden Todeskandidaten. Die Tat selbst, so argumentierte er, läge nunmehr zwei Jahre zurück und könne durch den Vollzug der Todestrafe an Block nicht mehr aus der Welt geschafft werden. Auch sei die Möglichkeit nicht von der Hand zu weisen, daß in absehbarer Zeit die Todesstrafe im Gebiet der Deutschen Demokratische Republik überhaupt abgeschafft werde. Die Sowjetunion hätte dieser Forderung, abgesehen von Sabotagehandlungen, bereits Raum gegeben.

Die Schweriner Originalprozeßakten sind verschwunden. Erhalten ist im Mecklenburgischen Landeshauptarchiv eine schriftliche Vorlage für die 14. Sitzung des Begnadigungsausschusses am 15.8.1950. Das Schwurgericht, der Oberstaatsanwalt und der Generalstaatsanwalt lehnten eine Befürwortung des Gnadengesuches einmütig ab. Zu einer abweichenden Stellungnahme sah das Justizministerium keinen Anlaß.

SCHÜSSE IN DER CHAUSSEESTRASSE

Polizistenmord in Cottbus
1949

Kalt und stürmisch zeigte sich der Abend des 5. Dezember 1948. Der eisige Westwind trieb die tiefhängenden Wolken heran. Schnee- und Regenschauer nässten Straßen und Dächer der Stadt, und aus den schmutzigen Schneehäufchen an den Fahrbahnrändern schlängelte sich das Schmelzwasser in dünnen Rinnsalen.

Im Cottbuser Stadttheater, vor vierzig Jahren nach den Entwürfen des Architekten Bernhard Sehring im Spätjugendstil errichtet, wirbelten die Tänzer über die Bühne. Smetanas »Verkaufte Braut« war bis auf den letzten Platz ausverkauft. Noch dominierte die Jagd auf das tägliche Stückchen Brot im Leben der Menschen, doch das Interesse an den Theaterkunst nahm wieder zu.

Der Mann, der sich an diesem Sonntagabend unweit der Theaterauffahrt hinter einem Baum verbarg, nahm keine Notiz von dem ausgelassenen Bühnentreiben. Er hatte den Kragen seiner dicken Joppe hochgestellt. Die rechte Hand steckte im Brustausschnitt, umklammerte das Griffstück einer belgischen Pistole. Der Mann beobachtete die Villa auf der gegenüberliegenden Straßenseite. Ein mehrstöckiges Gebäude mit dunkelgehaltener Fassade, hohen Fenstern und einem weiten Vorgarten. Hecken und Ziersträucher bedeckten das Areal. Im Hochparterre der Villa brannte Licht. Von Zeit zu Zeit wanderte die Gestalt eines Bahnpolizisten hinter den Fenstern vorbei.

Der Mann am Baum haßte Uniformierte. Zu oft hatten sie restriktiv in sein Leben eingegriffen. Und auch jetzt stellten sie eine permanente Bedrohung seiner geschäftlichen Kontakte nach Westberlin dar. Er war entschlossen, sich zu wehren, und zwar mit allen Mitteln. Der Mann erschauerte unter einer Sturmböe. Über der Fahrbahnmitte schaukelte eine Straßenlaterne wild am Halteseil, warf bizarre Muster durch das Gezweige der kahlen Bäume.

In der Villa rührte sich etwas. Der Bahnpolizist verließ das Wachlokal. Gleich würde er im Treppenhaus die Stufen zum Obergeschoß hinaufsteigen, wo eine junge Frau am Klappenschrank einer Telefonvermittlung saß. Bei ihr ließ sich der Polizist zu einem längeren Kaffeplausch nieder. Nacht für Nacht war das so. Der Mann wußte es aus den Schilderungen eines Informanten, der ihm obendrein eine Lageskizze der Kellerräume verschafft hatte.

Der Mann überquerte die Fahrbahn und blieb vor dem schmiedeeisernen Gitterzaun stehen. Er lauschte. Der Nachtwind trug die Geräusche des Cottbuser Verschiebebahnhofes heran. Eine altersschwache Trambahn rumpelte durch die Bahnhofstraße in Richtung Berliner Platz. Blitzschnell packte der Mann die Gitterstäbe, zog sich im Klimmzug hoch und überkletterte den Zaun. Nach dem Aufprall blieb er für Sekunden auf dem Boden hocken. Seine Konturen verschmolzen mit dem Schatten einer Konifere. Alles blieb still. Geduckt glitt er an einer Taxushecke entlang, mied sorgsam die verharschten Restschneeflächen, die im Nachtlicht bläulich schimmerten, und richtete sich erst an der Rückfront der Villa vorsichtig auf.

Nasse Kohlenberge flankierten den Kellereingang. Der Mann fingerte am Türschloß. Metall schabte auf Metall. Ein kurzes Knacken. Die Tür schwang nach innen auf. Den Kopf weit vorgestreckt, lauschte der Mann auf die Geräusche im Innern des Hauses. Kein Laut. Nur Dunkelheit. Der schmale Lichtstrahl seiner Taschenlampe irrlichterte über den Betonfußboden, verweilte auf einer Kellertür, die mit Eisengitter und zwei Vorhängeschlössern gesichert war. Hinter der Tür befand sich eine Bekleidungskammer, gefüllt mit wetterfestem Schuhwerk, Uniformjacken, Hosen und Regenmänteln. Der Eindringling zog ein Brecheisen aus der Joppe. Die beiden Schlösser hielten ihn nicht lange auf. Hastig kleidete er sich ein. Wer ihn jetzt überraschte, würde ihn fürs erste für einen Polizisten halten.

Der ungebetene Besucher zog seine Skizze zu Rate. Ohne großen Aufwand knackte er die Tür zur Waffenkammer. Fünfundzwanzig Pistolen der Typen Walther P38 und Mauser 08 lagerten auf den Regalen. Er stopfte sie in den Sack, der ihm in der Bekleidungskammer in die Hände gefallen war. Wieder geisterte der Schatten des falschen Polizisten über die Kellerwände. Er

schlüpfte durch die Tür, stemmte sich gegen den Wind, der unvermindert heftig um das Villengemäuer fuhr.
Als der Mann in seiner gestohlenen Uniform auf dem Fahrrad, das er zuvor aus einer Ruine der Schillerstraße geholt hatte, am Portal des Stadttheaters vorbeifuhr, drängten die Besucher aus der Vorstellung. Jemand in der Menge deutete auf den Gepäckträger. »Seht mal, die Polizei kutschiert mit einem Riesensack hamstern!« rief er unter dem Gelächter der Umstehenden.

Cottbus, Karl-Liebknecht-Straße
Gebäude des ehemaligen Bahnpolizeiamtes

Montagmorgen. Kurz vor Beginn der Tagesschicht wurde der Einbruch entdeckt. Der Waffendiebstahl erregte Aufsehen bis in die Spitze der Landesregierung. Die Deutsche Verwaltung des Innern in Berlin geriet in Trab, der Sicherheitsdienst NKWD bei der Sowjetischen Militäradministration begann zu rotieren. Als eine der ersten Amtspersonen erschien Kapitan Sowajaszanow am Tatort. Der Russe machte seinem Ärger in ellenlangen Flüchen Luft. »Juup twoje match!« brüllte er die versammelte Mannschaft im Bahnpolizeiamt an. »Das wärrden Sie verantworten! Aalle!« Dann setzte er den Waffenmeister, den Verwalter der Bekleidungskammer und drei, vier weitere Bahnpolizisten in Arrest. Womit sein Bedarf an kriminalistischen Untersuchungshandlungen vorerst gedeckt schien. Beidhändig zerrte er die Hemdbluse unter dem enganliegenden Koppel straff, machte auf dem Absatz kehrt und rief seinem Kraftfahrer, einem Deutschen namens Karl Teumerle, ein kurzes »Pojechali!« zu.

Die Kunde über den frechen Bubenstreich erheiterte die Öffentlichkeit in Cottbus. Einerseits amüsierten sich die Bürger über ihre verschlafene Bahnpolizei, andererseits lief das Gerücht um, der Einbruch sei das Werk einer rücksichtlosen Bande, von der man weitere Verbrechen befürchten müsse.

Das Dezernat K5 der Landeskriminalpolizei übernahm die Ermittlungen. Über ihren Verlauf enthalten die Akten nur spärliche Anhaltspunkte. Seit der Chef der Cottbuser Bahnpolizei und sein Vertreter sich vor Monaten nach Westberlin abgesetzt hatten, galt die politische Zuverlässigkeit der Bahnpolizeibediensteten als diffizil. Fieberhaft versuchte man den Rückverbindungen der Flüchtlinge zu ihren ehemaligen Untergebenen auf die Spur zu kommen. Jeder, der auf kameradschaftlichem Fuße mit ihnen gestanden hatte, geriet automatisch in den Kreis der Verdächtigen. Die Arrestanten, denen man Fahrlässigkeit bei der Lagerung von Waffen vorwarf, blieben in Untersuchungshaft.

Mit Feuereifer stürzten sich die Sachbearbeiter K5 auf die Personalakten der Cottbuser Bapo-Bediensteten. Akribisch werteten sie sämtliche Personalfragebögen aus, studierten handgeschriebene Lebensläufe, ließen neue schreiben und kamen über diese Vergleichsmethode der einen oder anderen Ungereimtheit auf die Fährte. Eine Spur, die zu den Waffen führte, entdeckten die unermüdlichen Rechercheure nicht.

24. Februar 1949. Das Dorf rieb sich den Schlaf aus dem Gesicht. Hinter frostbemalten Fensterscheiben glomm erster Lichtschein auf. Hier und da krähte ein Hahn seinen Weckruf in den zögerlich erwachenden Tag. In Lakoma, einer kleinen Gemeinde am Rande der Chaussee Cottbus – Guben gelegen, ruhte wie überall in dieser Jahreszeit die Feldarbeit. Lediglich das Vieh in den Ställen war zu versorgen, so daß es die Bauern an diesem Morgen ein wenig länger als sonst in der wohligen Wärme ihrer Federbetten hielt.

Es war kurz nach sechs Uhr. Die neunundzwanzigjährige Marie Perko trat aus der Tür ihres Wohnhauses. Wie Dampfwölkchen wallte die Atemluft vor ihrem Gesicht. Der Winter hatte es in sich. Schnee war bisher kaum gefallen, um so grimmiger aber bissen die Fröste zu. Maries Blick erfaßte den im matten Morgenlicht liegenden Kleinbauernhof mit Scheune, Wagenremise und dem nicht allzu großen Stallgebäude. Alles aus roten Klinkersteinen erbaut, wie es im Landstrich zwischen Spree und Neiße üblich war. Nein, Reichtümer hatten die Perkos nicht zusammengetragen, weder im Krieg noch in den Jahren danach, obwohl die Städter in Scharen in die Dörfer kamen, um ihre Sachwerte gegen ein paar Eier, ein Stückchen Butter oder ein Säckchen Kartoffeln einzutauschen.

Die Sonne kroch mühsam über den Horizont. Marie Perko hüllte sich fester in ihre Jacke. Die junge Frau hatte unruhig geschlafen. Da war die Verantwortung für den Hof, die auf ihr lastete. Vor einem reichlichen Jahr hatte sie ihn von den Eltern übernommen. Die staatliche Pflichtablieferung war notwendig, aber dennoch hoch. Man mußte sich schon sputen, um mit dem Abgabesoll für Schlachtvieh, Milch, Getreide und Kartoffeln nicht in Verzug zu geraten. Die Behörden reagierten rigoros. Immer häufiger wurden säumige Bauern wegen »Wirtschaftssabotage« vor Gericht gestellt. Und da war Maries Sorge um den Vater, der neuerdings kränkelte.

Einen Augenblick noch verharrte die Bäuerin unentschlossen an der Haustür, dann ging sie über den Hof zum Stallgebäude, wo die Kühe nach Futter verlangten. Reif glitzerte auf dem hartgefrorenen Boden und den Dächern. Gleich hinter dem Anwesen zog sich Wiesenland hin, durch das der Hammergraben floß.

Marie Perko schob den Riegel der Stalltür zurück, die, solange die junge Frau zurückdenken konnte, auch nachts unverschlossen blieb. Warmer Stallgeruch von abgelagerter Spreu und den Ausdünstungen der Tierleiber schlug ihr entgegen. Merkwürdigerweise blieb das lebhafte Grunzen im Schweinekoben, mit dem die Zuchtsau allmorgendlich ihre Freßlust bekundete, heute aus. Marie stockte der Atem. Ihr Blick fiel auf das Loch in der Rückwand des Stallganges. Etwa ein Meter über dem Erdboden waren die Ziegelsteine aus der Wand gebrochen, so daß eine Öffnung von einem halben Quadratmeter Größe entstanden war. Die Bäuerin stürzte vorwärts, sah fassungslos in den leeren Schweinekoben. Blutlachen und die zurückgelassenen Innereien kündeten vom nächtlichen Geschehen. Entsetzt und angewidert wandte sie sich ab, lief zum Haus zurück und trommelte den Vater aus dem Bett.

Der Alte fuhr in die Hosen. »Als ich um drei mal raus mußte«, entsann er sich, »hab ich 'n Lichtschein gesehen, drüben, hinterm alten Gartentor. Hab aber nicht vermutet, daß das ein Einbrecher sein könnte. Lauf zum Bürgermeister, Mädel«, riet er ihr. »Die Polizei muß her. Sonst glaubt uns das keiner.«

Der tägliche Frührapport bei der Kreiskriminalpolizeiabteilung in Cottbus war soeben zu Ende gegangen, als der Anruf aus Lakoma die Kripo erreichte. Der Viehdiebstahl fiel in die Kompetenz des Sachgebietes K2, und so wurde der Polizeioberwachtmeister Modzynski mit der Untersuchung des Falles beauftragt.

Der langaufgeschossene Mittdreißiger, dessen Dialekt den Umsiedler aus dem Oberschlesischen verriet, gehörte noch nicht lange zur Cottbuser Kriminalpolizei. Eine Personalbeurteilung bescheinigte ihm eine gehörige Portion Gewitzheit. Modzynski forderte einen Fährtenhundeführer an. In einem alten Hansa, der während der Fahrt beängstigend stieß und klapperte, machten sie sich auf den Weg nach Lakoma.

Der Bürgermeister, Marie Perko und ihr Vater standen trotz der Kälte auf dem Hof. Eine Handvoll neugieriger Nachbarn lungerte vor dem Tor herum. Modzynski nahm sogleich das Heft in die Hand. Den erfahrenen Kripo-Hasen mimend, forderte er die Leute zum Heimgehen auf, zu sehen gäbe es sowie nichts. Und ebenso forsch, wie er begonnen hatte, befragte er der Bäuerin und ihren Vater.

»Der Lichtschein hinter dem Gartenzaun hat Ihnen nicht zu denken gegeben?« Ungläubig schüttelte er den Kopf.

»Doch, doch!« erklärte der alte Perko eilfertig. »Ich habe sofort in den Ställen nachgesehen. War aber alles in Ordnung.«

Und Marie fügte hinzu: »Manchmal scheint auch das Licht von der Bahnstrecke rüber. Da kann man sich schon irren.«

»Ein teurer Irrtum – 'ne zwei Zentner schwere Zuchtsau!«

Modzynski und der Hundeführer untersuchten den Stallgang. Keine verwertbaren Spuren. Dann nahmen sie sich das Terrain hinter dem Klinkerbau vor. Noch immer war es bitterkalt, und die Sonne, die tief am Himmel hing, hatte noch nicht die Kraft, den Reif von den erfrorenen Gräsern abzutauen. Ziemlich deutlich zeichneten sich vier schmale Reifenspuren und ebenso vie-

Rückwand des Stall-gebäudes Perko – umrandete helle Fläche war Einstiegsloch

le Schuhspuren ab. Quer über die Wiese führten sie, bis zum Ufer des Hammergrabens.

»Fahrradreifen!« stellte der Hundeführer fest.

»Zwei Täter also«, schlußfolgerte Modzynski lakonisch. »Einmal Anmarsch zum Tatort und einmal Rückweg. Jeder hat eine Schweinehälfte geschleppt. Jetzt bin ich aber gespannt, wohin deine Asta uns führen wird?«

So groß die Erwartung war, die der Polizeioberwachtmeister in die Fähigkeiten der schwarzen Hündin setzte, kurze Zeit später mußte er sie restlos begraben. Das brave Tier zog zielstrebig am Bachufer entlang, bis zur Asphaltchaussee Cottbus – Peitz, die nur knapp hundert Meter hinter dem Gehöft der Perkos verlief. Am Straßenrand legte die Hündin ab.

»Zu viele Fremdgerüche!« kommentierte der Hundeführer mit einem Achselzucken. »Da ist nichts mehr zu machen.«

Der Traum vom schnellen Aufklärungserfolg, für den Modzynski sich schon belobigt sah, war jäh beendet. Verärgert bestellte er Marie Perko zum Gemeindeamt, wo er auf der Schreibmaschine des Bürgermeisters ein Anzeigenprotokoll in verhältnismäßig flottem Ein-Finger-Such-System tippte.

Noch am gleichen Tage erhielt die Anzeige die Registriernummer 575/49 und war damit zu einem offiziellen Aktenvorgang in der Kreiskriminalpolizei geworden. Einer von achtzehn Vorgängen, die allein dem Polizeioberwachtmeister zur Untersuchung auf dem Tisch lagen. Natürlich war Modzynski auch in den nächsten Tagen im Fall Lakoma nicht untätig. Zum wiederholten Male befragte er die Einwohner des Dorfes, sprach mit den Kameraden der Schutzpolizei im zuständigen Landrevier und überprüfte die Alibis von Leuten, denen man einen solchen »Bruch« im allgemeinen zutraute. Das Ergebnis aller Bemühungen war gleich Null. Es gab keinen einzigen Hinweis auf die Viehdiebe von Lakoma.

Doch die Tatsache, daß der Stall der Perkos in der Tatnacht erwiesenermaßen unverschlossen geblieben war, spukte dem Polizeioberwachtmeister durch den Kopf. Soviel Sorglosigkeit konnte er sich einfach nicht vorstellen. So formte sich in ihm der Verdacht, daß die Hofbesitzerin bei dem Diebstahl womöglich selbst die Finger im Spiel hatte. »Eine ganz einfache Rechnung«, begründete er seine Vermutung vor dem Sachgebietsleiter. »Die Bäuerin läßt das Schwein von einem Komplizen aus dem Stall holen, gemeinsam verscherbeln sie das Fleisch, und sie geht dann zur Gemeinde, um den angeblichen Diebstahl dem Bürgermeister zu melden, damit ihr Ablieferungssoll gekürzt wird.«

Der vorgesetzte Polizeimeister, nicht viel älter als Modzynski, wiegte zweifelnd den Kopf. »Mag sein, daß es Bauern gibt, die mit den Schwarzhändlern unter einer Decke stecken, aber die Kleinbauern sind es in der Regel nicht. Die haben selber Mühe, mit der Familie über die Runden zu kommen. Und was deinen Verdacht gegen die Perkos betrifft, da braucht es Beweise. Sechs Tage Frist für die Ermittlungen. Hast du dann noch immer nichts Brauchbares vorzuweisen, wird der Vorgang eingestellt.«

Modzynski fand keinen Anhaltspunkt, der seinen Verdacht erhärten konnte. Dennoch fühlte er sich bemüßigt, Marie Perko ins Amt vorzuladen. »Ställe sind zu verschließen!« sagte er streng, und winkte, als die Frau zu einer Antwort ansetzen wollte, ungnädig ab. »Nach Kontrollratsgesetz fünfzig, Artikel römisch zwo, können Sie wegen solcher Fahrlässigkeit selbst verantwortlich gemacht werden!« Modzynski fixierte seine Belehrung in einem Aktenvermerk, den er der eingeschüchterten Marie Perko zur Unterschrift vorlegte.

Zwei Tage später rief man ihn nach Brahmow-Ausbau. Über Nacht war in der Ansiedlung eine Färse gestohlen worden. Die Täter hatten sie, wie in Lakoma, an Ort und Stelle abgeschlachtet.

Chef der Kreispolizeibehörde war im Frühjahr 1949 Walter Thoss. Hinsichtlich seiner Biographie unterschied er sich kaum von der Mehrzahl der leitenden Polizeioffiziere im Land Brandenburg. Der Mann hatte in den Reihen der Internationalen Brigaden für die spanische Republik gekämpft.

Thoss residierte in einem langgestreckten Raum, dessen hohe Decke mit Stuckornamenten verziert war. Stalin, Thälmann und der brandenburgische Ministerpräsident Dr. Karl Steinhoff blickten von den Wänden herab, dem kampferprobten Kommunisten gleichsam über die Schultern, der in einem Stapel Personalakten wühlte. Thoss hatte Kursanten für einen Lehrgang an der Landespolizeischule in Biesenthal zu benennen. Die Personalfluktuation in der brandenburgischen Polizei wollte einfach nicht zur Ruhe kommen. Eine Strukturreform jagte die andere. Nachdem der gesamte Polizeiapparat in den fünf Ländern der SBZ im Juli 1948 der Deutschen Verwaltung des Innern unterstellt worden war, verstärkte die Führung in Berlin-Wilhelmsruh den Kurs auf die weitere Zentralisierung und Vereinheitlichung des Polizeiwesens. Mit Beginn des Jahres 1949 wurden die Kriminalämter den Kreispolizeiämtern angegliedert, einheitliche Dienstgrade eingeführt und die umfassendste Personalsäuberung gemäß Befehl 2 des Präsidenten der DVdI in Szene gesetzt. Wer Angehörige in gerader Linie in den Westzonen hatte oder während des Krieges zufällig in amerikanische, britische oder französische Kriegsgefangenschaft geraten war, hatte den Polizeidienst zu quittieren.

Thoss' Sekretärin öffnete die Tür. »Entschuldigen Sie, es ist neun Uhr. Die Kameraden warten im Vorzimmer.«

Der Oberkommissar schob die Akten zur Seite. Er blickte zur Uhr. Teufel noch eins, die Zeit lief ihm schon wieder davon. Da hätte er beinahe den Wochenrapport seiner Revier- und Abteilungsleiter vergessen. »Nischt wie rein mit den Leuten!« befahl er salopp.

Die Männer drängten über die Schwelle. Sie plazierten sich um den langen, mit einem verblichenen Fahnentuch bedeckten Tisch. Thoss begann die politische Lage im Land Brandenburg zu erläutern, streifte sodann die jüngsten Auswüchse im Kriminaltätsgeschehen, wie Buntmetalldiebstähle im Verkehrswesen, Großviehdiebstähle, und die trotz behördlicher Verbote anhaltenden Hamsterfahrten, bevor er sich den aktuellen Ereignissen im Großraum Cottbus zuwandte.

»Wie weit sind die Ermittlungen im Bahnpolizeiamt gediehen?« wollte er vom Leiter der Kripo wissen. »Kommen Ihre Leute voran?«

Der neunundzwanzigjährige Kommissar Horst Schade, der die Frage geradezu erwartet hatte, bekannte mit betretener Miene: »Wir haben noch immer keinen konkreten Hinweis, nur allgemeine Vermutungen. Die K5-Vernehmer von der Landesbehörde lassen sich nicht gern in die Karten gucken, aber soviel ich weiß, sind sie der Auffassung, daß der Bahnpolizist Demmler mit der Waffengeschichte zu tun haben könnte. Es gab da Verbindungen zum geflüchteten Bapo-Chef im Westberlin. Der Mann sitzt bei den sowjetischen Behörden ein. Die lassen niemanden ran.«

»Und der Waffenmeister? Der Mann aus der Bekleidungskammer? Und die übrigen Leute?«

»Kommen alle vor Gericht. Wegen fahrlässiger Handlungsweise bei der Aufbewahrung von Schußwaffen. Bei einem der Männer hat sich übrigens herausgestellt, daß er auf dem Personalfragebogen seine frühere Zugehörigkeit zur NSDAP, zur SA und zur SS verschwiegen hatte.«

»Naja, wenigstens ein Erfolg für die K5«, lobte der Oberkommissar. Er kam auf die Großviehdiebstähle zu sprechen, für deren Bekämpfung die Potsdamer Landesbehörde eine neunköpfige »Operativgruppe C« ins Leben gerufen hatte. Inzwischen lagen die ersten Ergebnisse vor. Vier Banden waren in den ersten beiden Monaten des Jahres 1949 gefaßt worden. Allein 34 Schweine, 12 Rinder, 11 Schafe und 41 Stück Kleinvieh gingen auf das Konto einer einzigen Gruppe, die von Westberlin aus operierte und obendrein bewaffnet war. »Eine Fleischmenge«, behauptete Thoss, »die ausgereicht hätte, etwa dreizehntausend Personen der Kartengruppe IV einen Monat lang zu versorgen.«

Horst Schade nickte. »Eine verarbeitete Kuh bringt in Westberlin vierzigtausend Mark. Dafür lohnt sich schon ein Risiko.«

»Deshalb dürfen wir die Diebstähle in Lokoma und in Brahmow-Ausbau nicht auf die leichte Schulter nehmen«, mahnte Thoss. »Durchaus möglich, daß hier ähnliche Banditen zugange sind.«

»Ein Schwein oder eine Kuh kann man nicht in der Hosentasche wegtragen«, brummte der Leiter des II. Polizeireviers, der früher sein Brot als Landarbeiter verdient hatt. »Da braucht es schon ein Auto.«

»Ohne Transportgenehmigung und Warenbegleitschein bist du genau so aufgeschmissen!« stimmte sein Kollege aus dem I. Revier zu.

»Trotzdem gelangt die Beute nach Westberlin«, behauptete Thoss. »Vermutlich auf der Autobahn. Das geht am schnellsten. Wir müssen die Kontrollpunkte am Stadtrand besetzen.«

»Die Leute schieben Überstunden noch und noch! Das halten wir nicht ewig durch!« warnte Thoss' Stellvertreter.

Walter Thoss berief sich auf den Tagesbefehl Nr. 1 des Inspekteurs der brandenburgischen Schutzpolizei. Der sei zwar schon ein paar Wochen alt, entbinde aber keinen von der Pflicht, die angewiesenen Kontrollmaßnahmen durchzusetzen.

Wenige Tage später, am 8. März 1949, stellte der Polizeioberwachtmeister Modzynski die Ermittlungen in Lakoma ein. Weder er noch sein Sachgebietsleiter ahnten zu dieser Stunde, daß der Fall noch am selben Abend am KPP in Cottbus-Ströbitz seine dramatische Fortsetzung erfahren sollte.

Die Männer am Stammtisch in der Ströbitzer Gaststätte »Neue Welt« droschen einen kiebigen Skat. »Grand« wurde angesagt und ein »Kontra« dagegengesetzt. Flinke Finger warfen die Karten auf den Tisch. »Ab geht die Post! Und jetzt die Hosen runter!« Gegen Ende des Spiels, als die Männer die Trümpfe zählten, erhitzten sich die Gemüter aufs neue. Jeder der Kontrahenten behauptete nämlich, daß er, wären die Karten von den anderen nur in der richtigen Reihenfolge ausgespielt worden, den Sieg nach Hause getragen hätte.

Hedwig Hendriock, die dreiundzwanzigjährige Kellnerin, interessierte sich herzlich wenig für den Streit am Stammtisch. Gelangweilt blätterte sie in der »Märkischen Volksstimme«, die Paul Kirstein, der Wirt, für seine Gäste abonniert hatte. In den »Süd-Lichtspielen« lief der DEFA-Film »Träum' nicht Anette«. Im Gewerkschaftshaus bereitete man das Cottbuser Tanztournier 1949 vor. Und für die Kleiderpunktkarte waren Männersocken aufgerufen.

Hedwig blickte zur Wanduhr über der Theke, aber die sechs Gäste, die nach der Versammlung des Sportvereins »Wacker« noch am Stammtisch hängengeblieben waren, machten keine Anstalten, ihre Zeche zu bezahlen.

Von der nächtlichen Straße drang Motorengeräusch herein. Unweit des Lokals tuckerte ein Lastkraftwagen im Leerlauf. Autotüren klappten.

Haben wohl von ihren Kontrollen noch immer nicht genug, dachte Hedwig. Schon am frühen Nachmittag hatten zwei Polizisten in der Chausseestraße Posten bezogen. Direkt vor der »Neuen Welt« hielten sie die Autos an, um Papiere und Ladungen zu kontrollieren. Ob die jemand suchen? Die Kellnerin wandte sich dem Radio zu, drehte an der Senderskala. Adalbert Lutter spielte Tanzmelodien im Mitteldeutschen Rundfunk. Mit halbem Ohr hörte die junge Frau, wie der LKW auf der Straße wieder losfuhr. Genau in dem Augenblick waren zwei, drei dumpfe Schläge zu vernehmen; beinahe so, als platzten Autoreifen.

»Das waren doch Schüsse!« rief einer der Gäste. Er warf die Spielkarten auf den Tisch.

Die Kellnerin, die der Tür am nächsten stand, reagierte zuerst. Vorsichtig schob sie die Lokaltür auf und spähte auf die Straße. Über der Fahrbahnmitte hing eine Lampe, die im Nachtwind unruhig pendelte. In ihrem diffusen Lichtschein erkannte Hedwig Hendriock eine Gestalt, die am Straßenrand lag. Dahinter, nur wenige Schritte entfernt, lehnte ein Fahrrad an einem Baum. Eine zweite Gestalt torkelte auf den Gaststätteneingang zu, knickte in den Knien ein, raffte sich wieder auf. Beim Anblick des schmerzverzerrten Gesichts fuhr die junge Frau zurück. Sie stürzte in die Küche.

»Herr Kirstein! Herr Kirstein, kommen Sie schnell! Da draußen ist ein Unglück passiert!«

Paul und Helene Kirstein sprangen auf, liefen in den Schrankraum. Da wurde die Lokaltür aufgestoßen, und ein Polizist wankte über die Schwelle.

»Hilfe!« stöhnte er. »Leute helft mir doch!« Er stand gekrümmt, preßte die Hände auf den Unterleib.

Helene Kirstein kannte den Mann. »Aber, Herr Bartusch«, rief sie, »was ist denn passiert?«

»Ich ..., ich ..., wir ...«

Der Polizeihauptwachtmeister schlug zu Boden. Seine dunkelblauer Mantel war blutdurchtränkt. Die Pistolentasche, in der die schwere Nullacht am Koppel hing, war noch geschlossen. Der Polizist hatte keinen Schuß abgefeuert.

»Ruf die Polizei an, Paul!« befahl Helene Kirstein resolut. »Sag, die sollen einen Krankenwagen schicken. Sofort!« Sie holte eine Decke herbei und schob sie dem Schwerverletzten unter den Kopf. Langsam öffnete der Polizist die Augenlider.

»Wer hat geschossen, Herr Bartusch? Russen?«

»Ein Mann ..., ein Zivil ...«

»Warum?«

»Wir ... haben das Auto angehalten ... und kontrolliert.« Der Polizist verstummte abrupt. Schmerzen wühlten in seinem Leib, die ihn zu kurzen hechelnden Atemzügen zwangen. Schweißtropfen perlten über seine Stirn. »Der ... Ausweis war nicht in Ordnung ... Wir wollten den Mann zur Wache bringen ... Er ... ist ausgestiegen und ... und hat geschossen. Kube liegt draußen. Ich glaube, er ..., er ist tot ...«

»Den Namen des Mannes, Herr Bartusch!« drängte Helene Kirstein. Die Stimme des Angeschossenen war immer leiser geworden. Helene beugte sich zu seinem Mund herab. Sie erkannte sehr wohl, wie es um den Verletzten stand.

Der Polizist deutete ein Kopfschütteln an. »In ..., in meiner Tasche ... der Ausweis ...«, ächzte er erschöpft, während fahle Blässe sein Gesicht überzog. Unnatürlich spitz und knochig wirkte es in diesem Augenblick.

Der Dienstwagen der Mordkommission, ein dunkler Opel P4, stoppte vor der »Neuen Welt«. Hermann Siebert stieg aus dem Fahrzeug. Der hochgewachsene, ein wenig gebeugt gehende Kommissar war fremd in der Stadt. Siebert gehörte zur Landeskriminalpolizeiabteilung. In den letzten beiden Jahren hatte er die

Mordkommission in der Kriminaldienststelle Bernau geleitet, und war, nach deren Auflösung, dem neugebildeten Dezernat C – Delikte gegen einzelne Personen – in Potsdam zugeteilt worden. Seit zwei Tagen weilte Siebert im Zusammenhang mit einer anderen Straftat in Cottbus. Die neuerliche Verbrechensmeldung hatte ihn in einem schäbigen Hotelzimmer erreicht.

Der Tatort in Cottbus-Ströbitz vor der ehemaligen Gaststätte »Neue Welt«

Siebert blickte zur Uhr. Genau 00.30 Uhr. Ziemlich dunkel hier. Die Straßenbeleuchtung war abgeschaltet worden. Stromsperre. Das Funzellicht der Taschenlampen reichte kaum aus, um den Körper des Toten zu erkennen. Ein Schuß in den Rücken hatte Wachtmeister Kubes Leben ausgelöscht. Der anwesende Arzt füllte ungerührt den Totenschein aus. Das unsägliche Grauen des Krieges hatte ihn abgestumpft.

Mit zusammengekniffenen Augen blickte Siebert die nasse Straße hinunter. Eine Handvoll ein- und zweistöckiger Wohnhäuser schloß den Stadtrand in Richtung Kolkwitz ab. Neben dem Lokal kreuzte die Kleine Ströbitzer die Chausseestraße. Ahornbäume reckten zu beiden Seiten der Chaussee ihre kahlen Äste in den nachtdunklen Himmel.

Der Tote lag am rechten Straßenrand. Unweit von ihm lehnte sein Fahrrad an einem Baum. Neben dem Drahtzaun entdeckten die Kriminalisten Blutspuren und, etwas weiter entfernt, vor einem A-Mast der Städtischen Stromversorgung, einen einzelnen Handschuh, wie er zu Polizeiuniformen getragen wurde.

»Kamerad Siebert!« Der Kriminaltechniker hatte zwei leere Geschoßhülsen aus dem Schneematsch im Rinnsteig geklaubt und hielt sie dem Polizeikommissar hin. »Kaliber neun Millimeter. Rechtsauswerfer«, schätzte er sachkundig. »Könnte von einer Parabellum stammen. Vielleicht 'ne Nullacht.«

Siebert nickte. Seine Gedanken versuchten, das nächtliche Geschehen zu rekonstruieren. Der Mörder muß kurz hinter Kube und Bartusch gestanden haben, als er seine Waffe zog und schoß. Was war in den beiden Kameraden vor sich gegangen, warum hatten sie ihm den Rücken so überaus vertrauensselig zugekehrt?

Das schmale Gesicht des fünfzigjährigen Kommissars, in dem zwei ausgeprägte Falten von den Nasenflügeln bis zum Kinn führten, verdüsterte sich. Die jahrelange illegale Tätigkeit, die Siebert als Kurier einer kleinen, aus der Gewerkschaftsbewegung hervorgegangenen Widerstandsgruppe gegen die Nazis im Norden Berlins still und zuverlässig ausübte, hatte ihn auch gelehrt, zu welcher tödlichen Gefahr Vertrauensseligkeit auswachsen kann.

Siebert wandte sich dem Lokal zu. Große Rundbogenfenster beherrschten die Fassade des zweistöckigen Klinkerbaus. Der Kommissar betrat den Schankraum in dem Augenblick, als das Elektrizitätswerk die Stromsperre aufhob. Hedwig Hendriock und das Ehepaar Kirstein blinzelten am Stammtisch in das aufflackernde Licht.

»Mordkommission – Siebert!« stellte er sich vor und forderte die Anwesenden mit einer knappen Kopfbewegung zum Erzählen auf. Siebert hörte ihnen zu, schweigend, mit der ihm eigenen nachdenklichen Miene, die seinem Naturell so sehr entsprach. Erst am Schluß des Berichtes, als die Rede auf den Ausweis kam, hakte der Kommissar nach.

»Wo, sagten Sie, soll der Ausweis sein?«

»In der Manteltasche des Polizisten.«

»Haben Sie nachgesehen?«

»Ich kam gar nicht mehr dazu. Der Krankenwagen und Ihre Kollegen waren ja gleich da.«

»Soll ich im Krankenhaus anfragen?« erbot sich einer der Uniformierten im Hintergrund. »Kamerad Thoss ist bei dem Verletzten.«

»Danke!« wehrte Siebert freundlich ab. »Ich muß sowieso ins Krankenhaus.«

Auf dem Korridor, in dem es wie in allen Krankenhäusern der Welt nach Desinfektionsmitteln und nach Äther roch, warteten Polizeioberkommissar Thoss und ein Mitarbeiter der Kreiskriminalpolizeiabteilung. Ungeduldig klopfte der Kreispolizeichef mit seinen Lederhandschuhen gegen den linken Handteller. Die Antwort auf Sieberts Gruß fiel mürrisch aus.

Ein Arzt kam aus einem der Zimmer. »Tja, es steht nicht gut um Ihren Kollegen«, sagte er. »Hat sehr viel Blut verloren. Offen gesagt – ich rechne mit dem Schlimmsten.«

»Können wir mit ihm sprechen?«

»Was denn, vernehmen?« Der Doktor fuhr auf. »Wissen Sie, was Sie da verlangen? Der Mann ringt mit dem Tode. Eine Vernehmung kommt überhaupt nicht in Frage!«

Hermann Siebert ließ sich nicht so leicht abwimmeln. »Sie tragen die Verantwortung für Ihre Patienten, Herr Doktor. Schön. Aber wir sind für die öffentliche Sicherheit verantwortlich. Wir müssen einen Mörder suchen, und wir tappen völlig im dunkeln, wissen weder den Namen, noch haben wir eine Personenbeschreibung. Nur unser Kamerad, der dort drinnen im Krankenbett liegt, hat ihn gesehen. Es muß doch möglich sein, ihm zwei oder drei Fragen zu stellen.«

Der Arzt schüttelte verständnislos den Kopf und wandte sich zum Gehen.

»Doktor!« Sieberts Stimme klang wie ein Aufschrei. »Seine Aussage ist vielleicht die einzige Chance für uns!«

»Ja, begreifen Sie denn nicht?« setzte der Arzt erneut an.

Hermann Siebert überfuhr ihn. »Wollen Sie, daß der Mörder entkommt, Doktor? Daß er noch mehr Menschen umbringt?«

Achselzuckend kapitulierte der Arzt. »Aber nur in meinem Beisein. Und Sie beschränken sich auf die allernotwendigsten Fragen!«

Auf Zehenspitzen traten Siebert, Thoss und der Arzt ins Krankenzimmer. Hauptwachtmeister Bartusch hatte die Augen geöffnet. Sein Atem ging schwer und stoßhaft. Der Doktor kontrollierte zuerst den Puls. »Ihre Kollegen müssen Ihnen ein paar Fragen stellen«, sagte er dann und gab Siebert einen Wink.

Der Kommissar beugte sich über das Krankenbett. »Verstehen Sie mich, Kamerad Bartusch?« Er wagte es nicht, laut zu sprechen, doch der Verwundete reagierte mit einem unmerklichen Nicken. Geradezu beschwörend sagte Siebert: »Sie haben ein Auto angehalten, nicht wahr? Was war das für ein Wagen?«

»Ein ... ein Opel-Blitz. Die ... die Nummer ...«

»Sie wissen das Kennzeichen? Sehr gut, Bartusch! Bitte, sagen Sie es mir.«

»S ..., SB ... 14 ...«

»SB 14«, wiederholte Siebert. »Und weiter!«

»Weiß nicht.« Der Hauptwachtmeister verstummte.

Siebert überlegte fieberhaft. »Sie haben einen Ausweis kontrolliert, Kamerad Bartusch? Wo ist er?«

Der Mund des Patienten bewegte sich nur noch schwach. Siebert las es mehr von den Lippen ab, als er es hören konnte: »Man ... Manteltasche ...«

Der Arzt deutete auf einen Stuhl, über dessen Lehne die Stationsschwester Hauptwachtmeister Bartuschs Uniform abgelegt hatte. Der Kreispolizeichef griff nach dem Mantel und zog eine graue Klappkarte hervor. Hermann Siebert fiel ein Stein vom Herzen. »Warum hat der Mann geschossen?« versuchte er, die Vernehmung noch einmal aufzunehmen. Doch er erhielt keine Antwort mehr.

Der Arzt erhob sich abrupt. »Tut mir leid, meine Herren, es ist sinnlos. Ihr Kollege hat das Bewußtsein verloren.«

Lange Jahre hatte Hermann Siebert bei MONOTYPE im Berliner Zeitungsviertel gearbeitet. Obwohl er die Arbeit eines Maschinensetzers aus dem Effeff beherrschte, scheute er das stundenlange Sitzen hinter einer Schreibmaschine. Das Tippen bereitete ihm nahezu körperliche Qualen. Eine Oberarmverletzung, die er als Kind erlitten hatte, zwang ihn, die Arme in den Ellenbogen vom Körper abgewinkelt zu halten. Siebert verhörte viel lieber Zeugen und Tatverdächtige. Er war ein Tüftler, der sich durch dicke Aktenbündel wühlen konnte, Fakten analysierte und immer wieder die Beweiskraft von Aussageprotokollen in Frage stellte. Sein besonnener Arbeitsstil fand sowohl bei Richtern als auch Staatsanwälten und Strafverteidigern Anerkennung.

Siebert mutete es wie ein Glücksfall an, als er bei seiner

Rückkehr ins Kreispolizeiamt auf den Kriminaldauerdienst traf. Der Polizeimeister Kurt Brase fand sich bereit, Sieberts Spitzenmeldung an die Landespolizeibehörde auf der Schreibmaschine zu tippen.

LKPA Brandenburg
Dez. C – Mordkommission
z.Z. Cottbus, den 9.3.49
Spitzenmeldung

Gegen 23.30 erfolgte die tel. Meldung, daß an der Gaststätte »Neue Welt« in Cottbus-Ströbitz 2 Polizeiangestellte erschossen wurden. Von der in Cottbus anwesenden Mordkommission in Verbindung mit der Kriminaldienststelle wurde festgestellt, daß beide Polizisten erschossen wurden, als sie ein verdächtiges Auto kontrollieren wollten. Der Wachtmeister Kube ist seinen Verletzungen erlegen u. Haupt.Wm. Bartusch ist schwer verletzt. Er wurde ins Krankenhaus Cottbus gebracht.

Zu veranlassen ist, daß sofort alle Kontrollpunkte des Ringes um Berlin alarmiert werden. Über die DVdI ist das Polizeipräsidium in Berlin zu verständigen.

Dem wahrscheinlichen Täter wurde von dem schwerverletzten Hptm.Wm. Bartusch ein Ausweis mit folgenden Personalien abgenommen:

Nagursky, Hans
Beruf: Zementeur, geb. am 30.7.1923 in Bütow,
wohnhaft Berlin-Nehringsdamm 81.

Personalbeschreibung: Gestalt groß, Gesicht oval, Augenfarbe braun, Haarfarbe blond. Besondere Kennzeichen: keine.

Vermerk: Durch anwesende Polizeiangestellte im Krankenhaus Cottbus wurde der schwerverletzte Bartusch befragt. Er sagt aus, daß der Täter mit einem LKW mit der Pol.Nr. SB 14—- weitere Ziffern unbekannt bis zum Kontrollpunkt gefahren kam. Sämtliche Reviere im Kreise sowie im Stadtbezirk wurden durch den O.v.D. der Schutzpolizei – Teske – verständigt.

Durchgegeben: Brase KKPA Cottbus
gez. Siebert
Pol.-Kommissar

Noch während Brase die letzten Zeilen tippte, läutete das Telefon. Siebert angelte nach dem Hörer. Das Gespräch währte nur kurz. Als der Kommissar wieder auflegte, war ein bitterer Zug in seinem Gesicht. Mit müder Geste strich er über sein schütteres, dunkles Haar und sagte zu Brase: »Füge einen Vermerk hinzu: Gegen 0.50 Uhr wurde die Mordkommission vom Krankenhaus Cottbus verständigt, daß der schwerverletzte Hpt.Wm. Bartusch seinen Verletzungen erlegen ist.«

Johannes Kube

Kurt Bartusch

Über den Dächern der Stadt kroch der neue Tag herauf. Seit Stunden arbeitete der Polizeiapparat auf Hochtouren. Telefongespräche wurden geführt, Aussagen zu Protokoll genommen, in den Archiven gesucht und verglichen. Noch in den frühen Morgenstunden legten die Männer vom Erkennungsdienst ein erstes Ergebnis vor. Hermann Siebert musterte die graue Klappkarte im Format DIN A 5. Neben dem Lichtbild einer männlichen Person prangte ein schwarzer Daumenabdruck als sicherstes Merkmal zur Identifizierung des Kennkarteninhabers.

Der Kriminaltechniker referierte: »Wir haben es bei dem zu begutachtenden Dokument mit einem behelfsmäßigen Personalausweis mit der Seriennummer F 0169701 zu tun. Die Kennkarte wurde am 2. September 1947 beim Polizeirevier 102 in Berlin-Schöneberg ausgestellt. Allerdings«, hier legte der versierte Fachmann eine bedeutungsschwangere Pause ein, »ist der Ausweis verfälscht.«

Siebert zog die Brauen hoch. »Der Mann ist nicht Nagursky?«

»Das will ich nicht behaupten Aber Tatsache ist, daß das Paßfoto nachträglich eingeklebt wurde. Die Stempellinien sind mit Tinte nachgezogen. Ziemlich geschickt, so daß ich auf einen Profi in der Fälscher-Branche tippen möchte. Nach meiner Erfahrung werden gestohlene Ausweise auf ihren neuen Benutzer zurechtfrisiert, um Leuten, die in Fahndung stehen, eine neue Identität zu verschaffen. Ist nicht der erste Fall, der mir unter die Finger kommt.«

»Feine Bescherung.« Siebert schnitt ein verdrießliches Gesicht. »Und wer ist der Mann nun wirklich?«

»Tja, da liegt der Hund begraben«, gestand der Techniker ein. »Ich weiß es nicht.«

Polizeikommissar Hermann Siebert

Siebert starrte auf das Lichtbild. Er sah einen jungen Mann von Mitte zwanzig. Harmlos, nicht unfreundlich. Dunkelblondes Haar und tiefliegende kleine Augen, die gleichsam distanziert in die Aufnahmekamera blickten. »Gebt das Foto zu den Fahndungsfritzen«, sagte er. »Die sollen ihre Kartei durchsehen. Wer so rabiat vorgeht, hat bestimmt noch mehr auf dem Kerbholz.«

Hermann Sieberts Weisung erwies sich als goldrichtig. In einem überdimensionalen Fotoalbum, das die Lichtbilder der erkennungsdienstlich behandelten Straftäter enthielt, entdeckten die Fahnder ein Polizeifoto, das dem Paßbild im Nagursky-Ausweis bis aufs Haar glich. Die Bildunterschrift lautete: »Andre, Siegmund. Geboren am 9. April 1923 in Stry. Aufenthalt unbekannt.«

Polizeimeister Malig wußte noch mehr über den Mann. »Andre hat einige Zeit in Cottbus gewohnt«, ließ er den Potsdamer Kommissar wissen. »Wurde mehrmals wegen Schlägerei und Diebstahlsverdacht festgenommen. Ist aus dem Polizeigewahrsam geflüchtet.«

»Sucht seine früheren Wohnadressen auf. Alle Bekannten und die ehemaligen Kontaktpersonen überprüfen. Aber äußerste Vorsicht! Der Mann besitzt eine Schußwaffe!«

Auch in der Kraftfahrzeuginspektion war man nicht untätig. Sechzehn LKW vom Typ Opel-Blitz liefen im Großraum Cottbus. Die Angestellten der Zulassungsstelle filterten sämtliche

Gesucht: Opel-Blitz

Karteikarten heraus. Darunter befand sich kein Fahrzeug, dessen polizeiliches Kennzeichen mit der Nummer SB 14—- begann.

»Ich denke, der Bartusch hat sich geirrt«, bewertete Siebert das Ergebnis, während sein Potsdamer Kollege, Polizeikommissar Gladitz, zu der Auffassung neigte, das Kennzeichen sei, wie der Ausweis, als Fälschung anzusehen.

Siebert verlor dennoch nicht den Mut. Oberkommissar Thoss und der Cottbuser Kripochef, Horst Schade, unterstellten ihm zehn Kriminalisten für die Kfz-Fahndung. Hermann Siebert wies die Leute ein. »Ihre Aufgabe ist die Überprüfung der Fahrzeugeigner. Lassen Sie sich dazu die Fahrtenbücher vorlegen, und vergessen Sie die Alibis der Fahrer nicht!«

Um die zweite Mittagstunde stand der gesuchte Opel-Blitz auf dem Garagenhof des Kreispolizeiamtes. Das sechseckige Kennzeichen zeigte auf schwarzem Grund die Fahrzeugnummer SB 23-0384.

Der Fuhrunternehmer, ein Mittfünfziger in einer abgewetzten Lederjoppe und blankgewichsten Stiefeln, wurde den Potsdamer Mordkommissaren Siebert und Gladitz vorgeführt. Nervös trat der Mann von einem Bein auf das andere. Die Mütze mit einem lackledernen Schirm wanderte unablässig zwischen seinen schweißfeuchten Handflächen.

»Sie heißen Hans Milarsch und sind am 19. Juli 1894 in Wehlau geboren«, eröffnete Siebert das Verhör. »Laut Fahrtenbuch sind Sie gestern, am 8. März, in Potsdam gewesen?«

»Nu ja doch. Im Auftrage des Revisions- und Handelsverbandes mit einer Ladung Aluminiumtöpfe. Mein Jungchen, der Hans-Joachim, war mit bei.«

»Sie wissen, weshalb man Sie hergebracht hat?«

»Jeht doch bestimmt um den Burschen, den wir jestern abend von Potsdam mitjenomm'n haben.«

»Sie kennen den Mann?«

»Nei, nei, das nu nich!«

»Ist es der hier?« Gladitz schob die Kennkarte über den Tisch und legte das Polizeifoto daneben.

Milarsch nickte lebhaft. »Der, jawoll! Jenau der isses!«

»Wie sind Sie mit ihm bekannt geworden?«

»Nuja, das war in Potsdam am Bahnhof. Mein Jungchen startete schon den Motor, während ich nochmal um den Wagen ging, den Reifendruck zu kontrollieren. Da stand das Bürschchen plötzlich neben mir, fragte, ob wir ihn nach Cottbus mitnehmen könn'n.«

»Auf Ihrem Firmenschild steht Dissenchen«, hielt Siebert ihm vor. »Woher wußte der Mann, daß Sie aus Cottbus sind?«

Milarsch wedelte mit seiner Mütze. »Hab ich ihn auch jefragt. Am Kennzeichen, hat er jesagt, und er wüßte in Cottbus Bescheid.«

»Er ist im Fahrerhaus mitgefahren?« fragte Gladitz, und als der Fuhrunternehmer bejahte: »Die Fahrt ist langweilig, da unterhält man sich doch. Worüber haben Sie gesprochen?«

»Nuja, über dies und das. Über das Wetter, die schwierige Jeschäftslage, über die Versorjung, und wo's am besten was zu futtern jibt.«

»Hatten Sie den Eindruck, daß der Mann in Cottbus wohnt?«

»Bescheid jewußt hat er schon, aber der sprach auch polnisch und russisch, und tschechisch konnt'er auch 'n bißchen. Hat er uns jedenfalls erzählt.«

»Seine Adresse hat er Ihnen nicht genannt?«

»Nei, hat er nich. Am Berliner Platz sollten wir ihn absetzen.«

»Auf welcher Fahrtroute sind Sie gekommen?«

»Bis Vetschau auf der Autobahn, dann über Kolkwitz und Ströbitz.«

»Dort war ein Polizeiposten?«

»Nu ja doch.«

»Jetzt lassen Sie sich nicht jeden Satz aus der Nase ziehen!« blaffte Gladitz ungehalten. »Was am Kontrollpunkt passiert ist, sollen Sie uns erzählen!«

Der Fuhrunternehmer zog bieder die Achseln hoch. »Die Herren Polizeibeamten hielten uns an. Zulassung, Frachtpapiere und unsere Ausweise wollten sie sehen. Dann kontrollierten sie den Ausweis von unserm Fahrjast. Irjendwas hatten'se zu beanstanden. Sie sagten, daß er aussteigen soll und mit zum Revier muß.«

»Und weiter?«

»Nuscht is weiter«, beteuerte Milarsch. »Ich fragte, ob wir weiterfahren könn'n. Wir hatten ja nix mit dem Mann zu schaffen. Der Beamte winkte, und da sind wir losjefahren.«

»Haben Sie die Schüsse gehört?«

»Die Schüsse – um Gottes willen, lieber Mann, was reden Sie da bloß? Wir haben nuscht und jar nix mit der Sache zu schaffen. Wir haben ihn doch bloß mitjenomm'. Für 'ne Handvoll Zijarettchen.«

Siebert überlegte. Die Geschichte mochte stimmen. Reisen mit der Bahn war noch immer ein Abenteuer, die Züge überfüllt und selten pünktlich. Wer irgend konnte, versuchte es per Anhalter. Die zufällige Begegnung in Potsdam klang durchaus glaubwürdig. Aber Hermann Siebert hatte nicht nur einmal Menschen erlebt, die ihm mit der harmlosesten Miene der Welt ihre Unschuld beteuerten und sich später als abgefeimte Lügner entpuppten. In der Anfangszeit bei der Kripo hatte er manches Lehrgeld bezahlt. Jenes gesunde Quentchen Mißtrauen, das einem gutem Kriminalisten zu eigen ist, gemahnte zur Vorsicht. Siebert nahm sich vor, das wirtschaftliche Umfeld des Fuhrunternehmers, sein Geschäftsgebaren und seine Verbindungen durchleuchten zu lassen.

»Ich hoffe, Herr Milarsch, Sie sind sich darüber im klaren, daß eine falsche Aussage als Mordbegünstigung bestraft wird?«

»Is die reine Wahrheit, Herr Kommissar. Ich hab den Kerl zum ersten Mal jesehn!«

Kommissar Gladitz sagte: »Für uns ist wichtig, wie der Mann bekleidet war. Beschreiben Sie ihn, so gut Sie es können!«

»Nu ja, so'n dunklen Mantel hat er anjehabt. Fischjrätenmuster, oder wie das heißt. Um den Hals 'nen weißen Schal. Dunkle Hose, schwarze Schuhe und braune Lederschuhe. Sah eijentlich janz schnieke aus.«

Gladitz hatte mitgeschrieben. »Keine Kopfbedeckung?«

»Doch, doch. Dunkelbraune Schimütze. Hätt ich beinah verjessen.« Milarsch lächelte schuldbewußt.

Eberhard Mengs trug einen grellfarbigen Schlips. Die graublaue Bundjacke und die modisch kurzen Röhrenhosen saßen ihm wie angegossen. Mengs hatte die Jacke aus einem Restposten erstklassigen Fliegeruniformstoffes selber genäht. An Selbstbewußtsein mangelte es dem sechzehnjährigen Schneiderlehrling ganz bestimmt nicht.

Mengs nahm auf dem Stuhl Platz, den der Vernehmer, ein Polizeimeister Glatzel, ihm hinschob, schlug lässig die Beine übereinander und betrachtete gelangweilt seine beigefarbenen Schuhe mit den zentimeterdicken Kreppsohlen. Der junge Bursche hatte seine Erfahrungen mit der Polizei und war sich nicht ganz sicher, was sie diesmal von ihm wollten.

Der Polizeimeister legte eine Westberliner Kennkarte auf den Tisch. »Sie kennen diesen Mann?«

Mengs beugte sich vor. »Klar, ist doch Siggi.«

»Welchen Siggi meinen Sie?«

So spontan die erste Antwort gefallen war, der Sechzehnjährige schien jetzt eine unbestimmte Gefahr zu wittern. Er drehte den Kopf hin und her und sagte äußerst vage: »Naja, der Siggi eben.«

»Nun mal nicht so bescheiden, Mengs!« spöttelte Glatzel. Er faßt den Schneiderlehrling fester ins Auge. »Wir wissen ziemlich genau, daß ein gewisser Andre zum Kreise Ihrer Kumpel gehört. Im übrigen sitzen Sie hier nicht beim Einbruchsdezernat, sondern bei der Mordkommission!«

Mengs' Gesicht verfärbte sich. »Wieso?« stotterte er erschrocken. »Was hat Siggi mit Mord zu tun?«

»Die Fragen stelle ich!« bellte Glatzel. »Und von Ihnen will ich jetzt klipp und klar wissen, wer der Mann auf dem Paßfoto ist? Also raus mit der Sprache!«

Mengs beugte sich unter dem scharfen Kommandoton. »Das ist Siegmund Andre«, bestätigte er eingeschüchtert.

»Wann und wo haben Sie ihn kennengelernt?«

»Durch meinen Bruder. Der hat ihn, das muß Ende 1947 gewesen sein, mal mit nach Hause gebracht. Damals waren sie im ›Schützenhaus' zum Tanz und wurden wegen einer Schlägerei von der Polizei festgenommen.«

»Wann haben Sie Andre zum letzten Mal gesehen?«

»Der war später nochmal bei uns in der Wohnung.« Der Schneiderlehrling dachte nach. »Letztes Jahr, glaube ich, im November. Fragte nach meinem Bruder.«

»Stehen die beiden etwa noch in Verbindung?«

Mengs sah den Polizeimeister mit großen Augen an. »Ralf ist doch schon lange in der Westzone.«

»Auch gut. Ist Ihnen der Name Hans Nagursky ein Begriff?«

»Nein, nie gehört.«

»Welche Kontakte unterhielt Siegmund Andre denn noch in Cottbus?«

Mengs nannte ein paar Namen. Glatzel notierte sich die Adressen. »Eine letzte Frage«, sagte er dann. »Wissen Sie, wo Andre sich derzeit aufhält?«

»In der Markgrafenmühle hatte er früher Bekannte. Das weiß ich noch. Aber wo er jetzt ist ...?« Die Ratlosigkeit, die in Mengs' Blick lag, ließ den Polizeimeister vermuten, daß der junge Bursche die Wahrheit sagte.

Aber eine Mordkommission darf sich nicht auf Vermutungen verlassen. Sie muß Gewißheit haben. Die Wohnung der Familie Mengs im Norden der Stadt wurde von einem Polizeikommando umstellt und blitzschnell durchsucht, erfolglos, wie die Durchsuchungen in der Markgrafenmühle am südlichen Spreebogen. Observationstrupps übernahmen die Überwachung der beiden Objekte.

Die Aussagen des sechzehnjährigen Schneiderlehrlings setzten neue Akzente für die Fahndung. Hermann Siebert faßte in der Lagebesprechung im Kreispolizeiamt zusammen: »Erstens – die tödlichen Schüsse wurden von einem Mann abgegeben, der am Kontrollpunkt Ströbitz aus dem LKW Opel-Blitz, polizeiliches Kennzeichen SB 23-0384 stieg. Zweitens – dieser Fahrgast ist laut Aussage des Fuhrunternehmers Milarsch mit der im Nagursky-Ausweis abgebildeten Person identisch. Drittens – der Ausweis ist verfälscht. Viertens – der Zeuge Mengs und die Fahndungskartei sagen uns, daß der Mann auf dem Paßfoto nicht Hans Nagursky, sondern Siegmund Andre heißt.«

In der Nacht fuhr ein Kradmelder nach Berlin-Wilhelmsruh. Der Sonderkurier übergab die Fahndungsunterlagen dem Referat Fahndung bei der Hauptabteilung Kriminalpolizei in der Deutschen Verwaltung des Innern. In der Druckerei Max Schönherr ging tags darauf jener Steckbrief in Druck, der ab 11. März 1949 in Tausenden von Exemplaren in den Ländern der Sowjetischen Besatzungszone und in Berlin verbreitet wurde.

Hermann Siebert atmete auf. Den ersten Teil der Aufgabe hatte seine Mordkommission gelöst. Die Tatumstände des Mordanschlags in der Cottbuser Chausseestraße waren aufgeklärt. Der Mörder hatte ein Gesicht. Nun galt es, diesen Siegmund Andree auf schnellstem Wege aufzuspüren und ihn unschädlich zu machen.

Die Fahndung lief auf vollen Touren. In allen Polizeirevieren, an Litfaßsäulen und Anschlagbrettern, auf Bahnhöfen und in den öffentlichen Verkehrsmitteln in Cottbus hingen die rotumrandeten Plakate aus, die zur Mitfahndung aufriefen. Die Polizei bat, sachdienliche Hinweise oder Wahrnehmungen über verdächtige Personen und Kraftfahrzeuge der nächsten Polizeidienststelle mitzuteilen. Vertraulichkeit, so hieß es, würde gewahrt.

MORD

an zwei Volkspolizisten in Kottbus / Ströbitz

Am 8. März 1949 gegen 23 Uhr wurden im Zuge einer Kraftfahrzeug-Kontrolle an der Gaststätte »Neue Welt« in Kottbus die Volkspolizisten

Wachtmeister Kube u. Hauptwachtmeister Bartusch

erschossen.

Bei der im Lichtbild dargestellten Person handelt es sich um den Täter

Andre, Siegmund,

geb. am 9. 4. 23 in Stry, Krs. Drohobicz, (Polen). Der Täter führte auch Ausweispapiere bei sich, die auf den Namen

Nagursky, Hans,

geb. am 30. 6. 23 in Bütow, lauten.

Personenbeschreibung: ca. 25 Jahre alt, 1,80 m bis 1,82 m groß, dunkelblondes, welliges, nach hinten gekämmtes Haar, hohe Stirn, kleine, tiefliegende Augen (Schlitzaugen), spricht polnisch, russisch, tschechisch und deutsch.

Bekleidung: grauer Mantel, ohne Kopfbedeckung.

Besondere Merkmale: an der linken Hand fehlt der kleine Finger.

Es ist damit zu rechnen, daß Andre alias Nagursky mehrere Ausweise, die auf andere Namen lauten, bei sich führt.

Sachdienliche Hinweise sowie Wahrnehmungen über verdächtige Personen und Angaben über verdächtige Kraftfahrzeuge, die in der fraglichen Zeit in der Nähe des Tatortes gesehen wurden, sind der nächsten Polizeidienststelle oder fernmündlich an die Deutsche Verwaltung des Innern, Hauptabteilung K, Telefon: 48 22 57 (Dauerdienst) mitzuteilen.

Deutsche Verwaltung des Innern
Hauptabteilung K

Der am 11. März 1949 veröffentlichte Steckbrief

Ein Ring aus bewaffneten Polizisten war um die Kreisstadt gelegt worden. Auf den Bahnhöfen, in Zügen und Wartesälen fahndete die Bahnpolizei. Hotel- und Fahndungsstreifen der Kripo patrouillierten durch die Stadt. Manche Mitteilung, die der Polizei in diesen Tagen zuging, erschien auf den ersten Blick aussichtsreich und vielversprechend, bei näherer Überprüfung erwies sie sich als blinder Alarm. Aber jede neue Meldung nährte die Hoffnung, den Schlupfwinkel des Mörders endlich im Visier zu haben.

Nach jedem fehlgeschlagenen Einsatz stand Hermann Siebert vor der Frage: Ist der Gesuchte überhaupt noch in der Stadt, oder veranstalten wir ein Schattenboxen?

Dann, am 12. März, meldete sich der Zeuge Karl Teumerle. Der Mann in der gesteppten Russenjacke arbeitete als Kraftfahrer und Dolmetscher bei der sowjetischen Kommandantur in Cottbus. Teumerle gab zu Protokoll: »Im Sommer 1946 lernte ich in der Cottbuser Badeanstalt den auf dem Steckbrief abgebildeten Siegmund kennen. Sein richtiger Name lautet nämlich Zygmund Andrezy ...«

»Augenblick mal!« Mit einer schnellen Handbewegung stoppte Hermann Siebert den Kriminalangestellten hinter der Schreibmaschine. Polizeihauptwachtmeister Kasprzik, ein dunkelhaariger, etwas bulliger Typ, tippte für den Kommissar das Vernehmungsprotokoll. »Sagten Sie Andrezy?«

Teumerle bejahte. »Der Gesuchte ist Pole. Wissen Sie das nicht? Kam während der Nazizeit als Zwangsarbeiter nach Deutschland. Hat seinen Namen eingedeutscht und nennt sich seitdem Siegmund Andree, mit zwei e sozusagen.«

»Das wußten wir nicht«, gab Siebert ehrlich zu. »Bitte, erzählen Sie weiter.«

»Im Oktober 1948 war ich mit Andree im Gartenlokal ›Neuholland‹ verabredet. An diesem Abend sagte er mir: ›Karle, ich darf nicht soviel trinken. Ich muß immer meinen Kopf klar haben.‹ Etwas später stellte ich fest, daß er eine Pistole in der Tasche hatte. Wahrscheinlich eine belgische FN. ›Hast du denn keine Angst?‹ fragte ich. ›Wenn dich die Polizei schnappt, bist du doch dran?‹ Er lachte nur und meinte: ›Karle, die kriegen mich nie!‹ Soviel ich weiß, lebt Andree in Berlin, im englischen Sektor, macht drüben irgendwelche Geschäfte.«

Kasprziks Schreibmaschine ratterte.

»Das letzte Mal«, sagte Teumerle, »habe ich Andree vor drei Tagen gesehen, am neunten März.«

Siebert und Kasprzik spitzten die Ohren. »Wirklich am neunten?« entfuhr es dem jungen Polizeihauptwachtmeister.

»Wenn ich's doch sage. Um die Mittagstunde war das, so gegen zwölf. Zündkerzen sollte ich für den Steier-PKW der Kommandantur besorgen. Als ich in der Lausitzer Straße vom Hof der Firma Bosch fuhr, sah ich einen Mann auf einem Damenfahrrad, der mir bekannt vorkam. Ich hupte, und er hielt prompt an. Es war Andree. ›Ich bin nur auf zwei oder drei Tage nach Cottbus gekommen, will Fleisch besorgen‹, erzählte er mir. Sah irgendwie gehetzt aus, der Junge. Jetzt weiß ich auch, warum.«

Nein, kein Schattenboxen! ging es Siebert durch den Kopf. Der Mörder weilt noch in den Mauern der Stadt.

Hauptwachtmeister Kasprzik brachte die letzten Sätze zu Papier. Gerade wollte er die übliche Floskel »vorgelesen, genehmigt und unterschrieben« tippen, da erklärte der Zeuge: »Es gibt noch etwas, Herr Kommissar, was ich Ihnen sagen möchte.«

»Ja, ich höre.«

»Ich bin doch Fahrer bei der Kommandantur. Mein Chef ist Kapitan Sowjaszanow.« Teumerle sah die beiden Männer bedeutungsvoll an.

Siebert zuckte die Achseln. Mit dem Namen des sowjetischen Hauptmanns konnte er nichts anfangen. Dafür wußte Kasprzik, der ortsansässige Kriminalist, um so besser Bescheid. »NKWD«, kommentierte er knapp.

Der Zeuge nickte. »Noch vor dem letzten Weihnachtsfest erfuhr ich in der Kommandantur, daß bei dem Einbruch im Bahnpolizeiamt Waffen gestohlen wurden. Wir fuhren zum Tatort und sahen uns dort um. Ein oder zwei Tage nach dem Einbruch lief mir Andree in der Forster Straße über den Weg. Gleich fragte er, ob ich schon von dem Einbruch und von der Verhaftung der Bahnpolizisten gehört hätte. Andree feixte und schilderte mir ausführlich, wie er den Diebstahl ausgeführt hat und welche Waffen er mitgehen ließ. Ich hab ihn ein bissel bewundert, führte ihn, wie man so sagt, über den Gänsedreck. Dann fragte ich, was er mit den Pistolen eigentlich anfangen will, ob er sie versteckt hat. Wissen Sie, was er geantwortet hat? ›Eingefettet und gut aufgehoben, Karle, aber rosten werden sie nicht!«

Hermann Siebert konnte nicht länger an sich halten. Teumerles Offenbarung, noch dazu im lapidaren Erzählton vorgetragen, reizte den Kommissar, der selten die Ruhe verlor, bis aufs Blut. Mit hochrotem Kopf sprang er auf, zerrte die Freitagsausgabe der »Märkischen Volksstimme« aus seiner Aktentasche und drückte sie dem Zeugen in die Hand. »Haben Sie das gelesen?«

Karl Teumerle starrte auf den Zeitungsartikel. Der Kommissar hatte ihn mit Rotstift markiert.

Ernste Mahnung für Bahnpolizisten

Vor der Großen Strafkammer in Cottbus hatten sich der frühere Waffenmeister W., der Abteilungsleiter Kommissar L. und der Chef der Bahnpolizei, Kommissar G., wegen fahrlässiger Handlungsweise bei der Aufbewahrung von Schußwaffen zu verantworten. Durch ungenügende Sicherung der Schußwaffen des Bahnpolizeiamtes Cottbus gelang es einer Diebesbande, in den Aufbewahrungsraum einzubrechen und einen Waffen- und Bekleidungsdiebstahl durchzuführen. Nur dem wirklich ausgezeichneten Eindruck, den die Angeklagten vor Gericht hinterließen, haben die Angeklagten W. und L. es zu verdanken, daß ihre fahrlässige Handlungsweise nur mit Strafen von zwei Jahren Gefängnis bzw. einem Jahr und zehn Monaten Gefängnis geahndet wurde.

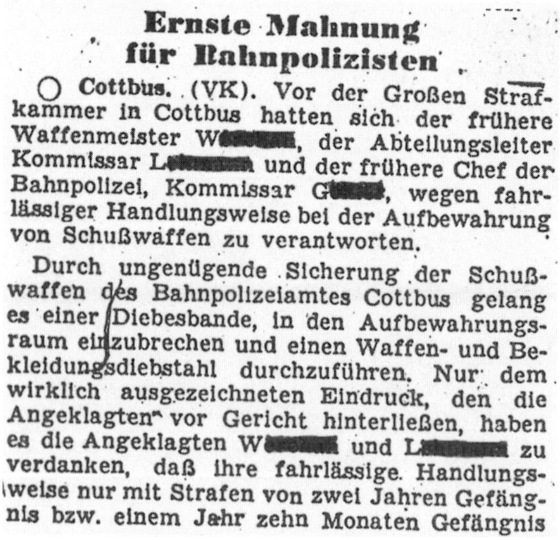

Ernste Mahnung für Bahnpolizisten

○ Cottbus. (VK). Vor der Großen Strafkammer in Cottbus hatten sich der frühere Waffenmeister W[redacted], der Abteilungsleiter Kommissar L[redacted] und der frühere Chef der Bahnpolizei, Kommissar G[redacted], wegen fahrlässiger Handlungsweise bei der Aufbewahrung von Schußwaffen zu verantworten.

Durch ungenügende Sicherung der Schußwaffen des Bahnpolizeiamtes Cottbus gelang es einer Diebesbande, in den Aufbewahrungsraum einzubrechen und einen Waffen- und Bekleidungsdiebstahl durchzuführen. Nur dem wirklich ausgezeichneten Eindruck, den die Angeklagten vor Gericht hinterließen, haben es die Angeklagten W[redacted] und L[redacted] zu verdanken, daß ihre fahrlässige Handlungsweise nur mit Strafen von zwei Jahren Gefängnis bzw. einem Jahr zehn Monaten Gefängnis

»Märkissche Volksstimme« vom 11. 3.1949

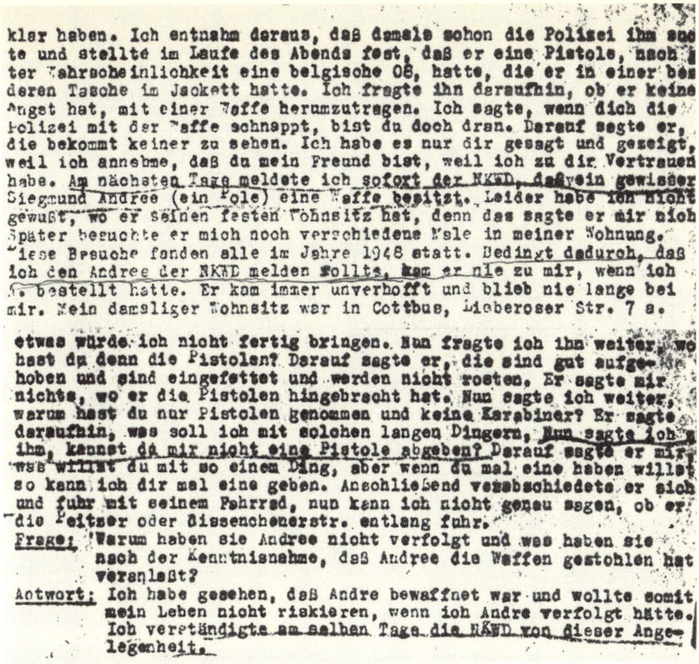

klar haben. Ich entnahm daraus, daß damals schon die Polizei ihn su-
te und stellte im Laufe des Abends fest, daß er eine Pistole, nach
ter Wahrscheinlichkeit eine belgische 08, hatte, die er in einer be-
deren Tasche im Jackett hatte. Ich fragte ihn daraufhin, ob er keine
Angst hat, mit einer Waffe herumzutragen. Ich sagte, wenn dich die
Polizei mit der Waffe schnappt, bist du doch dran. Darauf sagte er,
die bekommt keiner zu sehen. Ich habe es nur dir gesagt und gezeigt,
weil ich annehme, daß du mein Freund bist, weil ich zu dir Vertrauen
habe. Am nächsten Tage meldete ich sofort der NKWD, daß ein gewisser
Siegmund Andree (ein Pole) eine Waffe besitzt. Leider habe ich nicht
gewußt, wo er seinen festen Wohnsitz hat, denn das sagte er mir nich
Später besuchte er mich noch verschiedene Male in meiner Wohnung.
Diese Besuche fanden alle im Jahre 1948 statt. Bedingt dadurch, daß
ich den Andree der NKWD melden sollte, kam er nie zu mir, wenn ich
N. bestellt hatte. Er kam immer unverhofft und blieb nie lange bei
mir. Mein damaliger Wohnsitz war in Cottbus, Lieberoser Str. 7 a.

etwas würde ich nicht fertig bringen. Nun fragte ich ihn weiter, wo
hast du denn die Pistolen? Darauf sagte er, die sind gut aufge-
hoben und sind eingefettet und werden nicht rosten. Er sagte mir
nichts, wo er die Pistolen hingebracht hat. Nun sagte ich weiter,
warum hast du nur Pistolen genommen und keine Karabiner? Er sagte
daraufhin, was soll ich mit solchen langen Dingern. Nun sagte ich
ihm, kannst du mir nicht eine Pistole abgeben? Darauf sagte er mir
was willst du mit so einem Ding, aber wenn du mal eine haben willst
so kann ich dir mal eine geben. Anschließend verabschiedete er sich
und fuhr mit seinem Fahrrad, nun kann ich nicht genau sagen, ob er
die Peitzer oder Sissenchenerstr. entlang fuhr.

Frage: Warum haben sie Andree nicht verfolgt und was haben sie nach der Kenntnisnahme, daß Andree die Waffen gestohlen hat veranlaßt?

Antwort: Ich habe gesehen, daß Andre bewaffnet war und wollte somit mein Leben nicht riskieren, wenn ich Andre verfolgt hätte. Ich verständigte am selben Tage die NKWD von dieser Angelegenheit.

Verrechnungsprotokoll Karl T.

Der Angeklagte G. wurde, da er nicht der unmittelbare Vorgesetzte des Waffenmeisters W. war, und durch sein außergewöhnlich großes Arbeitsgebiet nicht in der Lage war, die Tätigkeit der Angestellten ständig zu überprüfen, freigesprochen ...

»Haben Sie das gelesen?« wiederholte Siebert lautstark.

Der Zeuge nickte rasch.

Siebert atmete hörbar durch. »Seit einem viertel Jahr wissen Sie, wer hinter dem Waffendiebstahl steckt«, wetterte er, »aber Sie haben treu und brav geschwiegen!«

Teumerle zog schuldbewußt den Kopf ein. »Ich habe es doch gemeldet!« verteidigte er sich kleinlaut.

»So? Und wem?«

»Dem Major Sowjaszanow.«

»Dem Major?« Siebert verlor die Fassung. »Sowjaszanow hat von Ihrer Begegnung mit Andree gewußt?«

»Er wollte den Polen selber schnappen. Dabei sollte ich ihm helfen.«

Die Volkspolizei gibt dem Kameraden Bartusch das letzte Geleit

Hermann Sieberts Gerechtigkeitssinn rebellierte. Bereits im Dezember hätte man Andree zur Fahndung ausschreiben können. Wahrscheinlich säße er auch längst hinter Gitter, hätten Sowjaszanow und sein Zuträger nicht geschwiegen. Die Ungeheuerlichkeit dieser Tatsache zwang den Kommissar zum Nachdenken, gegen seinen Willen, wie er erschrocken feststellte, und in eine Richtung, die ihm immer weniger behagte. Waren Kube und Bartusch womöglich dem unsinnigen Rivalitätsgehabe des sowjetischen Sicherheitsdienstes genüber der deutschen Polizei zum Opfer gefallen?

Am 12. März 1949 gaben die Cottbuser Polizeiangestellten ihren ermordeten Kameraden das letzte Geleit. Wachtmeister Johannes Kube, wie sein Kollege Hauptwachtmeister Bartusch postum zum Oberkommissar befördert, hinterließ fünf Kinder. Kurt Bartusch einen Sohn, der als Wachtmeister im Kreispolizeiamt diente.

Angehörige aller Polizeisparten marschierten im Trauerzug, der sich vom Alten Markt durch die Spremberger Straße in Richtung Südfriedhof bewegte. Hunderte Cottbuser säumten die Straßenränder. Ein Meer von Kränzen und Blumen. Unter den Klängen des Trauermarsches »Unsterbliche Opfer ...« senkten die Kameraden die beiden Särge ins Erdreich. Ein Zug Schutzpolizisten, der an den offenen Gräbern Aufstellung genommen hatte, schoß drei Salven Ehrensalut.

Und ein Hauptwachtmeister aus dem KPA Guben widmete seinen Kollegen die schwülstig-pathetischen Verse

... Wir werden nicht ruhen, bis einst ist gerächt
die Mordtat der feigen Lakaien.
Man hat euch gemordet in dunkler Nacht,
in ruchloser Bosheit und Tücke,
doch Tausende stehen für euch auf der Wacht
und schließen in Trauer die Lücke ...

Der Ehrensalut über der offenen Gruft

Niemand in dem langen Trauerzug hatte auf den Mann geachtet, der sich mit hochgeschlagenem Mantelkragen hinter der Bahnunterführung Görlitzer Straße in eine halbdunkle Toreinfahrt drückte. Hermann Siebert hätte viel darum gegeben, ihn endlich in die Hand zu bekommen. Aus der sicheren Deckung heraus beobachtete Siegmund Andree voller Haß und Häme, wie man seine beiden Opfer zur letzten Ruhe trug.

Erstes Frühlingsahnen lag in der Luft. Es roch nach feuchter Erde. Die Sonne ließ die Säfte in die Knospen steigen, Schneeglöckchen und Krokusse steckten ihre Köpfe heraus.

»Im Märzen der Bauer die Rösser anspannt, dann setzet er Wiesen und Felder instand«, summte Gottlieb Zenk, während er den schmalen Weg am Priorgraben entlanggradelte, der zu seinem Gartengrundstück führte. Das schöne Wetter hatte Zenk herausgelockt. Im Garten war noch ein Fleckchen Erde umzugraben. Das wollte er an diesem freundlichen Sonntagnachmittag in Angriff nehmen.

Wenn es so etwas wie den Urtyp eines preußischen Eisenbahnbeamten gab, der vierundsechzigjährige Gottlieb Zenk verkörperte ihn. Vom Rottenarbeiter mühsam hochgedient, war er Zugführer im Beamtenstand mit Pensionsberechtigung geworden. Mit dem Beamtentum war es ja nun vorbei, aber Zenks ehrsame Haltung – geradlinig, ehrlich, pflichtbewußt – hatte sich um keinen Deut gewandelt. Nicht einmal im unseligen Kältewinter des Jahres 1947 war es ihm in den Sinn gekommen, Reichsbahnbriketts in seiner bauchigen Zugführertasche nach Hause zu schleppen.

Zenk erreichte den rostigen Drahtzaun, der sein Pachtgrundstück umschloß. Er stieg vom Rad und öffnete die altersschwache Lattentür. Unter dem nackten Geäst der Obstbäume ragte eine kleine Laube auf; eigentlich mehr ein windschiefer Schuppen, aber für wen sollte er jetzt – Zenk stand kurz vor der Rente – noch eine neue Hütte bauen.

Gottlieb Zenk trug die Stangen zusammen, die auf dem vorjährigen Bohnenbeet überwintert hatten. Er lehnte sie kegelförmig an den Kirschbaum. Dann wandte er sich der Laube zu, um den Spaten zu holen. Fluchend stellte er fest, daß das Vorhängeschloß aufgebrochen war. Diebe, war sein erster Gedanke. Er riß die Tür auf, stand verdutzt vor einem Fremden, der seelenruhig in dem morschen Korbsessel saß. Der Unbekannte grinste ihn an. Er hatte die rechte Hand im Mantelausschnitt versenkt und legte den Zeigefinger der linken bedeutsam auf die Lippen. Zenk sah, daß sein kleiner Finger fehlte.

Verdammt! Wo hatte er den Kerl schon mal gesehen? Der Steckbrief! schoß es Zenk im nächsten Moment durch den Kopf. Seit zwei Tagen hingen überall in der Stadt die roten Plakate mit der fettgedruckten Überschrift MORD AN ZWEI VOLKSPOLIZISTEN IN KOTTBUS-STRÖBITZ! Gar keine Frage, das Foto auf dem Steckbrief gehörte zu dem Mann, der jetzt in seiner Laube saß.

»Nanu, was ist denn hier los?« stotterte Zenk. Langsam erholte er sich von seinem Schreck.

»Nix!« entgegente der Fremde. »Gar nix! Am besten, du hast mich gar nicht gesehen! Aber wehe, wenn du den Mund aufmachst, dann ...!« Er lüpfte die Rechte im Mantelausschnitt.

Zenk registrierte die bedrohliche Geste. »Schon gut«, stammelte er, »schon gut. Ich habe nichts gesehen. Ich will bloß den Garten umgraben.«

Unter den wachsamen Blicken des Fremden tastete er nach dem Spaten und ging mit schleppenden Schritten den Gartenweg hinunter, den er mit Abrißziegeln eingefaßt hatte. Die unerwartete Begegnung wühlte den alten Mann auf. Die Gedanken purzelten durcheinander, überschlugen sich. Er stieß den Spaten ins Erdreich, aber bei jeder Bewegung spürte er die lauernden Blicke des Fremden hinter der Laubentür. Was mache ich nur? grübelte er fieberhaft. Der Mann ist doch ein Doppelmörder! Der wird von der Polizei gesucht. Warum ist er gerade bei mir untergekrochen? Links und rechts stehen doch noch andere Lauben, komfortabler als meine. Warum ausgerechnet bei mir?

Plötzlich fiel es ihm wie Schuppen von den Augen. Zenk richtete sich auf, er stützte sich auf den Spatenstiel. Richtig. Der Mann ist ihm schon mal über den Weg gelaufen. Vor Monaten, in der Nähe des Gartens, in ein Gespräch mit Tochter und Schwiegersohn vertieft. Also kannten die beiden den Burschen. Und es war kein Zufall, daß er sich Zenks Laube ausgesucht hatte. Andererseits – Adolf Demmler, der Schwiegersohn, gehörte zur Bahnpolizei. Wie ging das alles zusammen?

Gottlieb Zenk wollte Gewißheit. Viel zu erregt, um die Gartenarbeit jetzt noch fortzusetzen, säuberte er den Spaten und trug ihn zur Laube zurück.

»Hat keinen Zweck mehr«, brummelte er. »Wird ja doch bald dunkel.«

Der ungebetene Gast lachte schief. »Du weißt Bescheid, Opa! Versuch keine Tricks, sonst geht's dir an den Kragen!«

Die Enkelkinder lagen schon im Bett, als Gottlieb Zenk in der Wohnung seiner Tochter erschien.

»Ist was passiert, Vater?« fragte sie, als sie den ernsten Gesichtsausdruck des Alten sah.

»In unserer Laube, Mädel, sitzt der Mörder. Sag, was habt ihr mit ihm zu schaffen?«

Die junge Frau zuckte zusammen. »Gar nichts, Vater. Was sollen wir mit dem zu tun haben?«

»Aber du kennst ihn. Ich hab euch doch zusammen gesehen!«

Sie durchquerte verlegen die Küche, nahm am wachstuchgedeckten Tisch Platz. »Was heißt kennen? Wir haben mal zusammen gesprochen, mehr ist da nicht.«

»Und was ist mit deinem Mann? Der ist bei der Bahnpolizei. Wie man hört, sitzt er seit Wochen im Arrest.«

»Das ist wegen der Waffen, Vater, die im Amt verschwunden sind. Du weißt doch, daß er Nachtdienst hatte. Nun hält man sich eben an ihn.«

Zenk nahm seine Mütze ab, wischte mit einem buntgewürfelten Taschentuch über das Schweißband. »Ich hoffe, du belügst mich nicht«, sagte er bedächtig. »Wir müssen zur Polizei, das Versteck anzeigen.«

Seine Tochter widersprach. »Nein, Vater, wir sollten uns da raushalten!«

»Aber das geht nicht!«

»Bitte, Vater, mir zuliebe. Ich will in die Sache nicht reingezogen werden!«

Zenk schüttelte verzweifelt den Kopf. »So begreif doch, Mädel, der Mann ist ein Mörder! Früher oder später schnappen sie ihn doch. Dann werden sie alles aus ihm herausquetschen, wo er sich versteckt hielt, wer ihm geholfen hat. Willst du, daß man am Ende mit den Fingern auf uns zeigt – das sind die Komplizen eines zweifachen Mörders?« Zenk ließ sich auf den anderen Küchenstuhl fallen.

Seine Tochter schnitt ein gequältes Gesicht. »Und wenn wir noch ein oder zwei Tage warten, Vater? Vielleicht ist er bis dahin wirklich aus der Laube verschwunden, und wir haben überhaupt nichts mehr zu befürchten?«

Gottlieb Zenk ächzte. »Also gut, Mädel.« Er klammerte sich an den dünnen Strohhalm der Hoffnung. Aber schon auf dem Heimweg überkam ihn erneuter Zweifel. Es schien, als spüre er eine unsichtbare Hand, die nach seinem Herzen griff. Dieser Halunke im Garten hat zwei Menschen umgebracht, dachte er beklommen. Kaltblütig und rücksichtslos. Und ich, Gottlieb Zenk, hoffe, daß ihm die Flucht gelingt. Ein Schauder erfaßte den Vierundsechzigjährigen. Einerseits wollte er der Tochter und ihrer Familie keinen Schaden zufügen, aber andererseits gebot ihm sein Gewissen, die Polizei zu benachrichtigen. Ächzend trat Gottlieb Zenk in die Pedalen.

Tags darauf spitzten sich die Ereignisse zu. Gegen 18.00 Uhr erschien Zenk in Begleitung seiner Tochter im Kreispolizeiamt. Die junge Frau folgte ihm höchst widerwillig. Zenks Gerechtigkeitssinn hatte über sämtliche Bedenken gesiegt. Barsch fragte er beim Hausposten nach dem Chef der Mordkommission und gab, nach dem Anliegen seines Besuches gefragt, die Auskunft, er wisse, wo der Polizistenmörder zu finden ist.

Kommissar Siebert musterte den Mann in der Eisenbahneruniform skeptisch. Zenk war nicht der erste Besucher, der vorgab, den Aufenthaltsort des gesuchten Mörders zu wissen. Manche erkundigten sich zuerst nach der ausgelobten Belohnung, bevor sie Willens waren, ihre Vermutungen preiszugeben. Nicht so Gottlieb Zenk. Der kam sofort zur Sache. Schon nach den ersten Sätzen erahnte Siebert die Gewissensqualen, die diesen Mann bedrückten.

»Ihre Entscheidung ist richtig«, sagte Siebert zur Beruhigung. »Das Gericht wird es Ihnen und Ihrer Tochter hoch anrechnen.« Dann trat der Kommissar neben den Stadtplan an der Zimmerwand. Er winkte Zenk zur Karte. »Bitte, zeigen Sie mir, wo Ihr Grundstück liegt.«

Hermann Siebert löste Alarm für die Festnahmegruppe aus, die seit Tagen in Bereitschaft lag. Er instruierte die Männer und schickte sie unter Führung des Cottbuser Kripochefs, Horst Schade, ein weiteres Mal in den Einsatz. Der wievielte seit dem Mordanschlag es war, wußte Siebert selbst nicht mehr.

Das Warten begann. Die Ungewißheit währte neunzig bange Minuten, dann schepperte das Telefon.

»Der Vogel ist ausgeflogen!« meldete Schade. »Die Laube war leer.«

Siebert ließ die Hand sinken, legte den Hörer aber noch nicht auf. Wieder ein Fehlschlag, dachte er voller Grimm und Enttäuschung. Er würde sein Fiasko den Vorgesetzten in der Landeskriminalpolizeiabteilung nicht vorenthalten können. Inspekteur Krauthause erwartete endlich eine Erfolgsmeldung von ihm, kein Wasserschöpfen mit grobmaschigem Sieb, wie er Hermann Sieberts Bemühungen in der letzten Lagebesprechung sehr salopp kritisiert hatte.

»Hallo...? Hallo...? Sind Sie noch dran, Kommissar?« tönte Schades Stimme aus dem Hörer.

Siebert hielt ihn wieder ans Ohr. »Ja, ich höre.«

»Ein paar Decken, Brot und Wurst liegen noch in der Laube. Andree scheint noch nicht lange weg zu sein. Sollen wir die Laube beobachten?«

»Ich denke, es ist besser, ihr zieht euch rasch und unauffällig aus dem Gelände zurück.« Siebert lachte kurz auf. »Wenn wir Glück haben, unternimmt der Fuchs einen Nachtausflug und kehrt bei Tagesanbruch zu seinem Bau zurück. Wäre doch schade, wenn er einen unserer Posten entdeckt.«

16. März 1949. Dieser Mittwoch war der achte Tag der Fahndung. Im Osten färbte sich der Himmel. Fahles Morgenlicht kroch über den Horizont, ließ die verschwommenen Konturen der in milchige Schleier getauchten Bäume, Sträucher, Hecken und Zäune schärfer hervortreten. Die Gartenkolonie lag in friedlicher Stille. Nur in der Ferne bellte ein Hund, war das Rollen eines Schwerlastgüterzuges auf der Ruhländer Strecke zu hören.

Die Männer unter Hermann Sieberts Kommando schlichen vorsichtig auf dem holprigen Pfad voran. Für diesen Einsatz hatte der Kommissar sechs Cottbuser Kriminalisten ausgewählt. Die Männer kannten sich in der Gegend aus. Neblige Schwaden stiegen aus dem Priorgraben, und von den Zweigen der Sträucher tropfte die Nässe.

Gegen vier Uhr früh war der Alarm in die Unterkunftsräume der Einsatzkommandos der Schutzpolizei gefahren. Karabiner wurden ausgegeben. Die Männer kletterten auf die Fahrzeuge und rollten in die vorgesehenen Bereitstellungsräume. Aus den russischen Kasernen im Norden und Süden der Stadt näherten sich Fahrzeugkolonnen der Roten Armee. Der Stadtkommandant hatte befohlen, die deutsche Polizeiaktion mit einem Bataillon sowjetischer Soldaten zu unterstützen.

Gegen fünf Uhr dreißig war das Gelände der Laubenkolonie abgeriegelt. Das Finale konnte beginnen. Hermann Siebert warf sich hinter einem Johannisbeerenstrauch in Deckung. In breiter Linie schwärmten die Polizisten aus. Der Kommissar hielt den

Kolben seiner Dienstpistole umklammert. Konzentriert spähte er zur Laube hinüber. Er musterte die fensterlose Giebelwand, tastete mit den Blicken die verfilzte Kletterstaudengruppe neben der Hütte ab. Im Sommer boten die Pflanzen einen ausgezeichneten Windschutz, aber jetzt raubten sie dem Kommissar einen Teil der Sicht.

Laubengrundstück am Priorgraben

Noch immer war es still. Die Sonne durchbrach den Horizont. Die milchigen Schleier hoben sich, und der fahle Schein im Osten weitete sich zu einem breiten Pinselstrich. Siebert wischte einige Tautropfen von seinem Gesicht. Keine leichte Sache, diese Festnahme, ging es ihm durch den Sinn. Andree ist ein Gewaltmensch, heimatlos, wurzellos. Einer, der eine kriminelle Vergangenheit hat, aber keine Zukunft. Der Krieg hat diese Typen hervorgebracht, die weder Furcht noch Skrupel kennen und auch vor einem rücksichtslosen Gebrauch der Schußwaffe nicht zurückschrecken.

Siebert hob die Hand. In Windeseile verteilte sich sein Einsatzkommando um die Laube. Doch bevor der letzte Mann in Deckung gegangen war, bemerkte Siebert eine schwache Bewegung an der Laubentür. Der Verbrecher steckte in der Hütte, aber das Überraschungsmanöver war mißglückt. Andree hatte die Polizisten entdeckt.

Hermann Siebert legte die Hände trichterförmig vor dem Mund. »Hier ist die Polizei!« rief er laut und weithin vernehmbar. »Sie haben in der Laube keine Chance, Andree! Werfen Sie die Waffe weg! Kommen Sie mit erhobenen Armen heraus!«

Stille. In der Laube rührte sich nichts.

»Hier spricht Polizeikommissar Siebert! Ich fordere Sie auf, sich zu ergeben!«

Der Polizeihauptwachtmeister Kasprzik pirschte sich unterdessen an die Tür heran. Er riskierte zuviel. Die Tür flog auf. Schüsse peitschten ihm entgegen. Kasprzik stieß einen Schrei aus, wohl aus Angst, wie er später zugab, und ließ sich zu Boden fallen. Aber der Hauptwachtmeister war nicht tot, wie alle in diesem Augenblick annahmen. Zwei Kugeln hatten seinen Mantel zerfetzt, er selbst blieb unverletzt.

Von allen Seiten erwiderten die Polizeiangestellten das Feuer. Andree schoß blindlings in den Garten. Der Kugelhagel aus den Waffen der Polizisten zwang ihn, sich tiefer in die Laube zurückziehen.

Obwohl Kasprzik das Herz bis zum Halse schlug, zählt er die Schüsse aus Andrees Parabellum. Sechs ..., sieben ..., acht. Jetzt war das Magazin leer, der Mörder mußte nachladen. Kurt Kasprzik erkannte seine Chance. Er brachte blitzschnell die Waffe in Anschlag, sah, wie Andree, auf den linken Ellenbogen gestützt, das Reservemagazin in den Kolbenschacht der Parabellum stieß, und zog den Abzug seiner Walther PP durch. Der Mörder wurde zur Seite geworfen. Die schwere Nullacht entglitt seiner Hand. Sieberts Leute erstürmten die Laube.

Andree war schwerverletzt, aber bei vollem Bewußtsein. Haßerfüllt starrte er seine Widersacher an. Der Zeigefinger seiner rechten Hand krümmte sich unausgesetzt, als wolle er einen nach dem anderen niederschießen. Die Männer des Einsatzkommandos gaben sich aufgekratzt. Sie trugen Andrees Diebesbeute zusammen: Schuhe, Decken, eine Zeltbahn, Wurst, Brot und Konserven. Nur die Waffen aus dem Bahnpolizeiamt fehlten. Zwölf Pistolen lagen in einem Erdloch hinter der Laube, das die Kriminalisten erst am nächsten Tag entdeckten.

Hermann Siebert ließ seine Männer gewähren. Sie brauchten diese Aktivität, um die Nervenanspannung der letzten Stunden abzubauen. Der Kommissar fühlte sich nur schrecklich müde.

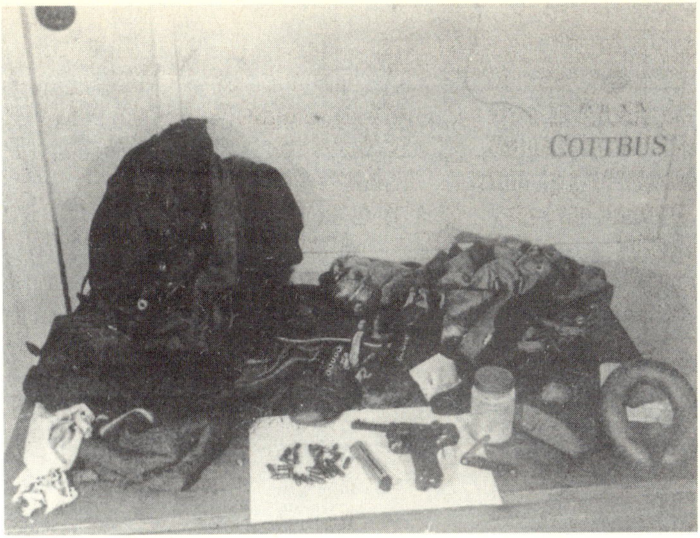

Andrees letzte Diebesbeute und die Mordwaffe

Wie gern hätte er sich in einen stillen Winkel gesetzt und die Augen ein Weilchen geschlossen.

Der Arzt im Krankenhaus, derselbe übrigens, der Hauptwachtmeister Bartusch versorgt hatte, beendete die erste Untersuchung. Er rollte den Schlauch seines Stethoskops zusammen und tippte Hermann Siebert gegen die Brust.

»Nun haben Sie ja Ihren Mörder!« Anerkennung lag in diesen Worten. »Wenn Sie ihn noch etwas fragen wollen, dann sollten Sie sich beeilen, Kommissar. Wir operieren gleich.«

Hermann Siebert nickte dankbar. Er machte es kurz. »Warum haben Sie auf uns geschossen, Andree?«

Der Mann auf dem Krankenlager grinste schwach.

»Sie wollten sich der Festnahme entziehen, stimmt's? Weil Sie die Ströbitzer Polizisten auf dem Gewissen haben!«

Andree blickte finster. Seine Wangenmuskeln zuckten nervös.

»Geben Sie wenigstens das zu!« forderte Siebert.

Andree antwortete mit einem lästerlichen Fluch aus polnischen und russischen Sprachbrocken. »Ja, verdammt! Ich hab sie abgeknallt! Schade, daß ich euch nicht auch erwischt habe!« Seine Kräfte ließen nach. Er sank auf die Lagerstatt zurück und war zu keinem Satz mehr fähig. Minuten später rollte ein Pfleger ihn in den Operationssaal.

Am 17. März 1949 gab die Pressestelle der Landespolizeibehörde eine dürre Acht-Zeilen-Meldung über die Festnahme des Cottbuser Polizistenmörders frei. Die Nachricht erschien in allen Blättern. Walter Franze, der Chefredakteur der »Märkischen Volksstimme«, zeigte sich von der polizeilichen Informationspolitik wenig begeistert. Er drängte auf ausführliche Berichterstattung, die man seiner Zeitung nach einigem Hin und Her für den 18. März zugestand.

Cottbuser Doppelmörder unschädlich gemacht

Seit einiger Zeit häuften sich die Fälle, daß in unserer Zone, und vor allen Dingen in Brandenburg, Großviehdiebstähle und schwere Einbrüche durchgeführt wurden. Nach langen Nachforschungen ist es unserer Polizei gelungen, eine Reihe derartiger Verbrecher, ja ganze Banden festzunehmen, die bezeichnenderweise fast alle in den Westsektoren Berlins beheimatet sind.

Von dort aus unternehmen sie ihre Raubzüge, wobei sie auch vor Waffengebrauch nicht zurückschrecken. Die Brutalität, mit der diese Verbrecher vorgehen, ist am besten am Fall des jetzt erst festgenommenen Cottbuser Doppelmörders zu erkennen. Dieser, ein gewisser Andree aus Westberlin, fuhr mit einem ihm unbekannten Lastwagenfahrer nach Cottbus. Bei einer Fahrzeugkontrolle dort stellten die zwei kontrollierenden Polizisten fest, daß er gefälschte Papiere besaß. Sie forderten ihn auf, den Wagen zu verlassen. Kurz danach zog Andree eine Pistole und schoß die beiden Polizisten nieder. Der Mörder vergaß jedoch, seinen Opfern den ihn belastenden Ausweis wieder abzunehmen. Es gelang der Polizei dadurch, zu ermitteln, um wen es sich handelte und daß Andree ein wegen anderer Verbrechen schon lange gesuchtes Subjekt war. Die Ermittlungsarbeiten ergaben, daß er sich immer noch in Cottbus befinden mußte. Von 600 Polizisten wurde die Stadt tagelang umstellt, bis das Versteck des Mörders gefunden war. In einer Laube hielt er sich verborgen. Nach mehreren vergeblichen Aufforderungen der Polizei, sich zu ergeben, entspann sich ein regelrechtes Feuergefecht. Der Verbrecher wußte, daß er nichts zu verlieren hatte. Durch einen Polizisten gelang es schließlich nach langem Kampf, Andree un-

schädlich zu machen. Bezeichnenderweise führte Andree auch Raubüberfälle in der Uniform des Besatzungsmacht durch. Diese Fälle beweisen wieder einmal, wie gewissenlose Elemente aus Berlin W systematisch versuchen, unsere Zone auszuplündern. Sie sind die wahren Nachschublieferanten des Schwarzen Marktes. Aber unsere Polizei ist wachsam.

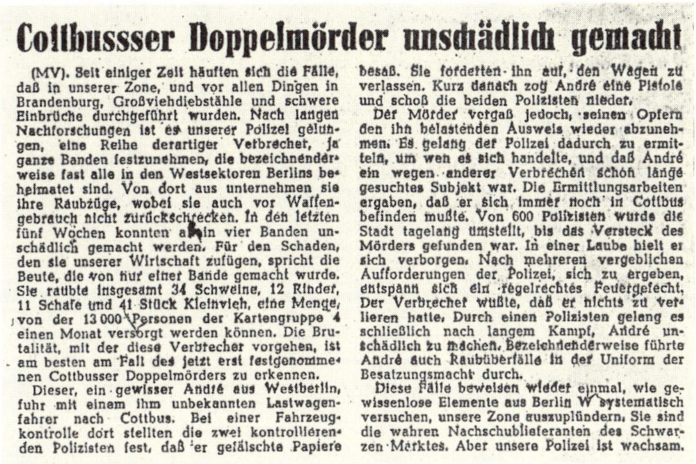

Cottbussser Doppelmörder unschädlich gemacht

(MV). Seit einiger Zeit häuften sich die Fälle, daß in unserer Zone, und vor allen Dingen in Brandenburg, Großviehdiebstähle und schwere Einbrüche durchgeführt wurden. Nach langen Nachforschungen ist es unserer Polizei gelungen, eine Reihe derartiger Verbrecher, ja ganze Banden festzunehmen, die bezeichnenderweise fast alle in den Westsektoren Berlins beheimatet sind. Von dort aus unternehmen sie ihre Raubzüge, wobei sie auch vor Waffengebrauch nicht zurückschrecken. In den letzten fünf Wochen konnten allein vier Banden unschädlich gemacht werden. Für den Schaden, den sie unserer Wirtschaft zufügen, spricht die Beute, die von nur einer Bande gemacht wurde. Sie raubte insgesamt 34 Schweine, 12 Rinder, 11 Schafe und 41 Stück Kleinvieh, eine Menge, von der 13 000 Personen der Kartengruppe 4 einen Monat versorgt werden können. Die Brutalität, mit der diese Verbrecher vorgehen, ist am besten am Fall des jetzt erst festgenommenen Cottbusser Doppelmörders zu erkennen.

Dieser, ein gewisser André aus Westberlin, fuhr mit einem ihm unbekannten Lastwagenfahrer nach Cottbus. Bei einer Fahrzeugkontrolle dort stellten die zwei kontrollierenden Polizisten fest, daß er gefälschte Papiere besaß. Sie forderten ihn auf, den Wagen zu verlassen. Kurz danach zog André eine Pistole und schoß die beiden Polizisten nieder.

Der Mörder vergaß jedoch, seinen Opfern den ihn belastenden Ausweis wieder abzunehmen. Es gelang der Polizei dadurch zu ermitteln, um wen es sich handelte, und daß André ein wegen anderer Verbrechen schon lange gesuchtes Subjekt war. Die Ermittlungsarbeiten ergaben, daß er sich immer noch in Cottbus befinden mußte. Von 600 Polizisten wurde die Stadt tagelang umstellt, bis das Versteck des Mörders gefunden war. In einer Laube hielt er sich verborgen. Nach mehreren vergeblichen Aufforderungen der Polizei, sich zu ergeben, entspann sich ein regelrechtes Feuergefecht. Der Verbrecher wußte, daß er nichts zu verlieren hatte. Durch einen Polizisten gelang es schließlich nach langem Kampf, André unschädlich zu machen. Bezeichnenderweise führte André auch Raubüberfälle in der Uniform der Besatzungsmacht durch.

Diese Fälle beweisen wieder einmal, wie gewissenlose Elemente aus Berlin W systematisch versuchen, unsere Zone auszuplündern. Sie sind die wahren Nachschublieferanten des Schwarzen Marktes. Aber unsere Polizei ist wachsam.

»Märkische Volksstimme« vom 18. 3.1949

Von den russischen Uniformen wußte Hermann Siebert, der die Untersuchung leitete, allerdings nichts. Es fanden sich auch später keine Hinweise in der Akte auf diesen Tatbestand.

Wider Erwarten erholte sich Siegmund Andree rasch. Als die Kriminalisten ihn am 19. März in seinem bewachten Krankenzimmer aufsuchten, hatte er den Schock bereits überwunden. Tiefe Augenringe zeichneten sein blasses Gesicht.

Hermann Siebert beschuldigte ihn erneut des Mordes an den beiden Polizisten Kube und Bartusch. Andree bekannte sich unumwunden zu dem Verbrechen, doch aufgefordert, den Hergang der Tat zu schildern, gab er eine Version zu Protokoll, die dem bisherigen Ermittlungsergebnis zuwiderlief. Andree bestritt rundweg, aus Potsdam gekommen zu sein. Vielmehr sei er in Begriff gewesen, die Stadt Cottbus zu verlassen. Von einem LKW wisse er nichts, und einen Fuhrunternehmer Milarsch aus Dissenchen kenne er gleich gar nicht.

»Ich bin die Straße so langgegangen«, behauptete er stur. »Dachte nix Schlimmes. Da wurde ich aufgefordert stehenzubleiben. Ich war erschrocken. Dachte, das sind Banditen. Hab die Pistole gezogen, gleich geschossen.«

Die Waffe führe er zur eigenen Sicherheit bei sich. Nein, einen Waffenschein besitze er nicht. Und der Westberliner Ausweis sei sein Eigentum. Er habe ihn von der Polizei in Berlin-Schöneberg bekommen. Die Fälschung bestritt er.

»Woher stammen eigentlich die Waffen, die wir in Ihrem Lager gefunden haben?«

»Weiß nicht.«

»Und die Pistole, mit der Sie auf uns geschossen haben?«

»Gekauft.«

»Wo?«

»Kneipe in Westberlin.«

»Halten Sie uns für Idioten, Andree? Die Nummern sämtlicher Waffen sind im Bahnpolizeiamt registriert.«

Andree feixte. »Dann hat sie wohl jemand geklaut.«

»Ja«, sagte Siebert. »Sie!«

»Beweisen, Kommissar! Beweisen müssen Sie das!«

»Wir werden uns alle Mühe geben«, versprach Hermann Siebert ernsthaft. »Jetzt verraten Sie uns bitte noch, wo Sie sich nach dem Mord aufgehalten haben?«

»Weiß ich doch nicht mehr. Mal hier mal da.«

»Unsinn! In der Laube wurden Brot und Wurst gefunden. Also hat Sie jemand mit Lebensmitteln versorgt?«

»Brot und Wurst kann man kaufen«, mokierte sich der Gefangene.

»Ohne Lebensmittelkarten?« hielt Siebert ihm entgegen.

Andree schwieg. Und als der Kommissar ihn unter Hinweis auf die Schuhe und Decken, die in der Laube gefunden wurden, weiterer Einbruchsdiebstähle bezichtigte, kehrte er sein Gesicht demonstrativ zur Wand.

Hermann Siebert begriff: So leicht würde der Widerstand des Mörders nicht zu brechen sein. Die Beweise, über die sie derzeit verfügten, reichten bei weitem nicht aus, um Andree ein umfassendes Geständnis abzuringen.

In der Lagebesprechung der Mordkommission legte Siebert die

nächsten Schritte für ihre Ermittlungen fest. Ein hieb- und stichfestes Schriftgutachten zur Ausweisfälschung mußte her. Dem Ballistiker in der Schußwaffenuntersuchungsstelle waren die beschlagnahmten Pistolen, die Projektile aus den Körpern des ermordeten Polizisten und die gefundenen Hülsen von den Tatorten in der Chausseestraße und in der Laubenkolonie zur vergleichenden Untersuchung vorzulegen.

Kommissar Gladitz meldete sich zu Wort. Ihm war aufgefallen, daß Andree die LKW-Fahrt von Potsdam nach Cottbus partout nicht eingestehen wollte. »Müßte ihm doch völlig Wurscht sein, ob er uns den Namen des Fuhrunternehmers nennt oder nicht. Ich glaube, da steckt mehr dahinter. Warum mauert er?«

Hermann Siebert ging ein Licht auf. »Moment mal.« Er griff nach dem angeschwollenen Aktenband, schlug das Vernehmungsprotokoll des Karl Teumerle auf, las und fand, wonach er suchte. »Gründliche Aktenkenntnis zahlt sich stets aus!« lautete einer von den zehn Standardsprüchen, die Siebert so gern zitierte.

Die Kriminalistik, hatte Siebert in einem alten Polizeilehrbuch gelesen, kennt verschiedene Grundtypen der Vernehmungspraxis: das Sondierungsgespräch, die Abtastvariante, die Zermürbungsstrategie, die Überrumpelungstaktik und das Zickzackverhör. Er, Hermann Siebert, war immer dann erfolgreich gewesen, wenn er nach einem klug durchdachten Vernehmungsplan vorging, wenn er sich auf alle möglichen Ausweichmanöver des Delinquenten eingestellt hatte und er seine Beweise mit unerbittlicher Gründlichkeit aneinanderreihen konnte.

Diese Sachlichkeit prägte dann auch das Verhör, das man neun Tage später Andree im Haftkrankenhaus bereitete. Zu Beginn glaubte er noch, die Männer abermals mit einigen dummen Sprüchen abspeisen zu können, merkte jedoch bald, daß sie sich von ihrer Linie nicht abbringen ließen. Keiner verlor die Ruhe, niemand fauchte oder brüllte ihn an. Ein Beweisgutachten nach dem anderen blätterten Hermann Siebert und Kurt Kasprzik dem Doppelmörder vor. Sein Spielraum wurde eng. Er begriff es sehr wohl und stellte sich auf die neue Situation ein.

»Warum haben Sie in Ströbitz die beiden Polizisten erschossen?«

»Sie wollten mich mitnehmen, weil ich einen Westberliner Ausweis hatte. Auf dem Revier hätten sie doch rausgefunden, daß er gefälscht ist. Und sie hätten meine Pistole entdeckt.«

»Warum sind Sie nach Cottbus gekommen?«

»Nur so. Alte Kumpel besuchen.«

»Merkwürdig. Dem Teumerle haben Sie erzählt, daß Sie Fleisch besorgen müssen. Am Tage nach dem Mord fand dieses Gespräch statt. Sie erinnern sich doch?«

»Der Karle – das Schwein!« Andree war überrascht und wütend zugleich.

»Was haben Sie mit den Einbrüchen und Viehdiebstählen im Kreisgebiet Cottbus zu tun?«

Andrees Augen weiteten sich. »Was für Einbrüche? Wovon reden Sie? Ich weiß von nix!«

Die nächste Frage drückte ihn noch ärger gegen die Wand. »Seit wann sind Sie mit dem Fuhrunternehmer Hans Milarsch befreundet?«

»He, he! Ich habe schon erklärt ...«

Sieberts Handbewegung schnitt den Redefluß ab. »Keine Lügen und keine Ausflüchte mehr! Am 8. März haben Sie sich mit Milarsch in Westberlin getroffen, bei Jupp Pietschmann in der Feurigstraße. So war es verabredet. Ach, Sie wissen nicht, wo die Straße liegt? Dann sag ich's Ihnen. In Schöneberg, gleich hinter dem S-Bahnhof.«

Siegmund Andree erstarrte in seinem Krankenbett. Verdammt, den Kommissar hatte er unterschätzt. Nun grübelte er, wer ihn verpfiffen haben könnte. Allzuviel wußte Teumerle nicht. Milarsch dagegen sehr viel mehr.

Andrees Vermutung traf ins Schwarze. Als Siebert im Vernehmungsprotokoll des Kommandanturfahrers nachgeschlagen hatte, ging es ihm um den Satz: *»Ich bin nur auf zwei oder drei Tage nach Cottbus gekommen, um Fleisch zu besorgen.«*

Fleisch, vermutlich aus Viehdiebstählen, kombinierten die Kriminalisten, und gelangten zu dem Schluß, daß Milarsch das Fleisch auf seinem LKW nach Berlin transportiert haben könnte. Den Überraschungseffekt nutzend, nahmen sie den Fuhrunternehmer fest und ließen ihn in dem Glauben, Andree habe bereits alles ausgeplaudert. Milarsch sah erst recht keinen Grund, aus seinem Herzen eine Mördergrube zu machen.

»Dann will ich Ihrem Gedächtnis ein wenig auf die Sprünge helfen!« Hermann Siebert hielt das Vernehmungsprotokoll des Fuhrunternehmers in der Hand. Er zitierte: *»Im Februar, als Andree vier Tage bei mir wohnte, forderte er mich eines Nachts auf, mit meinem LKW nach Lakoma zu fahren. Kurz vor dem Ortseingang stellte ich fest, daß im Straßengraben ein geschlachtetes Schwein lag. Wir luden es auf und fuhren nach Cottbus zurück. Ein paar Tage später habe ich dann einen Teil des Fleisches mit meinem Fahrzeug nach Westberlin zu Jupp gebracht.«*

Andree lachte amüsiert auf. »Stimmt«, erinnerte er sich. »Ich war mit dem Fahrrad dort. Mußte zweimal vom Stall zur Straße, weil das Schwein so dick war. Hab's in zwei Teile zerhakt.«

»Und der Einbruch im Bahnpolizeiamt?«

»Mein Fehler, daß ich's dem Karle erzählt hab. Hätte die Schnauze halten sollen.«

»Sie geben also zu, daß Sie die Waffen gestohlen und vergraben haben?«

»Wissen Sie doch längst, Kommissar.«

»Wer gab Ihnen den Tip?«

»Bahnpolizist Demmler. Manchmal besuchte ich ihn in der Wohnung. Hat mir 'n Plan von den Kellerräumen aufgemalt.«

»Zwölf Pistolen haben wir gefunden. Wo ist der Rest?«

Andree kicherte. »Verscherbelt.«

»Wo? An wen?«

»Weiß nicht mehr. Die meisten in Berlin.«

Andree begann sein Wissen preiszugeben. Der psychische Druck aus zurückgehaltenem Täterwissen und Furcht vor weiteren Entdeckungen, den jeder Verbrecher nach der Tat in seinem Innern aufstaut, brach sich Bahn, ventilierte in einer Geständnisbereitschaft, die nahezu exhibitionistische Züge annahm. Andree schilderte seine Taten mit beispielloser Kaltblütigkeit, wie Siebert im Schlußbericht vermerkte, des öfteren sogar mit trockenem Humor. Er nannte Verbindungspersonen, Hehler und Mittäter, die umgehend festgenommen wurden. Sein Sündenregister wuchs von Stunde zu Stunde.

Im Juni 1949 hatte er in einem Waldstück bei Neuendorf unter Androhung der Schußwaffe ein Fahrrad geraubt.

Im Mai 1948 stieg er in die Cottbuser Gaststätte Engmann ein, wo er einen Stapel Tischdecken und ein Fahrrad stahl.

Am 25. August 1948 verübte er gemeinsam mit einem Komplizen einen Einbruch auf dem Kugler-Hof in Peitz. Während der Rückfahrt nach Cottbus passierte den beiden eine Motorradpanne. Als sie sich niederhockten, um den Vergaser zu reinigen, tauchte eine Polizeistreife auf. Andree eröffnete sofort das Feuer. Die überraschten Polizisten glaubten, russische Soldaten vor sich zu haben und suchten ihr Heil in der Flucht.

Im August 1948 räumte Andree einen Kaninchenstall in der Holbeinstraße aus.

Im September 1948 erbeutete er in der Parzellenstraße ein Motorrad.

Vier Tage später ließ er in der Werkstatt Hamann ein Radio, Schreibmaschine und eine Bohrmaschine mitgehen.

Am 5. Dezember 1948 startete er seinen Einbruch im Bahnpolizeiamt.

Im Januar 1949 stahl er bei einem Wohnungseinbruch in der Berliner Straße ein Radio.

In der Nacht zum 24. Februar 1949 stieg er in den Stall bei Perko ein.

Am 8. März erschoß er die beiden Polizisten in Ströbitz.

Erheblichen Aufwand betrieb die Mordkommission, um Andrees tatsächliche Identität festzustellen. Aus Guben war die Information gekommen, daß Andree im Jahre 1945 unter dem Namen Oskar Byliak in der Neißestadt lebte. Oft sei er illegal über die Grenze gewechselt und habe sich mit russischen und polnischen Grenzposten herumgeschossen.

Der Untersuchungshäftling räumte den Vorhalt ein, blieb aber bei seiner Aussage, den gefälschten Nagursky-Ausweis in Westberlin erhalten zu haben. Sein polnischer Geburtsname laute Zygmund Andrezy, auf gut Deutsch eben Siegmund Andree.

Das Gezerre um den verfälschten Ausweis wurde dem Polizeioberwachtmeister Edmund Modzynski zum Verhängnis. Eine Zeugin meldete sich im Kreispolizeiamt und erklärte, daß der Kriminalangestellte anläßlich eines Zechgelages in ihrer Gaststätte einen alten Personalausweis herumgereicht habe, auf dem ein Foto des gesuchten Doppelmörders zu erkennen war.

Der Oberwachtmeister wurde von seinen Kollegen festgenommen. Zwar konnte er den Vorwurf der Begünstigung des Doppelmörders entkräften – der Ausweis hatte tatsächlich nichts mit Andree zu tun –, aber der Makel, im Alkoholrausch über dienstliche Angelegenheiten geschwätzt und Kontakte zur Cottbuser Ganovenszene unterhalten zu haben, brachte ihm die Entlassung aus dem Polizeidienst ein.

Polizeiinspekteur Krauthause, seit Beginn des Jahres 1949 Chef in der Landeskriminalpolizeiabteilung, und sein Adlatus, Oberpolizeirat Radak, reisten aus Potsdam an.

Die beiden hochrangigen Kripo-Offiziere sollten die Verbindungen des Doppelmörders in die Cottbuser Polizeistrukturen aufdecken. Neben dem Bahnpolizisten Adolf Demmler hatte Andree bei einer weiteren Vernehmung den Namen des Polizeiangestellten Jungheller fallen lassen. Der Wachtmeister wurde festgenommen und gestand, von den Viehdiebstählen gewußt zu haben.

Am 27. April 1949 wurden die Untersuchungen abgeschlossen. Hermann Siebert unterschrieb den Schlußbericht der Mordkommission und verfügte die Akte z. gfl. Kenntnisnahme und weiteren Veranlassung an den Herrn Staatsanwalt beim Landgericht Cottbus.

Am 12. Mai 1949 begann der Prozeß gegen Siegmund Andree und Komplizen. Um das Ansehen der Polizei in der Öffentlichkeit aufzuwerten, hatten die Richter den großen Saal der Gaststätte »Barbarina« als Verhandlungsort bestimmt. Das in der Roßstraße/Ecke Berliner Platz gelegene Lokal ist älteren Cottbusern noch unter dem Namen »Stadtsäle« in Erinnerung.

Zehn Mitangeklagte wurden neben Andree in den Saal geführt. Milarsch und Sohn mußten ebenso auf der Anklagebank Platz nehmen wie die ehemaligen Polizisten Demmler und Jungheller, Gottlieb Zenk und Tochter, ein Schneidermeister, ein Kellnerlehrling und zwei Frauen, bei denen Andree zeitweilig Unterschlupf gefunden hatte. Lediglich Teumerle, der Kommandanturfahrer, fehlte »Auf Wunsch einer höheren Behörde«, wie in den Akten nachzulesen ist, »aus der Untersuchungshaft entlassen. Eine Begründung wurde nicht gegeben«.

Auf der Bühnenseite des Saales stand ein Podest für den vorsitzenden Richter und die Geschworenen. Davor ein einfacher Holztisch, an dem die Angeklagten während ihrer Einvernahme durch das Gericht Platz nehmen durften. Etwas weiter links, schräg zur Richtertribüne, drei Stuhlreihen für die übrigen Angeklagten und das uniformierte Wachpersonal.

Verhandelt wurden Andrees Mordverbrechen, der nach Befehl Nr. 2 des alliierten Kontrollrates in Deutschland verbotene Waffenbesitz und neun weitere Delikte des räuberischen und schweren Diebstahls.

Unter den aufgebotenen Zeugen befand sich auch Hermann Siebert, der am 1. Mai zum Oberkommissar befördert worden war. Ausführlich schilderte der aus Potsdam angereiste Mordspezialist dem Gericht den Verlauf der Ermittlungen und die turbulente Festnahmeaktion in der Laubenkolonie.

»Zu Beginn der Ermittlungen hatte es den Anschein, als ob im Ergebnis eine Bande in Erscheinung treten müßte. Die geführten

Doppelmörder Andree vor dem Cottbuser Schwurgericht

Ermittlungen ergaben jedoch, daß man es bei Andree mit einem ausgeprägten Einzelgänger zu tun hat, der höchstenfalls einen Mann ins Vertrauen zog, sonst aber für sich blieb, woraus sich auch die äußerst langwierigen Ermittlungen ergaben«, resümierte der frischgebackene Oberkommissar.

Sechsundzwanzig Jahre alt war Siegmund Andree, als er vor dem Cottbuser Schwurgericht die Bilanz seines Lebens zog: *»Etwa acht Wochen nach dem Einmarsch der deutschen Wehrmacht wurde ich mit noch mehreren Personen aus Stry in Ost-*

polen nach Deutschland zur Arbeit verbracht. Es stimmt, daß ich, wie zuerst gesagt, nach Hamburg kam. Infolge der später einsetzenden Bombenangriffe entlief ich der Arbeit und begab mich wieder in meinen Heimatort. Dort angekommen, mußte ich feststellen, daß ich schon von der Polizei gesucht wurde. Da ich nicht wieder nach Deutschland wollte, fuhr ich nach Lemberg. Bei einer Bahnhofsrazzia wurde ich jedoch erneut aufgegriffen und kam wieder nach Deutschland, und zwar diesmal in die Finsterwalder Maschinen AG. Bei der Festnahme gab ich den Namen Oskar Byliak an, um nicht wegen meiner Flucht aus Hamburg bestraft zu werden. An den genauen Zeitpunkt meines Arbeitsbeginns in Finsterwalde kann ich mich nicht genau erinnern, es kann stimmen, so wie mir vorgehalten wird, daß es im Juni 1942 war. In der FIMAG arbeitete ich dann bis zum Einmarsch der Roten Armee als Elektroschweißer. Während meiner dortigen Arbeitstätigkeit wohnte ich im Lager. Im Zuge der Repatriierung wurde ich durch die polnische Militärmission nach Polen zurückgeführt. Aber nach Stry konnte ich nicht mehr. Dort waren jetzt die Russen. Meine Heimat war sowjetisches Staatsgebiet geworden. Und meine Angehörigen, so hörte ich von Bekannten, waren alle umgekommen. Da entschied ich mich, nach Deutschland zurückzugehen. Bei Guben überquerte ich die Neiße. Ich brachte aus Polen eine belgische Pistole FN mit, und als am Neißeufer eine Streife der Roten Armee auf mich traf, schoß ich auf sie und flüchtete nach Cottbus. Zum größten Teil lebte ich nun von Schiebergeschäften, zum anderen Teil von Einbrüchen, die ich verübte.«

Mit dem Satz »Andree ist ein genau berechnender Gewaltverbrecher, der vor nichts zurückschreckt, ein asozialer Mensch, der bewußt jeder ehrlichen Arbeit ausweicht«, charakterisierte Hermann Siebert den Doppelmörder vor dem Schwurgericht. Ein Persönlichkeitsurteil, das gewiß nicht an der Wahrheit vorbeiging, dennoch wird man Andrees Verbrecherkarriere nur dann richtig deuten können, wenn man sie in die Wechselbeziehungen von gesellschaftlichen Verhältnissen und persönlichen Lebensumständen ohne Vorurteile einordnet.

Und so schrieb dann auch der Berichterstatter der »Märkischen Volksstimme« am 13. Mai 1949 unter der Schlagzeile

GERECHTE STRAFE FÜR DOPPELMÖRDER ANDREE:
... Ein Überblick über das Leben Andrees zeigte noch einmal die ganze Verworfenheit des Nazisystems auf. Von der SS nach Hamburg verschleppt, floh er und kehrte nach Hause zurück. Nach nochmaliger Festnahme mußte er einen anderen Namen annehmen und begann von kleineren Diebstählen zu leben. Nach dem Zusammenbruch geriet er weiter auf die abschüssige Bahn und führte ein regelrechtes Schieberleben ...

Hermann Siebert, der nach seiner Zeugenaussage dem weiteren Prozeßverlauf im Zuschauerraum verfolgte, hatte einen bitteren Geschmack im Mund. War es müßig, darüber nachzudenken, ob Andree, wäre ihm die Rückkehr in seine Heimat und damit in ein geordnetes Leben nicht verwehrt gewesen, auch den Weg des Verbrechens gewählt hätte?

Das Gericht wich dieser Frage tunlichst aus. Der Abtritt polnischer Ostgebiete an die UdSSR war von den alliierten Großmächten in Jalta und Potsdam vereinbart worden; nicht einmal die Polen wurden nach ihren Interessen befragt.

Andrees Verteidiger, Dr. Ransohoff, wies gebührend auf die sozialen Hintergründe der Verbrechenskette hin. Angesichts der Beweislage gab es für ihn keine Zweifel an der individuellen Schuld seines Mandanten. Er bat das Gericht um ein mildes Urteil. Es möge doch berücksichtigen, daß Andree, geprägt von der Kriegs- und Nachkriegszeit, nicht mehr aus eigener Kraft in die geordneten Lebensbahnen zurückgefunden hatte.

Die Geschworenen folgten den Strafanträgen des Vertreters der Anklage, Staatsanwalt Ruck. In den späten Nachtstunden verlas der Vorsitzende die Urteile*: »Der Angeklagte Siegmund Andree wird wegen doppelten Mordes, verbotenen Waffenbesitzes, räuberischen Diebstahls und schweren Diebstahls in neun Fällen, strafbar als Verbrechen gemäß § 211, 252, 243, Ziffern 2,3 und 5 sowie § 74 des Strafgesetzbuches und Befehl Nr. 2 des Alliierten Kontrollrates in Deutschland vom 7.1.1946 dreimal zum Tode und zu einer Gesamtstrafe von 15 Jahren Zuchthaus und dauerndem Verlust der bürgerlichen Ehrenrechte verurteilt.«*

Für die Mitangeklagten ergingen Freiheitsstrafen zwischen 15 Jahren Zuchthaus und eineinhalb Jahren Gefängnis. Gottlieb Zenk, Milarsch junior und der Kellnerlehrling wurden von der Anklage freigesprochen.

Unterstützt von seinem Verteidiger, richtete Andree ein Gnadengesuch an den Präsidenten des Landtages Brandenburg. Er bat um die Abwandlung des Todesurteils in eine lebenslange Freiheitsstrafe.

Am 21. September 1949 wurde das Gesuch nach gründlicher Prüfung der Aktenlage abgelehnt. Ein zweifacher Polizistenmörder verdiente keine Gnade. Andree wurde in die Strafvollzugsanstalt Frankfurt/Oder übergeführt. Am 13. April 1950, um sechs Uhr morgens, endete sein Leben unter dem Fallbeil des Köpenicker Scharfrichters Engelmann.

Volkspolizeimeister Kurt Kasprzik, KPA Cottbus

Im Heft 4/1949 der Zeitschrift „Die Volkspolizei" mußten wir von der Ermordung zweier Kameraden, des Hauptwachtmeisters Kurt Bartusch und des Wachtmeisters Johannes Kube am 8. März 1949 in Cottbus berichten. Die Kameraden waren bei der Kontrolle eines LKW von einem Mitfahrenden erschossen worden.

Am 16. März 1949 gelang es, den Doppelmörder Siegmund Andre in einem Laubengelände der Umgebung von Cottbus zu stellen, wo er sich versteckt hielt. Auf die Aufforderung herauszukommen, eröffnete der Verbrecher sofort das Feuer auf die Kameraden. Polizeimeister Kasprzik, der sich in diesem Moment in 6 m Entfernung im Schußfeld befand und zwei Durchschüsse durch den Mantel erhalten hatte, ohne verwundet zu sein, ließ sich sofort zu Boden fallen und rief um Hilfe. Er erweckte dadurch bei dem Verbrecher den Anschein, getroffen zu sein und lenkte die Aufmerksamkeit von sich ab. In dem Moment, als er am Durchladen der Waffe hörte, daß der Verbrecher infolge einer Ladehemmung nicht schußbereit war, schoß er aus der liegenden Stellung seinerseits auf Andre und brachte ihm einen Mundstreifschuß bei, ohne ihn jedoch sofort kampfunfähig zu machen. Erst nach zwei weiteren Schüssen brach der Verbrecher, der bis dahin zurückgeschossen hatte, zusammen und gab den Widerstand auf.

Durch das geistesgegenwärtige und mutige Verhalten des Polizeimeister Kasprzik gelang es, einen Schwerverbrecher unschädlich zu machen, der neben den beiden Morden an den Volkspolizisten Kube und Bartusch unzählige Einbrüche und Raubüberfälle ausgeführt hatte.

Polizeimeister Kurt Kasprzik wurde am 5. 10. 1921 in Cottbus als Sohn eines Arbeiters geboren. Nach dem Besuch der Volksschule erlernte er das Teppichweber-Handwerk. Seit September 1945 gehört er der Volkspolizei in Cottbus an. Nach dem Besuch der Landespolizeischule Biesenthal trat Kasprzik zur Kriminalpolizei über und wurde nach entsprechender Ausbildung der Mordkommission zugeteilt. Im Jahre 1948 gelang es Kasprzik, von sechs bearbeiteten Mordfällen drei selbst aufzuklären, während er an der Aufklärung eines vierten Mordfalles beteiligt war. Neben seiner dienstlichen Tätigkeit beteiligt sich Kamerad Kasprzik aktiv an der gesellschaftlichen Arbeit in der Volkspolizei und in den demokratischen Organisationen. Polizeimeister Kasprzik ist das Beispiel eines aus der Arbeiterschaft stammenden Volkspolizisten, der eifrig und gewissenhaft dem werktätigen Volke dient.

In der »Märkischen Volksstimme« erschien die kurze Notiz: *Das gegen Siegmund Andree wegen Mordes verhängte Todesurteil des Schwurgerichtes in Cottbus wurde am 13.4.1950 vollstreckt.*

Zwei Zeilen Petit beendeten den aufsehenerregenden Fall des Polizistenmörders von Cottbus.

Der siebenundzwanzigjährige Kurt Kasprzik, der mit glücklicher Hand den Schußwechsel zugunsten der Polizei in der Laubenkolonie am Priorgraben entscheiden konnte, wurde zum Polizeimeister befördert. Er war der Held des Tages. Am 1. Juni 1949 heftete ihm die ostdeutsche Polizeiführung das soeben gestiftete »Ehrenzeichen der Deutschen Volkspolizei« an die Brust. Die Fachzeitschrift »Die Volkspolizei« widmete ihm in ihrer Ausgabe 7/1949 einen ganzseitigen Artikel unter der Überschrift Das ist die Volkspolizei. Ausdrücklich lobte die Redaktion: *Neben seiner dienstlichen Tätigkeit beteiligt sich Kamerad Kasprzik aktiv an der gesellschaftlichen Arbeit in der Volkspolizei und in den demokratischen Organisationen. Polizeimeister Kasprzik ist das Beispiel eines aus der Arbeiterschaft stammenden Volkspolizisten, der eifrig und gewissenhaft dem werktätigen Volk dient.*

Nur zwei Jahre später geriet der »gewissenhafte Diener des werktätigen Volkes« in zunehmenden Widerspruch zu seinen Vorgesetzten. Als er bald darauf den Dienst quittierte und gar noch die DDR verließ, wurde der Name des Helden aus den Annalen der Cottbuser Polizeigeschichte getilgt.

Nicht viel anders erging es dem Leiter der Kreiskriminalpolizeiabteilung Horst Schade. Am 1. Mai 1949 zum Oberkommissar befördert, erfolgte 1950 seine Entlassung auf der Grundlage des Sicherheitsbefehls Nr. 2 des Präsidenten der Deutschen Verwaltung des Innern vom 14. Januar 1949. Schade war während des Krieges in westliche Kriegsgefangenschaft geraten und galt nun – sowjetischer Sicherheitsdoktrin folgend – als untragbares Personalrisiko. Vom »treuen Sohn der Arbeiterschaft« bis zum »abtrünnigen Verräter« war es immer nur ein kleiner Schritt.

Die Akten des Falles Andree verstauben seither in den Archivregalen. Hermann Siebert, der 1974 verstarb, hat noch oft von seinem größten Fall erzählt.

ARSEN

Der Weihnachtsmann aus Jüterbog
1955

»Sassnitz. Alles aussteigen!« Blechern und verzerrt dröhnte die Stimme aus dem Lautsprecher.

Annelie Dambek ergriff ihren Koffer, öffnete die Waggontür und ging, ohne sich auf dem Bahnhof noch einmal umzusehen, schnurstracks zum Ausgang. Ein ungemütlicher Wind fuhr der jungen Frau auf dem Vorplatz entgegen. Er brachte eine Handvoll Schneeflocken mit, wirbelte Papierfetzen auf und blies sie über die wie ausgestorben wirkende Straße, die hinunter in den Fährhafen führte. Allgegenwärtig war dieser rauhe Wind im Januar an der Ostseeküste. Die Abenddämmerung hatte sich über die Insel Rügen gelegt. Wie ein schmales Band erstreckten sich die Lichterketten des Ortes über mehrere Kilometer dahin, im Nordwesten von den Kreidehöhen und im Südosten von den Meereswellen begrenzt.

Annelie trug ihr Gepäck zur Bushaltestelle. Das altersschwache Gefährt brachte ein gutes Dutzend jüngerer Frauen, die sich nach und nach auf dem Bahnhofsvorplatz eingefunden hatten, bis zum Wohnlager des VEB Fischkombinates. Zwischen Sassnitz und Dwassieden war in den letzten Jahren eine Wohnbarackenstadt für Hunderte von Arbeitskräften entstanden. Seit dem 26. Februar 1954 arbeitete Annelie Dambeck im Kombinat. Der Abschied aus dem heimatlichen Kaltenhausen hatte ihr zwiespältige Gefühle beschert. Annelie liebte die winzige Gemeinde im Niederen Fläming. Sie war dort aufgewachsen, hatte in Kloster Zinna die Schule besucht. Sie dachte an das prächtige Herrenhaus Bohnstedt, an das ehemalige Rittergut – heute volkseigen – und an die Siedlung mit den flachen Reihenhäusern, in denen früher wie heute die Familien der Landarbeiter lebten. Düstere, kleine Wohnungen mit Küche, zwei Zimmern, einem überaus schmalen Flur und den notdürftig ausgebauten Dachkammern. Bis zu zehn Personen und mehr hausten darin. Bei den Dambeks waren es acht. Eng war es immer bei ihnen zugegangen, eng und spürbar trostlos. Vaters Tätigkeit als Wächter auf dem Volkseigenen Gut brachte nicht viel ein. Die Mutter, abgearbeitet und gereizt von der Plackerei auf den Feldern, verfiel häufig ins Barmen. An ihr, der vierzehnjährigen Annelie, war das Famliencha-os hängengeblieben. Sie hatte nichts gelernt, war aus den elterlichen vier Wänden und dem Stückchen Kaltenhausen fast nie herausgekommen. Nüchtern und hart lief ihr Alltag seit der Schulentlassung ab. Immer gab es etwas zu waschen, waren die jüngeren Geschwister zu versorgen, hatte die Verantwortung für das Federvieh, die Kaninchen und den kleinen Garten auf ihr gelastet. Manchmal war Annelie von Mutlosigkeit überwältigt worden. Dabei war sie doch jung, wollte wie die anderen etwas erleben. Nicht einmal mit den Jungen hatte sie Glück. Sie war beileibe nicht häßlich, nein, das nicht, wohl eher ein bißchen zu unauffällig. Zuneigung und Zärtlichkeit erwartete sie, nicht diese Ruppigkeit, mit der manche Männer nach den Wochenendtanzvergnügungen bei ihr zum Ziel gelangen wollten. Zuweilen hatte sie die Eltern, die ihr alles aufbürdeten, verachtet. Nein, so wie sie wollte sie nicht leben. Elfi, die jüngere Schwester, war klüger gewesen, die hatte sich bald nach der Schulentlassung davongemacht. Lebte in Sassnitz, verdiente gutes Geld. Komm her, hatte sie vor einem reichlichen Jahr geschrieben, bei uns im Fischkombinat suchen sie händeringend nach Arbeitskräften.

Schlingernd nahm der Bus die Einfahrt zur Wohnbarackenstadt. Annelies Urlaub ging unweigerlich zu Ende. Das Weihnachtsfest 1954 und den anschließenden Jahreswechsel hatte sie bei den Eltern in Kaltenhausen verbracht.

Der Bus stoppte. Der Fahrer, ein ältlicher Mann um die sechzig, drehte sich um, schob seine Mütze ins Genick und sagte unter anzüglichem Grinsen: »Bitte sehr, die Damen – Schlafstadt Dwassieden! Wer jetzt noch ’ne Wärmflasche fürs Bett will, der wende sich vertrauensvoll an Olli Janke. Beste Referenzen. Diskretion zugesagt.«

Die Frauen lachten. »Mit dir spillerigem Hering ist doch kein Staat zu machen!« antwortete eine schlagfertig.

Annelie Dambeck stieg als letzte aus. Sich irgendwo vorzudrängen gehörte nicht zu ihrem Wesen. Während der Pulk der Frauen sich nach und nach auf der Straße auflöste, trug Annelie ihren Koffer zur dritten Baracke. Sie bewohnte das Zimmer 40. Licht sickerte unter der Tür hervor. Ihre Zimmergenossin, die etwa gleichaltrige Erika Wandelt aus dem mecklenburgischen Triebsees, war schon angereist.

»Komm rein!« rief die junge Frau fröhlich. »Ich hab gerade Tee gebrüht. Trinkst doch auch 'ne Tasse, oder?« Sie umarmten sich zur Begrüßung. Erika arbeitete als Krankenschwester im Betriebsambulatorium. »Wie war die Fahrt? Hat's dir im Urlaub gefallen?«

Annelie Dambek legte den Mantel ab. Sie zog ihre Schuhe aus und massierte sich die Füße. »Herrlich, wenn man so hübsch empfangen wird«, sagte sie, und griff nach der Teetasse.

»Nun erzähl schon.«

»Was soll schon gewesen sein? Es war wie immer. Karnickelbraten zum Fest. Ein paar Süßigkeiten. Vater hat sich einen angetütert. Mutter hat sich aufgeregt, da ist er vor lauter Ärger schon am Tage ins Bett gekrochen.«

»Und? Keine Geschenke?«

»Ach, das Übliche: Ein neues Kopftuch, ein warmer Schal. Ein bissel Parfüm. 'ne Tafel Schokolade, Äpfel, Nüsse. Na und bei dir?«

»Mein Verlobter hat mir einen Ring geschenkt.« Erika hielt ihre Rechte hoch, die Finger gespreizt, drehte die Hand, bis der blaue Stein im Licht der Deckenlampe zu glitzern begann.

Annelie bewunderte das Geschenk. »Ist der Stein wirklich echt?« fragte sie atemlos.

Die Krankenschwester lachte hell auf. »Du bist vielleicht naiv, Herzchen. Mein Krischan ist kein Krösus. Ganz gleich, ob echt oder nicht, mir gefällt der Ring. Ich finde ihn schick.«

Annelie stellte die leere Tasse auf den Tisch. »War Elfi denn mal hier?« erkundigte sie sich.

»Deine Schwester? Nee, hat sich nicht blicken lassen. Vermutlich beim neuen Freund in Stralsund. Scheint wohl was Festeres zu sein.« Erika Wandelt goß noch einmal Tee nach. »Dafür war Marlen vor Weihnachten hier, deine Zwillingsschwester. Sie meinte, daß sie bei Elfi ein paar Tage Urlaub macht. Ich hab sie eingeladen, länger zu bleiben. Aber Silvester wollte sie schon wieder in Luckenwalde sein.« Sie pustete eine Locke aus ihrer Stirn. »Weißt du was, Anne, ich glaube, deine Schwestern haben mehr

Glück bei den Männern als du. Du bist zu schüchtern. Paß nur auf, am Ende kommen die beiden noch vor dir unter die Haube.«

Annelie erhob sich. Sie klappte den Pappkoffer auf und begann die Wäsche, die sie mitgebracht hatte, im Schrank zu verstauen. Das lenkte ab. Die Freundin hatte einen wunden Punkt berührt. Sie hatte es nicht böse gemeint, nein, das gewiß nicht, aber es schmerzte, denn im Grunde hatte sie recht.

Eine halbe Stunde später legten sich die beiden Frauen zu Bett. Annelie zog ihre Decke bis zum Kinn. Sinnend starrte sie zur Zimmerdecke. Erika Wandelt gähnte herzhaft. Bevor sie das Licht löschte, sagte sie plötzlich: »Ach ja, für dich ist auch ein Päckchen gekommen, Anne. Mußt es dir selber auf der Hauptpost abholen, haben sie gesagt. Beim Pförtner liegt so'n Benachrichtigungsschein.«

VEB Fischkombinat Sassnitz

Am Nachmittag des 5. Januar 1955, kurz nach Schichtende, verließ Annelie Dambek das Gelände des Fischkombinates. Sie fuhr mit dem Bus nach Sassnitz hinüber.

1949 war das Kombinat gegründet worden. Als die aus zwölf 17-Meter-Kuttern bestehende Fischereiflotte von ihrer ersten Fangreise zurückgekehrt war, hatte es noch keine Anlegebrücken, keine Fischhallen und keine Eisfabrik gegeben. Bereits 1953 verfügte der Betrieb über eine Flotte von 189 Kuttern, und die Fischverarbeitung besorgten inzwischen fast achthundert Frauen im neuen Verarbeitungswerk. Aus allen Teilen der Republik hatte man die

Arbeitskräfte anwerben müssen. Wohnraum war knapp geworden, und so entstand das Wohnlager bei Dwassieden, in dem auch Annelie Dambek bei Arbeitsantritt ihre Unterkunft erhielt.

Das Postamt lag im alten Sassnitzer Ortskern. Annelie betrat den Schalterraum. »Ich soll hier ein Paket abholen«, sagte sie und wies ihre Benachrichtigung vor.

»Ach ja, vom ›Weihnachtsmann aus Jüterbog‹«, lachte die Postangestellte. Sie händigte ihr das Päckchen gegen Unterschrift aus.

Annelie verstand die Anspielung nicht sogleich. Sie nahm die Sendung in Empfang. Ein Päckchen von der Größe eines mittleren Schuhkartons, eingeschlagen in graubraunes Packpapier, mit Papierbindfaden umschnürt, wie man ihn in der Landwirtschaft zum Zubinden von Getreide- oder Kartoffelsäcken verwendete.

Ja, das Päkchen trug ihre Anschrift, war aber nicht – wie sonst üblich – mit Tinte oder Kopierstift geschrieben, sondern in sauberen Druckbuchstaben aufgestempelt. Es versteht sich, daß Annelie gespannt war, wem sie die nette Überraschung zu verdanken hatte. Sie suchte nach dem Absender. Und jetzt verstand sie auch das Lächeln der Schalterangestelllten. Da stand tatsächlich als blaßblauer Stempelabdruck »Der Weihnachtsmann aus Jüterbog«.

Kopfschüttelnd fuhr Annelie zum Wohnlager zurück. Vor dem Eingang des Betriebsambulatoriums lief ihr Erika Wandelt über den Weg. Gemeinsam liefen sie zur Unterkunft. Schon unterwegs schielte Erika mit einem halben Auge auf das Paket in Annelies Händen. Im Zimmer angelangt, bezähmte sie ihre Neugier kaum noch. »Willst du nicht wissen, was in dem Paket ist?« gieperte sie. »Pack endlich aus, Anne!«

Es war tatsächlich ein Schuhkarton, der unter dem graubraunen Packpapier zum Vorschein kam. Annelie hob den Deckel ab. Sofort roch es nach Äpfeln und Nüssen. Ein Fläschchen Lavendelwasser steckte in dem Karton, eine Packung Pralinen und, in Zellophanpapier eingeschlagen, ein großes Lebenkuchenherz. Eigentlich waren es zwei, denn der Bäcker oder der Absender hatte sie mit den Unterseiten aneinander geklebt.

»Donnerwetter!« lachte die Krankenschwester. »Von wem hast du denn das Paket?«

Annelie wies wortlos auf den Stempelabduck.

»Klingt ja lustig. Und wer ist dein geheimnisvoller ›Weihnachtsmann aus Jüterbog‹?«

»Ich habe keine Ahnung.«

»Na hör mal, du wirst doch wissen, wer dir dieses Weihnachtspaket geschickt hat?«

»Glaub mir, Erika. Ich habe nicht die geringste Ahnung.«

»Bestimmt warst du Weihnachten zum Tanz und hast eine Eroberung gemacht. Also sag schon, wer ist dein Verehrer!«

»Ganz bestimmt nicht«, versicherte Annelie. Der Gedanke, daß die Freundin ihr eine solche Eroberung zutrauen konnte, gefiel ihr durchaus, aber in der Tat, es gab ihn nicht. Leider, leider, seufzte sie innerlich betrübt.

Noch einmal durchwühlten sie das Päckchen, doch es fand sich kein Kartengruß, kein beigelegter Zettel oder irgendein anderer Hinweis, der über den Absender Aufschluß geben könnte. Die Herkunft des verspäteten Weihnachtsgeschenkes blieb unklar, was die beiden Mädchen aber nicht daran hinderte, noch am gleichen Abend von den Nüssen und Pralinen kräftig zu naschen.

Am folgenden Morgen hatten sie frei. Ihre Schicht begann erst am Nachmittag. So lagen die Frauen etwas länger in den Betten. Sie räkelten sich faul, bis Annelie auf die Idee kam, anstelle des Frühstückes einen neuerlichen Griff in das Geschenkpaket zu tun. Sie reichte den Karton ihrer Freundin.

»Ich probier mal den Pfefferkuchen«, sagte Erika. Sie griff nach dem Herz, schnupperte erwartungsvoll am Gebäck und tat dann einen kräftigen Biß. »Mhm«, muffelte sie mit vollem Mund, verzog ihre Miene aber plötzlich um den Bruchteil einer Winzigkeit. »Schmeckt ein bißchen eigenartig«, behauptete sie. »Nach Hirschhornsalz, als hätte sich der Bäcker beim Würzen vertan.«

Auch Annelie biß nun in den Pfefferkuchen. »Ich kann nichts feststellen.« Sie begann zu kauen, schluckte. Und dann war plötzlich dieses Brennen in der Speiseröhre, das auf den Mund übergriff, die Zunge zu ätzen schien. »Du hast recht«, jappste sie. »Ich muß was trinken.« Sie sprang aus dem Bett, lief über den Korridor in den Waschraum der Barackengemeinschaft. Das Wasser aus der Leitung linderte nichts, es schien die brennende Wirkung eher noch zu verstärken.

Annelie Dambek lief ins Zimmer zurück. Dort kniete Erika,

die ausgebildete Krankenschwester, neben ihrer Sanitätstasche und kramte ein braunes Fläschchen hervor. »Magentropfen«, kommentierte sie. »Bestimmt hilft uns das!«

Es half nicht. Minuten später setzte heftiges Erbrechen ein. Die Mädchen schleppten sich in den Waschraum. Ihr erbärmliches Stöhnen rief zwei Frauen aus dem Nachbarzimmer herbei.

»Bringt uns ins Ambu!« ächzte Erika, während Annelie »Lieber Gott, laß mich nicht sterben!« rief. »Mir ist so furchtbar übel!«

Der Betriebsarzt, Dr. Matatke, tat das Nächstliegende. Er verordnete Magenspülungen. Seinem ersten Eindruck zufolge hatten sich die beiden jungen Frauen schlicht und einfach überfressen. Nach den Hungerjahren in Deutschland, die glücklicherweise überwunden waren, kam es schon mal vor, daß jemand seine Gier auf süßes Naschwerk nicht zu zügeln vermochte. Doch die Erbrechensattacken hielten an. In zunehmend kürzeren Intervallen wurden die Frauen von Krämpfen geschüttelt. Das brachte Matatke auf die Idee, daß eine Lebensmittelvergiftung vorliegen könnte.

»Haben Sie in der Kantine gefrühstückt?« forschte er entsetzt. Der Gedanke an eine Epidemie, die sich unter Umständen auf das gesamte Wohnlager ausdehnen konnte, trieb ihm den Angstschweiß auf die Stirn.

»Nein. Pfefferkuchen«, reagierte Erika Wandelt schwach.

»Woher?«

»Im Paket, das Annelie bekommen hat. Schmeckte ... komisch.«

»Wahrscheinlich von den Zutaten«, meinte Dr. Matatke. »Pottasche, oder was weiß ich. Heutzutage wird ja alles mögliche in der Lebensmittelbranche zusammengepanscht.«

Seine Sprechstundenhilfe, eine ältere, ziemlich stämmige Frau in weißblauer Schwesterntracht und gestärktem weißen Häubchen, kümmerte sich inzwischen um die Patientin auf der zweiten Liege. »Kommen Sie schnell, Doktor, ich glaube sie kollabiert!« rief sie.

Der Arzt beugte sich über Annelie Dambek. »Wir müssen den Kreislauf in den Griff bekommen. – Spritze!« kommandierte er. Während die Schwester die Spritze aufzog, reinigte er mit einem Wattebausch die Armbeuge des Mädchens.

Der Zustand der beiden Patientinnen blieb auch in den nächsten Stunden instabil. An eine Entlassung war auf keinen Fall zu denken. »Sie werden einige Zeit bei uns bleiben müssen. Ihr Allgemeinzustand ist sehr schlecht. Wir werden Sie beobachten und dann entscheiden, was weiter zu tun ist.«

Dr. Matatke brachte sie in der kleinen Krankenstation unter, die dem Betriebsambulatorium angeschlossen war. Alle viertel Stunden kontrollierte er Herzschlag und Blutdruck. Das Krankenbild gab ihm Rätsel auf. Sämtliche Symptome deuteten auf eine schwerwiegende Vergiftung hin. Als es etwas ruhiger geworden war, schickte Matatke die Schwester zur Wohnbaracke hinüber. »Stellen Sie den restlichen Pfefferkuchen sicher, Schwester Johanna. Ich denke, wir schicken ihn zur Untersuchung!«

Pflichtgemäß meldete er dann das »besondere Vorkommnis« an die Kombinatsleitung. Der Direktor kam höchstpersönlich ans Telefon. »Und Sie sind wirklich sicher, daß es sich um eine Einzelerscheinung handelt, Doktor?« erkundigte er sich besorgt.

»Sie können ganz ruhig sein. Weitere Fälle wurden mir nicht gemeldet.«

»Kann es Auswirkungen auf die Kantinenverpflegung im Wohnlager oder auf die Betriebsküche geben?«

»Nein. Das glaube ich nicht. Selbstverständlich nehmen wir die üblichen Speiseproben.«

»In Ordnung, Doktor. Ich danke Ihnen.« Dem Direktor war ein Stein vom Herzen gefallen. Matatke wollte schon auflegen, da sagte der andere noch rasch: »Ich muß natürlich die Sicherheit verständigen. Das werden Sie verstehen, Doktor.«

Am Freitag, kurz nach neun Uhr, erschien ein junger Mann bei Doktor Matatke. Der Besucher war knapp dreißig Jahre alt. Er nannte sich Unterleutnant Günther und wies einen roten Klappausweis mit dem Aufdruck »Staatssekretariat für Staatssicherheit« vor. Der einladenden Geste des Arztes folgend, knöpfte er seinen dunkelgrünen Ledermantel auf und nahm auf dem angebotenen Stuhl Platz. »Ich bin beauftragt, den Giftfall zu untersuchen, Herr Doktor. Vielleicht könnten Sie mich ins Bild setzen.«

»Ja, sehen Sie«, der Arzt kehrte beide Handflächen nach oben, »ob hier tatsächlich eine Vergiftung vorliegt, muß sich erst noch herausstellen. Ich habe keine sicheren Anhaltspunkte.«

»In der Kombinatsleitung ist man aber der Auffassung ....«

»Verstehe schon.« Matatke winkte ab. »Ich gebe gern zu, daß einiges für eine Vergiftung spricht. Vermutlich durch Lebensmittel. Aber die Symptome, sehen Sie, erscheinen mir noch äußerst unklar.«

»Aber als Arzt müssen Sie doch erkennen ...«

»Eben nicht, junger Mann.« Dr. Matatke nahm seine Brille ab, er begann die Gläser etwas umständlich zu putzen. »Kopfschmerzen, Übelkeit, brennender Schmerz in Magen und Darm, unstillbares Erbrechen und Durchfall, wie wir es bei den Frauen beobachtet haben, sind Symptome, die einem infektiösen Darmkatarrh jedenfalls zum Verwechseln ähnlich sehen. Der kann sehr wohl auf den Genuß verdorbener Lebensmittel zurückzuführen sein.«

»Und was bedeutet das, Herr Doktor?«

»Nun, ich will sagen: Die Vergiftungserscheinungen sind keineswegs eindeutig. Selbst ein erfahrener Arzt wird nicht unbedingt auf einen Vergiftungsfall schließen. Eine rein medizinische Diagnose ist nur sicher, wenn sie durch zusätzliche chemische Untersuchungen gestützt wird.«

»Also verdorbene Lebensmittel? Haben Sie etwas bestimmtes im Auge?«

Dr. Matatke erhob sich. Er trat zum Schrank, schloß auf und holte einen Schuhkarton hervor, den er samt Packpapier und restlichem Inhalt vor dem Stasi-Mitarbeiter auf den Tisch stellte. »Von den angebissenen Pfefferkuchen haben die Frauen zuletzt gegessen. Kurze Zeit darauf setzten ihre Beschwerden ein. Was mich an der ganzen Sache stutzig macht, ist der mysteriöse Absender. ›Der Weihnachtsmann aus Jüterbog‹ – mehr nicht.«

Unterleutnant Günther glättete das Packpapier. Er las die Beschriftung. »Poststempel vom siebenundzwanzigsten Dezember«, buchstabierte er. »Das Paket wurde in Jüterbog aufgegeben. Die Dambek muß doch wissen, wer der Absender ist?«

Dr. Matatke zog die Schultern hoch. »Angeblich nicht. Aber Sie können ja selbst mit ihr sprechen. Vielleicht haben Sie mehr Glück.« Er sah auf die Uhr. »Kann ich sonst noch was für Sie tun?«

»Ja. Wenn Sie die Untersuchung des Pfefferkuchens veranlassen würden, Herr Doktor?«

»Schicke ich nach Greifswald«, sicherte der Arzt ihm zu.

»Dann kümmere ich mich um das Packpapier. Danke.«

Dr. Matatke rief die Schwester. »Führen Sie den Herrn ins Krankenzimmer!« wies er an, bevor er sich mit einem knappen Nicken verabschiedete. »Ich darf mich dann wohl empfehlen.«

Annelie Dambek und Erika Wandelt lagen in einem hellen, schmucklosen Zimmer. Annelie wirkte sehr blaß, das Gesicht schmal und spitz. Neben ihrem Bett ein metallener Ständer. Aus der daran befestigten Infusionsflasche tropfte wasserklare Flüssigkeit in einen Schlauch, der vermittels Kanüle im linken Arm der jungen Frau endete. Schwester Johanna trat ans Bett, fühlte kurz den Puls. »Die Patientin braucht eigentlich noch Ruhe, aber ... naja, wenn der Chef es erlaubt hat.«

»Guten Tag«, sagte der Unterleutnant im dunkelgrünen Ledermantel. »Wie geht es Ihnen?«

Annelie Dambek bewegte die rissigen Lippen, versuchte sich zu räuspern. Schwester Johanna flößte ihr etwas Tee aus einer Schnabeltasse ein. »Der junge Mann hat etwas mit Ihnen zu bereden«, klärte sie die Patientin auf. Dann entfernte sie sich auf leisen Sohlen.

»Bitte, beunruhigen Sie sich nicht, Kollegin Dambek«, setzte der Besucher erneut an. »Ich muß Ihnen nur einige Fragen stellen.«

»Warum?«

»Das Paket, das Ihnen zugestellt wurde, enthielt verdorbene Lebensmittel.«

»Quatsch!« tönte es aus dem anderen Bett. Erika Wandelt, die die Kreislaufattacken offenbar besser verkraftet hatte, richtete sich langsam auf. »Mit dem Pfefferkuchen stimmte was nicht. Die anderen Sachen waren einwandfrei. Erst als wir den Pfefferkuchen probierten, ist uns übel geworden.«

»Was war denn alles in dem Paket?«

Der Unterleutnant zückte sein Merkbüchlein. Nach dem Diktat der beiden Frauen, die ihre Aussagen gegenseitig ergänzten, notierte er für sein Protokoll: eine Geschenkpackung Parfüm (Lavendel), ca vier Äpfel, eine Schachtel Pralinen, acht Walnüsse, zwanzig Haselnüsse und zwei Pefferkuchenherzen. Die beiden Pefferkuchenherzen waren besonders in Weihnachtspapier eingewickelt, des weiteren waren einige leere Tüten im Paket.

»Sehr schön«, meinte er zufrieden. »Jetzt brauchen Sie mir nur noch zu sagen, wer der Absender des Paketes war?«

Annelie schüttelte schwach den Kopf.

»Wir haben schon darüber gesprochen. Sie hat keine Ahnung«, erklärte Erika rasch.

Der Sicherheitsmensch krauste unwillig die Stirn. »Sie wollen mir doch nicht einreden, daß Sie nicht wissen, wer sich hinter diesem ›Weihnachtsmann aus Jüterbog‹ verbirgt? Das gibt's doch nicht!«

»Ist aber so«, schnaufte Annelie in ihr Kissen.

Der Unterleutnant griff sich an den Kopf. »Das Paket kam aus Jüterbog. Es wurde an Ihre Adresse geschickt«, zählte er auf. »Folglich kann es doch nur jemand aus Ihrem Bekanntenkreis sein. Wer kennt denn sonst Ihre Anschrift?«

»Höchstens ... meine Schwester Elfi.«

»Die arbeitet auch im Kombinat«, tönte es rasch aus dem anderen Bett. »Seit anderthalb Jahren.«

Unterleutnant Günther merkte auf. »Sind Sie vielleicht mit ihr verfeindet?« forschte er. Es schien, als spüre er einem vagen Verdacht nach.

Annelie Dambek drehte sich empört auf die Seite, das Gesicht der weißgetünchten Wand zugekehrt. Für sie war das Thema erledigt.

Ein verärgerter Unterleutnant Günther verließ das Krankenzimmer. Bevor er sich auf dem Flur von der Schwester verabschiedete – Dr. Matatke hatte sich nicht mehr blicken lassen –, stellte er die Frage: »Was halten Sie denn von der ganzen Geschichte, Schwester?«

Sie schnitt ein nachdenkliches Gesicht. »Naja, wenn man bedenkt, daß es in ihrer Familie schon einen Giftfall gegeben hat?«

»Was bitte?« entfuhr es dem Stasi-Mann. »Wer ist vergiftet worden?«

»Ihr kleiner Bruder. Hat sie Ihnen das nicht erzählt?«

Unmut schoß in dem Unterleutnant hoch. Mit drei, vier Schritten stand er abermal im Krankenzimmer. Er trat neben Annelies Bett und verlangte grantig: »Jetzt erzählen Sie mir endlich, was es mit dem Tod Ihres Bruders auf sich hat!«

Zunächst bekam er nur heftiges Schluchzen zu hören. Verlegen blickte er auf bebenden Schultern der jungen Frau. »Na, na, schon gut«, murmelte er in einem Anflug von Schuldbewußtsein. Nun tat sie ihm irgendwie leid. »Ich muß die Wahrheit herausfinden. Verstehen Sie doch, ohne Ihre Hilfe geht das nicht.«

Nach geraumer Weile hatte die Dambek sich soweit gefaßt, daß sie zusammenhängend erzählen konnte. »Vor zwei Jahren ist das passiert, bei uns zu Hause in Kaltenhausen. Ernstel war damals vier. Eines Tages wurde er plötzlich krank, so von einer Stunde zur anderen. Am Vormittag hatte er noch draußen gespielt, am Nachmittag war er schon tot.«

»Warum?«

»Das wissen wir nicht so genau. Ein Nachbar hatte ihm Bonbons geschenkt.«

»Wenn ich Sie richtig verstehe, vermuten Sie, in dem Bonbon war Gift? Hat denn die Polizei den Vorfall nicht untersucht?« fragte Günther mißtrauisch.

»Doch. Die Polizei von Jüterbog.«

»Und?«

»Sie haben meine Eltern befragt. Am Brunnen, wo die Kinder spielten, wurde eine Wasserprobe genommen. Bloß den Bangemann, den haben sie in Ruhe gelassen.«

»Das ist der Nachbar?«

»Zwei Hauseingänge neben uns.«

»Alt oder jung?«

»Über fünfzig ist der schon. Verheiratet, hat erwachsene Kinder. Er arbeitet auf dem Volksgut, wie meine Eltern auch.«

Einige Minuten blieb es still. Der Unterleutnant dachte angestrengt nach. Neugierig beobachtete Erika Wandelt ihn aus ihrem Bett. Annelie Dambek lag auf dem Rücken, den Blick zur Zimmerdecke gerichtet.

»Wie stehen Sie persönlich zu Herrn Bangemann?«

Kurzes Zögern, dann: »Er kann mich nicht leiden. Will immer schön tun mit mir. Jedesmal wenn ich nach Hause komme, will er sich mit mir unterhalten. Ich hab ihn schon mal aus der Wohnung gewiesen. Da hat er gesagt, er wird mich noch dahin bringen, wo ich hingehöre.«

»Was soll man sich darunter vorstellen?«

»Weiß ich auch nicht.«

»Haben Sie schon mal überlegt, ob dieser Bangemann vielleicht als Absender in Frage kommt?«

Annelie nickte schwach. »Jetzt, wo Sie es sagen ...« Sie begann zu weinen.

Am 1. Februar 1955 fand Dr. Matatke einen grauen Briefumschlag im Posteingang. Schwester Johanna war gehalten, ihm die Post an jedem Morgen auf den Schreibtisch zu legen. Nach einem kurzen Blick auf den Absender öffnete er den Umschlag und las voller verhaltener Spannung:

Bezirks-Hygiene-Institut Greifswald
Lebensmittelchemische und chemische Abteilung
Platz der Freiheit 6/7
Fernruf 2317 Dr. M.B.

Greifswald, den 29.Jan. 1955

An das
Bestriebsambulatorium Sassnitz
VEB Fischkombinat
Betr.: Pfefferkuchen – Tgb. Nr. A 95 -
Bezug: Ihr Schreiben vom 7.1.

Die Untersuchung der am 8.1. eingegangenen Probe hat ergeben:

Aussehen: etwa 2 Stück zerbrochene Pfeffernüsse (30 – 40 mm Ø mit weißer Zuckerglasur, bei dem einen Stück mit brauner, stumpfer Zuckerglasur sowie ca 2 g Krümeln, Stückgewicht ca. 5 g)

Geruch: würzig, arteigen, unverdächtig

Geschmack: schwach brennend, eigenartig salzig, im ganzen nicht direkt auffällig

Tierversuch: ein im Tiergesundheitsamt mit etwa 1/4 Stück pulverisierten Pfefferkuchens durchgeführter Tierfütterungsversuch verlief negativ.

Die chemische Untersuchung auf Gifte hat ergeben:
Flüchtige Gifte: nicht nachweisbar
Schwermetallgifte: nicht nachweisbar
Arsen in Gutzeitprobe: positiv
Arsen nach Marsh-Lockemann: positiv
Arsengehalt: ca. 0,25 % As

Nach diesem Befund enthalten die Pfeffernüsse als Giftstoffe eine Arsenverbindung. Der ermittelte Arsengehalt von etwa 250 mg/% zeigt, daß je Stück etwa 12 mg As = etwa 30 mg Arsenige

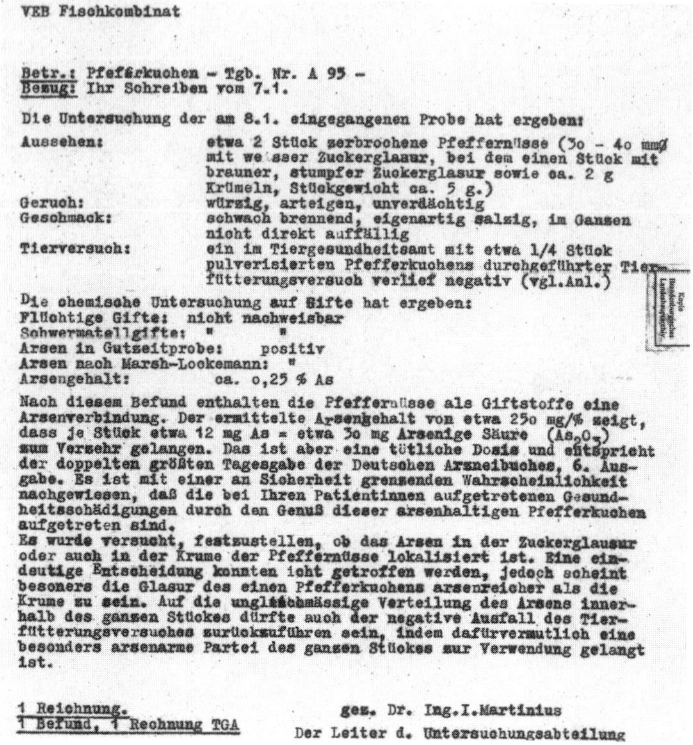

VEB Fischkombinat

Betr.: Pfefferkuchen – Tgb. Nr. A 95 –
Bezug: Ihr Schreiben vom 7.1.

Die Untersuchung der am 8.1. eingegangenen Probe hat ergeben:

Aussehen: etwa 2 Stück zerbrochene Pfeffernüsse (3o – 4o mmØ mit weisser Zuckerglasur, bei dem einen Stück mit brauner, stumpfer Zuckerglasur sowie ca. 2 g Krümeln, Stückgewicht ca. 5 g.)
Geruch: würzig, arteigen, unverdächtig
Geschmack: schwach brennend, eigenartig salzig, im Ganzen nicht direkt auffällig
Tierversuch: ein im Tiergesundheitsamt mit etwa 1/4 Stück pulverisierten Pfefferkuchens durchgeführter Tierfütterungsversuch verlief negativ (vgl.Anl.)

Die chemische Untersuchung auf Gifte hat ergeben:
Flüchtige Gifte: nicht nachweisbar
Schwermetallgifte: " "
Arsen in Gutzeitprobe: positiv
Arsen nach Marsh-Lockemann: "
Arsengehalt: ca. o,25 % As

Nach diesem Befund enthalten die Pfeffernüsse als Giftstoffe eine Arsenverbindung. Der ermittelte Arsengehalt von etwa 25o mg/% zeigt, dass je Stück etwa 12 mg As = etwa 3o mg Arsenige Säure (As_2O_3) zum Verzehr gelangen. Das ist aber eine tötliche Dosis und entspricht der doppelten größten Tagesgabe der Deutschen Arzneibuches, 6. Ausgabe. Es ist mit einer an Sicherheit grenzenden Wahrscheinlichkeit nachgewiesen, daß die bei Ihren Patientinnen aufgetretenen Gesundheitsschädigungen durch den Genuß dieser arsenhaltigen Pfefferkuchen aufgetreten sind.
Es wurde versucht, festzustellen, ob das Arsen in der Zuckerglausur oder auch in der Krume der Pfeffernüsse lokalisiert ist. Eine eindeutige Entscheidung konnten icht getroffen werden, jedoch scheint besoners die Glasur des einen Pfefferkuchens arsenreicher als die Krume zu sein. Auf die ungleichmässige Verteilung des Arsens innerhalb des ganzen Stückes dürfte auch der negative Ausfall des Tierfütterungsversuches zurückzuführen sein, indem dafürvermutlich eine besonders arsenarme Partei des ganzen Stückes zur Verwendung gelangt ist.

1 Reichnung.
1 Befund, 1 Rechnung TGA

gez. Dr. Ing.I.Martinius
Der Leiter d. Untersuchungsabteilung

Säure (As203) zum Verzehr gelangen. Das ist aber eine tödliche Dosis und entspricht der doppelten größten Tagesgabe des Deutschen Arzneibuches, 6. Ausgabe. Es ist mit einer an Sicherheit grenzenden Wahrscheinlichkeit nachgewiesen, daß die bei Ihren Patientinnen aufgetretenen Gesundheitschädigungen durch den Genuß dieser arsenhaltigen Pfefferkuchen aufgetreten sind.

Es wurde versucht, festzustellen, ob das Arsen in der Zuckerglasur oder auch in der Krume der Pfeffernüsse lokalisiert ist. Eine eindeutige Entscheidung konnte nicht getroffen werden, jedoch scheint besonders die Glasur des einen Pfefferkuchens arsenreicher als die Krume zu sein.

Auf die ungleichmäßige Verteilung des Arsens innerhalb des ganzen Stückes dürfte auch der negative Ausfall des Tierfütte-

rungsversuches zurückzuführen sein, indem dafür vermutlich eine besonders arsenarme Partie des gesanzen Stückes zur Verwendung gelangt ist.

gez. Dr. Ing. I. Martinius

Der Leiter der Untersuchungsabteilung

Damit war es also amtlich. Noch am Nachmittag diktierte Dr. Matatke einen Schriftsatz, den er an die Staatsanwaltschaft in Bergen adressierte. Unter dem Hinweis, daß die Pfefferkuchen eine tödliche Dosis Arsen enthalten hätten und somit von einer vorsätzlichen Tat auszugehen wäre, ersuchte er um die Aufnahme entsprechender Ermittlungen.

Spornstreichs erkundigte sich der Kreisstaatsanwalt, warum die Kriminalpolizei nicht bereits am 6. Januar in die Untersuchung einbezogen wurde. Der Doktor war sich keiner Schuld bewußt. »Die Entscheidung lag in den Händen der Kombinatsleitung«, erklärte er dem Staatsanwalt am Telefon. Auf Anregung des Direktors habe sich die Staatssicherheit der Sache angenommen. In das Ergebnis sei er, Dr. Matatke, nicht eingeweiht; schließlich sei er ja nur der Betriebsarzt, schloß er sarkastisch.

Der Kreisstaatsanwalt war mittelgroß und ziemlich hager. Unter dem grauen, kurzgeschnittenen Haar saßen buschige Brauen, deren Spitzen seitlich, wie bei einem Luchs aufragten. Sein volles, glattrasiertes Gesicht schimmerte rosig. Die trockenen dünnen Lippen waren fest zusammengepreßt, während seine grauen, leicht vorstehenden Augen mißbilligend durch die Brillengläser auf den Stasi-Chef der Rügener Kreisdienststelle blickten. Er hatte den Oberleutnant zu einer Unterredung gebeten. »Soweit auf dem Poststempel ersichtlich, ist das Paket doch in Jüterbog aufgegeben worden. Mithin kommt als Tatort nur die Kreisstadt im Niederen Fläming in Betracht.«

»Oder Kaltenhausen«, unterbrach Oberleutnant Holtz. »Heutzutage verfügt ja fast jeder kleine Ort über eine Postannahmestelle. Von Kaltenhausen bis Jüterbog ist es nur ein Katzensprung.«

»Sie gehen von der Möglichkeit aus, daß das Paket erst auf dem Hauptpostamt abgestempelt wurde?«

»Ein Mitarbeiter hatte die Idee.«

»So oder so – die Ermittlungen müssen in Jüterbog fortgesetzt werden. Warum haben Sie den Vorgang nicht weitergereicht? Warum liegt er noch auf Ihrem Tisch?«

»Ich schicke das Protokoll an die Genossen der Kreisdienststelle in Jüterbog. Auf unserer Linie!« beharrte der Stasi-Chef.

Natürlich wußte der Staatsanwalt, daß es kaum Zweck hatte, an dieser Stelle zu widersprechen. Von Anbeginn an galt der Staatssicherheitsapparat als Staat im Staate. »Noch eine Frage. Was bringt Sie zu der Überzeugung, daß man es bei dem Giftanschlag ausgerechnet auf die Frau aus Kaltenhausen abgesehen hatte?«

Der Oberleutnant tippte mit dem Bleistift auf das vor ihm liegende Papier. »Unterleutnant Günther hat den Zusammenhang auch erst im letzten Augenblick entdeckt. Vor zwei Jahren soll ein Kind in der Familie umgekommen sein. Unter verdächtigen Umständen«, fügte Holtz hinzu.

»Klingt ein bißchen unwahrscheinlich. Oder?«

»Ich habe mich in Jüterbog erkundigt. Es gibt tatsächlich eine Leichensache Ernst Dambek. Aber mit Ruhm bekleckert hat man sich vermutlich nicht. Die Ermittlungen wurden eingestellt.«

»Trotzdem sehe ich da noch keinen direkten Zusammenhang.«

»Das Bindeglied könnte eine Elfi Dambek sein. Arbeitet auch im Fischkombinat. Ich denke mir, daß es verborgene Rivalitäten zwischen den Schwestern gegeben hat, die auf diese Weise beglichen wurden. Gift ist eine Mordwaffe, die Frauen bevorzugen.«

Der Staatsanwalt nahm die Brille ab, beschrieb mit einer ungeduldigen Bewegung ein paar unbestimmte Kreise in der Luft und sagte: »Schön und gut, was Ihr Mitarbeiter Günther da an Fakten zusammengetragen hat, aber einseitige Ermittlungen kann ich nicht dulden, Genosse Holtz. Wir müssen schließlich an die Menschen im Wohnlager denken. Oder können Sie garantieren, daß keine weiteren Postsendungen von ähnlichem Kaliber unterwegs sind, an Empfänger, die wir noch gar nicht kennen?«

Der Stasi-Chef machte ein undurchdringliches Gesicht. »Ich schalte den Postfahndungsdienst ein. Wir haben da so gewisse Möglichkeiten.«

»Ich gebe gern zu, daß ich nicht allzu viel von Ihren Arbeitsmethoden verstehe, Genosse Holtz, setze aber doch voraus, daß Sie Aufsehen vermeiden wollen.«

»Konspirative Ermittlungsmethoden sind das A und O in unserer Tätigkeit.« Wie alles übrige sprach Holtz auch dies in dem ruhigen Ton eines etwas gelangweilten Menschen.

»Das genügt mir aber nicht«, murrte der Kreisstaatsanwalt. »Sollte dennoch eine Sendung durchrutschen, dann ist hier der Teufel los. Unabhängig von Ihren Ermittlungen muß die Belegschaft gewarnt werden. Vielleicht durch einen Artikel in der Betriebszeitung des Kombinates. Möglichst neutral, versteht sich. Ich werde das veranlassen. Und Sie, Genosse Holtz«, nun klang seine Stimme ein wenig spöttisch, »aktivieren bitte ›Ihre Linie‹ nach Jüterbog.«

Einige Tage später erschien der unscheinbare Beitrag in der Sassnitzer Kombinatszeitung. Mit dürren Worten meldete das Betriebsambulatorium, daß die Erkrankung zweier Kolleginnen auf den Genuß gifthaltiger Lebensmittel zurückzuführen war, die ein Unbekannter einer Empfängerin übersandt hatte. Der Artikel endete mit einer Warnung vor dem bedenkenlosen Verzehr ähnlicher Überraschungsgeschenke.

In der ersten Märzwoche kehrte Annelie Dambek an ihren Arbeitsplatz zurück. Der Geruch von Seefisch und abgestandener Salzlake nistete in jedem Winkel der weißgekachelten Halle. Ein Odeur, das sich keineswegs für empfindliche Nasen eignete. Obwohl manche der Produktionsabläufe im Fischwerk bereits mechanisiert waren, blieb noch genügend Handarbeit für die Frauen an den Fließbändern zu tun. Wendige Elektrokarren schleppten die eisbestreuten Fischkisten heran. Annelies Aufgabe war das Beschicken an einer der Fertigungsstraßen. Unaufhörlich warfen sie und ihre Kolleginnen dem Moloch Maschine das »Silber des Meeres« in den käfigartigen Rachen. Sie beobachteten, wie die Heringe auf den Bändern davonschlitterten, rückten und hier und da einen Fisch, der sich quergelegt hatte, zurecht, bevor die Charge das ausgeklügelte System aus Messern und Bürsten passierte, aus dem sie gesäubert, entschuppt und entgrätet wieder zum Vorschein kam. Fiel eines der Bänder aus, was leider ab und an vorkam, waren die Frauen gezwungen zu den Schlachtemessern zu greifen. Dann wurden sie, um den Produktionsausfall zu minimieren, wieder zu echten »Küttfrauen«. So hießen früher an der Küste die Frauen, die am Hafen für einen Hungerlohn die angelandeten Fische ausschlachteten, sie vom »Kütt«, dem ungenießbaren Abfall – Eingeweiden, Köpfen und Flossen – säuberten und versandfertig machten. Mit dem »Kütt« im eigentlichen Sinne kamen die Arbeiterinnen an den Fließstrecken kaum noch in Berührung, weshalb man für die moderne Version der Küttfrauen im Kombinat die Berufsbezeichnung »Fischwerkerin« ersonnen hatte.

Annelie dachte kaum noch an das heimtückische Weihnachtspaket. Sie ahnte nicht, daß sie dem Tod buchstäblich von der Schippe gesprungen war. Niemand hatte ihr erklärt, wie hoch der Giftanteil in den Pfefferkuchen tatsächlich war, und der Mann im Ledermantel hatte sich nicht mehr bei ihr blicken lassen. Die Arbeit in der Produktionshalle nahm sie tagsüber in Anspruch. Für die langen Winterabende schloß sie sich im Wohnlager dem Jugendchor der Fischwerkerinnen an.

Doch am 14. März erhielt Annelie einen Brief aus Kaltenhausen, der das verdrängte Geschehen abermals aufwühlte.

Werte Kolegin Dambek!

Da Ich so eben nachricht aus Sassnitz erhalten habe, richte ich an Dich sowie an deiner Schwester Elfi folgende Zeilen.

Das Du während Deines Uhrlaubes ein Päckchen erhalten hast, war mir schon zu Ohren gekommen, war vor einiger Zeit. Da ber der Verdacht auf meine Person gelenkt wird, kann Ich das nicht so ohne weiteres hinwegsehen. Daraufhin hatte deine Schwester Elfi nichts weiteres im gedanken als bei der Kartenlegerin zu gehen, und sich was vor legen zulassen. Was Ich auch unter Zeugen aussagen darf. Denn sie hat es ja schon öfters getahn.

Was dabei heraus kam wurde mir auch mitgeteilt. Dies hat Elfi ausgesprochen, das sie dich um die Ecke bringen wollen und noch anderes. Was hier gesagt wurde steht unter Zeugen. Als Maren vom Uhrlaub zurückkam hat sie gleich gesagt: ein Paket hast du auch bekommen.

Wenn du auch sagst zu deiner Schwester Maren, sie soll sich nicht mit mir unterhalten. Ich rede blos was schlechts von Euch, so stört uns das in keiner weise. Maren ist immer net und fräunlich nicht so wie du schnell vorbei uns weg! Daraus ist zu erkennen, das du keine reine Sache hast. und schämst dich von der Ver-

gangenheit. Möchte darum bitten, folgende Fragen zu beantworten:

1. Wie war das Packet eingepackt?

2. Mit welchem Bindfaden gebunden?

3. Mit welchen Packpapier versehen?

4. 2 x gebunden oder1 x?

5. Was war der Inhalt des Packts?

6. Was hast du da mit gemacht?

7. Karton göße und Farbe?

8. Warum hast du das nicht gleich der Km. Dienststelle gemeldet?

Bitte Euch darauf um folgendes:

auf Vorschlag der Km.d.Jüterbog. Binnen 10 Tage nach Eingang des Schreibens, In freundschaftlicher Haltung abbitte zutun. Sollte dies nicht der Fal sein, sehen wir uns auf ablauf dieser Frist gezwungen, ein Protokol der Kriminalp.Dst. Sassnitz zuübergeben.

Hier mit geselschaftlichen Gruß unterzeichnet:

Otto Bangemann

Da Annelie keine Geheimnisse vor ihrer Freundin hatte, reichte sie den Brief Erika Wandelt. Kopfschüttelnd fragte die, nachdem sie den in mangelhafter Orthografie niedergelegten Text zweimal gelesen hatte: »Was ist denn das für einer?«

»Unser Nachbar in Kaltenhausen?«

»Und was will der von dir?«

»Verstehe ich ja auch nicht.«

»Weißt du was, Anne, du gehst morgen zur Polizei und erkundigst dich, was aus der Paketsache geworden ist!«

Aber die Kriminalisten im Sassnitzer Polizeirevier konnten ihr auch keine Auskunft geben. Niemand war mit dem Fall befaßt. In ihrer Verzweiflung beschrieb Anne den Zivilisten, der sie in der Krankenstation aufgesucht und befragt hatte. Da endlich dämmerte es bei den Kripo-Leuten. Sie setzten sich mit Unterleutnant Günther von der Staatssicherheit in Verbindung. Kurzangebunden teilte der ihnen am Telefon mit, daß die Akte inzwischen nach Jüterbog geschickt worden war. Fräulein Dambek möge sich an das zuständige Kreispolizeiamt wenden.

Anfang April fuhr Annelie Dambek wieder nach Hause. Die Eltern waren froh, ihre Tochter gesund in die Arme zu schließen. Bangemanns Brief hatte Annelie nicht beantwortet, und so wich sie dem Nachbarn während der Urlaubstage auch tunlichst aus. Dennoch spürte sie, daß der Mann sie belauerte. Um der Spannung eine Ende zu bereiten, setzte sie sich schließlich auf ihr Fahrrad und radelte in die sieben Kilometer entfernte Kreisstadt.

Landarbeiterwohnungen in VEG Kaltenhausen

Im Jahre 1952 waren die fünf Länder in der DDR aufgelöst worden. An ihre Stelle traten vierzehn Bezirke, die sich in zweihundertsiebzehn Kreise aufgliederten. Adäquate Veränderungen vollzogen sich in der Polizeistruktur. Der Hauptverwaltung Deutsche Volkspolizei im Innenministerium unterstanden die Bezirksbehörden und die Volkspolizei-Kreisämter. Jedem Amt waren eine Abteilung Kriminalpolizei mit den Kommissariaten AK (allgemeine Kriminalität) und VE (Straftaten gegen die Volkswirtschaft) sowie eine U-Abteilung (Untersuchung von Straftaten mit bekannten Tätern) zugeordnet.

Annelie Dambek meldete sich beim Hausposten im Volkspolizei-Kreisamt in der Schillerstraße. Ihr eigentliches Anliegen blieb für den Mann unklar. Erst die Nennung ihres Wohnsitzes Kaltenhausen brachte den Wachtmeister auf die Idee, die junge

Frau an den VP-Kommissar Jagnow zu verweisen. Kaltenhausen bestand seines Wissens nur aus dem Volkseigenen Gut, und für VE war nun mal Jagnow als Hauptsachbearbeiter zuständig.

Mit wachsender Spannung folgte der Kommissar ihrem Bericht. Sie erzählte von dem vergifteten Weihnachtspäckchen, von den Ermittlungen in Sassnitz und daß die dortige Dienststelle das sichergestellte Päckchenpapier und alle Unterlagen nach Jüterbog schicken wollte. Auch den Tod ihres Bruders erwähnte sie. Jagnow erinnerte sich blitzartig. Im Frühjahr 1953 hatten seine Kollegen den unnatürlichen Tod des Jungen untersucht. Einzelheiten waren ihm nicht geläufig. Aber er glaubte, sich dunkel zu erinnern. Der Fall war ohne nachweisbares Fremdverschulden abgeschlossen worden.

Der Bericht der jungen Frau erschien Jagnow nun in einem anderen Licht. Eine Reihe neuer Gesichtspunkte taten sich auf. Unternehmen konnte er freilich im Augenblick nichts. Die Hände waren ihm gebunden. »Wir müssen auf die Unterlagen aus Sassnitz warten«, vertröstete er die Besucherin. »Sie bekommen von uns Bescheid, Fräulein Dambek.«

Vergeblich warteten die Jüterboger Kriminalisten in den nächsten Wochen auf die Akte aus dem VPKA Bergen. Als sie am 24. April noch immer nichts in den Händen hielten, setzte VP-Kommissar Jagnow sich hin und brachte den Inhalt seines Gespräches mit Annelie Dambek zu Papier. Sein Vorgesetzter, der Leiter der Jüterboger K, übersandte das Protokoll an die Bezirksbehörde in Potsdam.

Mitte der fünfziger Jahre war die Anzahl der vorsätzlichen Tötungsdelikte in der DDR auf knapp 200 Straftaten pro Jahr zurückgegangen. Für die Untersuchung derartiger Delikte standen in den Bezirken spezialisierte Morduntersuchungskommissionen (MUK) zur Verfügung, die bei den Dezernaten AK geführt wurden.

Jagnows Protokoll landete auf dem Schreibtisch des VP-Meisters Ganz. Der Dreißigjährige, der wegen seiner peniblen Akkuratesse, die bisweilen auch störende Ausmaße annahm, bei seinen Kollegen bekannt und berüchtigt war, wendete das Blatt hin und her. Einen Vorgang, wie er feststellen mußte, gab es nicht, lediglich einen Bericht. Und in diesem war unverkennbar der

Verdacht eines Giftmordversuches ausgesprochen, aber die notwendigen Unterlagen und Beweismittel fehlten. Der VP-Meister rief in Sassnitz an. Auch ihm wurde die trockene Auskunft zuteil, daß die Staatssicherheit den Vorgang an sich gezogen habe. Ganz berichtete seinem Chef, dem VP-Kommissar Heinz Möhwald.

Was sich in den folgenden Wochen und Monaten laut Polizeiakte zutrug, kann wohl mit Fug und Recht als Provinzposse bezeichnet werden. Am 11.8.1955 erschien der Verbindungsoffizier der Potsdamer Bezirksverwaltung des Staatssekretariates für Staatssicherheit in der Potsdamer Bauhofstraße, dem Sitz der BdVP. Er übergab einen dünnen Aktendeckel, der die Ermittlungssache gegen Unbekannt enthielt. Ganz blätterte die Papiere rasch durch. Auf den ersten Blick stellte er fest, daß die Akte noch immer lückenhaft war. »Ich vermisse das Verpackungsmaterial«, kritisierte er sogleich. »Ist doch 'n wichtiges Beweisstück. Und was ist mit dem Lebensmittelgutachten? Laut Protokoll wurde ein solches angefordert.«

»Da müßt ihr euch eben selbst kümmern«, schmetterte der SfS-Mann die Einwände des VP-Meisters ab.

Der Dezernatsleiter VP-Rat Baganz, ein verschmitzter Brillenträger, versuchte zu vermitteln. »Schick ein Fernschreiben an die Rostocker MUK«, riet er begütigend. »Die Genossen sollen retten, was noch zu retten ist. Inzwischen besorgst du die Akte zur Leichensache Ernst Dambek!«

Eine Woche später teilte Rostock mit, daß die Sassnitzer SfS-Protokolle komplett nach Potsdam überstellt wurden. Weder in Sassnitz noch in Bergen hätte man Beweismittel versiebt.

Und bei der Staatsanwaltschaft in Jüterbog erfuhr Ganz, daß die gesuchte Leichenakte Ernst Dambek schon vor Wochen von der SfS-Bezirksverwaltung Potsdam angefordert worden war. Der in sämtlichen Dienstanweisungen beschlagene Dezernatsleiter Helmut Baganz geriet nun doch in Rage. Erzürnt schickte er die spärlichen Unterlagen an seinen Ansprechpartner, den SfS-Major Lehmann zurück.

Nach dem 17. Juni 1953 war das Ministerium für Staatssicherheit in Ungnade gefallen. Die SED-Führung, allen voran Walter Ulbricht, erhob den Vorwurf, daß der Sicherheitsapparat die Vorbereitungen der »Konterrevolutionäre« nicht rechtzeitig aufgedeckt habe. Der Status eines eigenständigen Ministeriums wurde ihm genommen und die Eingliederung als Staatssekretariat in das von Willi Stoph geführte Innenministerium verfügt. Seine Rolle »als Staat im Staate« spielte der DDR-Geheimdienst weiter. Permanent entzog sich der Schnüffelapparat parlamentarischer Kontrolle. Daran sollte sich auch nichts ändern, als Ernst Wollweber zu Beginn des Jahres 1956 seinen Ministerrang zurückgewann. Den längeren Arm hatte zu allen Zeiten die Staatssicherheit. Am 14. Dezember 1955 landete der beschämende Aktenvorgang wieder auf dem Tisch der MUK in Potsdam.

Die Straßenbahn hielt in der Nähe des Neuen Marktes. Linkerhand ragte der Turm der Potsdamer Garnisonkirche in den bleigrauen Februarhimmel. Eine dünne Schneedecke hatte sich über die Stadt gelegt.

Gottfried Köhler sprang aus der Bahn. Leichtfüßig spurtete er über die Straße. Gegenüber der Haltestelle befand sich ein Tabak- und Zeitschriftenladen. Köhler erstand hier jeden Morgen sein »Sportecho«. Seit vier Jahren lebte der fünfundzwanzigjährige Volkspolizist in Potsdam. Er war als Leichtathlet zum Polizeisportclub gekommen, interessierte sich aber bald mehr für die Arbeit in der Kriminalpolizei als für den Leistungssport. Seit Beendigung seiner aktiven Laufbahn gehörte Köhler zum Dezernat Kriminaltechnik in der BdVP. Seine rasche Auffassungsgabe, sein Erfindergeist und sein Wille, an jedem Tatort Beweisspuren auch unter den kompliziertesten Bedingungen zu sichern, fielen seinen Vorgesetzten angenehm ins Auge. Ohne lange zu fackeln wurde der junge VP-Meister der MUK zugeteilt.

In dem kleinen Laden herrschte wie an jedem Morgen Gedränge. Als Köhler, seine Zeitung unter den Arm geklemmt, den Kiosk verlassen wollte, stieß er an der Tür mit einem hochgewachsenen, schlanken Mann zusammen. Für einen Augenblick sahen sich die beiden in die Augen. »Immer langsam!« pflaumte Köhler den anderen an. »Das ist hier wie in der Straßenbahn. Erst aus- und dann einsteigen lassen! Gewöhn' Se sich mal dran!« Sein sächsisches Idiom war nicht zu überhören.

Wortlos rückte der Mann zur Seite. Köhler zog mit seinem »Sportecho« von dannen. Zehn Minuten später saß er an seinem Schreibtisch in der Bauhofstraße und überflog die fettgedruckten Schlagzeilen. Viel Zeit blieb ihm nicht für die Lektüre. Um 7.30 Uhr mußte er zum Dezernatsleiter zur Arbeitsbesprechung.

Köhler traute seinen Augen kaum. Ein schlanker, hochgewachsener Mann saß bei Baganz. Mitte dreißig, schütteres Blondhaar. Sein Kontrahent aus dem Zeitungsladen. Woher wußte der, daß er Volkspolizist war? Hatte er sich am Ende über Köhlers flapsige Bemerkung beschwert? Vorsichtshalber zog der VP-Meister den Kopf ein.

»Ich möchte Ihnen den Genossen Herold vorstellen«, sagte Baganz. »Kommissar Herold kommt aus Dresden und übernimmt ab sofort die Leitung der MUK.«

Köhlers Gegenüber verzog keine Miene. »Auf gute Zusammenarbeit«, sagte er trocken. »Wie ich mich bereits überzeugen konnte, stammen Sie auch aus dem schönen Sachsen.«

»Aus Marienberg«, erwiderte Köhler verlegen. Ein Zustand, dem beachtlicher Seltenheitswert zukam.

Helmut Herold erwies sich als humoriger Gemütsmensch. Köhler verstand sich bald bestens mit seinem neuen Chef. Und dessen Achtung gegenüber dem jüngeren Mitarbeiter stieg, nachdem man ihm das hübsche Gesellenstück hinterbracht hatte, das dem blutjungen Kripo-Assistenten Fred Köhler – Gottfried wollte seltsamerweise keiner mehr sagen – bei seinem Dienstantritt gelungen war. In aller Herrgottsfrühe war Köhler vom KT-Chef Siegfried Siebert zur Brandenburger Straße geschleppt worden. Einbruch in Potsdams größtem Kaufhaus. Um zu den wertvolleren Waren zu gelangen, hatte der Einbrecher ein Lüftungsgitter abgeschraubt, war durchgestiegen und hatte das Gitter später wieder angeschraubt. Dabei war wohl die weiße Farbschicht beschädigt worden. Und um die Spuren zu verwischen, hatte er das Gitter frisch überstrichen. Deutliche Spritzer auf dem Kellerboden zeigten an, in welche Richtung er sich mit dem Farbtopf entfernt hatte. Die Spur führte zum Heizungskeller. Als Köhler die unterirdischen Räume betreten wollte, schob sich ein Mann in aller Hast an ihm vorbei, sprang auf ein bereitstehendes Fahrrad und sauste wie der Teufel davon. Doch da hatte er sich ganz gewaltig verrechnet. Die Spurtstärke des trainierten Leichtathleten wurde dem Flüchtigen zum Verhängnis. Hundertfünfzig Meter weiter hatte Köhler ihn eingeholt und nahm den Einbrecher fest. Der Erfolg machte den jungen Kriminalisten bei seinen Kollegen populär. »Ihr müßt den Köhler mitnehmen«, uzten sie fortan. »Der hat die Täter schon am Schlawittchen, noch bevor ihr die erste Spur am Tatort entdeckt habt!«

Es dauerte einige Zeit, bis der neue Chef sich durch die liegengebliebenen Akten und den Wust an dienstlichen Weisungen und Vorschriften hindurchgearbeitet hatte. Auch das Arbeitsklima in der MUK änderte sich. Während Herolds Vorgänger, ein dünnblütiger Aktenwurm, mit dem nur schlecht auszukommen war, auf dem distanzierenden »Sie« beharrte, ging Herold wie selbstverständlich zum vertraulicheren »du« über, ohne daß eine der beteiligten Seiten den nötigen Respekt vermissen ließ.

Eines Morgens kam Herold mit der Frage, ob Köhler sich die Leichensache Ernst Dambek gründlich genug angesehen habe. Köhler nickte. Ja, er kannte den 13 Blatt umfassenden Akt.

»'ne Sache mit Ösen und Haken«, meinte Herold. »Mir scheint, da paßt so einiges nicht zusammen.«

Am 22. März 1953 war in der Kaltenhausener Landarbeitersiedlung der fünfjährige Ernst Dambek erkrankt. Während der Junge noch am Vormittag vor dem Haus gespielt hatte, kam er gegen vierzehn Uhr zu seiner Mutter und klagte über Kopfschmerzen und Erbrechen. Frau Dambek kochte Tee und steckte den Kleinen, von dem sie glaubte, daß er sich den Magen verdorben habe, ins Bett. Gegen sechzehn Uhr bemerkte sie, daß der Junge kaum noch atmete. In heller Aufregung riefen die Dambeks nach der Gemeindeschwester. Die kam aus dem Nachbarort Kloster Zinna, konnte aber nur noch Ernsts Tod feststellen. Dr. Eifrig stellte wenig später den Totenschein aus. Da er auf eine Vergiftung tippte, notierte er »Tod unter verdächtigen Umständen« und veranlaßte die Überführung des Leichnams ins Jüterboger Kreiskrankenhaus. Tags darauf erfolgte eine Leichenöffnung in Gegenwart des Kreisstaatsanwaltes. Auf ein endgültiges Urteil über die Todesursache wollte sich der Obduzent, der allerdings kein ausgebildeter Gerichtsmediziner war, nicht einlassen. Im Sektionsprotokoll erschienen die Sätze: *»Beim Herausnehmen des Gehirns entsteht ein flüchtiger stechender Geruch ... Der Dickdarm ist krampfartig zusammengezogen ... Grauweiße feste Bestandteile und ein Tablettenrest werden gefunden.«*

Am 23. und 24. März wurde der Kriminaldauerdienst des VPKA Jüterbog in Kaltenhausen tätig. Laut Befragungsprotokoll hatte Ernst Dambek am Sonntagvormittag mit dem gleichaltrigen Siegfried Dunkelberg am Brunnen »Apotheke« gespielt. Sie füllten leere Medizinfläschchen und Tablettenröhrchen mit Wasser auf. Eine Zeugin fand sich, die angeblich beobachtet hatte, daß die Kinder in der Wohnküche des Landarbeiters Otto Bangemann erschienen waren, wo sie jeder einen Frucht-Bonbon erhielten. Am 23. März erkrankte dann auch der kleine Dunkelberg. Die Ärzte des Kreiskrankenhaus Luckenwalde behandelten ihn wegen einer »fieberhaften Grippe«.

»Mir ist schleierhaft«, sagte Köhler, »warum dem Jungen nicht mehr passiert ist. Er hat doch den gleichen Bonbon bekommen wie Ernst.«

»Der menschliche Organismus reagiert eben unterschiedlich. Und Zweifel, ob die Bonbons tatsächlich Auslöser der Erkrankungen waren, blieben nach der Sektion noch genug.«

Am 26. März 1953 hatte Staatsanwalt Hempel die bei der Obduktion entnommenen Gewebeproben an die Chemische Abteilung des Gerichtsmedizinischen Instituts der Universität Halle übersandt. Im Begleitschreiben teilte er mit: *»Der vierjährige Knabe verstarb plötzlich, ohne irgendwelche klinisch erkennbaren Krankheitssymptome. Er hat vorher von fremder Hand bekommene Bonbons zu sich genommen. Es wurde außerdem beobachtet, daß er mit Tabletten und leeren Medizinflaschen gespielt haben soll.«*

Ende Mai lag eine Antwort aus Halle vor. Der Verdacht auf eine Vergiftung – wahrscheinlich durch arsenhaltige Substanzen – wurde bestätigt. Wie das Gift in den Körper des Jungen gelangt war, ließ sich nicht schlüssig eruieren. Hier sei man auf Vermutungen angewiesen. Arsenhaltige Substanzen kommen in den meisten gebräuchlichen Pflanzenschutzmitteln vor, hieß es im Kommentar. Gerade die Landwirtschaft habe einen hohen Bedarf. So würden Spritz-Arcal gegen Kartoffelkäfer, Kalkarsenstaub und Stäube-Arcal gegen beißende Insekten im Acker- und Gartenbau oder Kupfer-Spritz-Arcal gegen Obstmaden und Frostspanner eingesetzt.

»Du siehst, es gibt keinen eindeutigen Befund«, sagte Herold.

Köhler legte die Blätter aus der Hand. »Anders ausgedrückt – man wurde sich nicht einig, ob Unfall oder Verbrechen.«

»Die Erfahrung lehrt, solange nicht von einer Seite echte Ver-

Herold (li.), Köhler (re.) als Ermittler unterwegs

dachtsgründe geäußert werden, daß an dem plötzlichen Tode des Opfers etwas nicht stimmen kann, werden kaum Fragen gestellt.«

»Aber die Bonbons hat Bangemann doch eingeräumt.«

»Und sich im gleichen Atemzug auf die Medizinfläschchen berufen. Selbst da könnten Reste von Gift vorhanden gewesen sein. Hier stand Aussage gegen Aussage.«

»Vielleicht ..., wenn man dem Bangemann etwas deutlicher den Marsch geblasen hätte ...?

»1953?« Herold winkte ab. »Überleg doch mal. Da war der 17. Juni, Fred!«

Beide wußten, welche seltsame Richtlinien für Polizei und Justiz galten, nachdem die SED-Führung das Volk mit einem neuen innenpolitischen Kurs überrascht hatte. Während sich die Rache des Regimes gegen sogenannte »Konterrevolutionäre« und »Juni-Putschisten« richtete, wurden gewöhnliche Kriminelle plötzlich mit Samthandschuhen angefaßt.

»Was mich noch irritiert, ist die Duplizität in den beiden Fällen. Ernst und sein Spielgefährte bekommen 1953 den Bonbon. Ich setze jetzt voraus, er war tatsächlich mit Arsen infiziert. Der kleine Dambek stirbt, sein Freund kommt mit dem Leben davon. 1955 erhält Annelie Dambek den arsenhaltigen Pfefferkuchen. Beinahe hätte es auch sie erwischt, ihre Freundin kommt relativ unbeschadet davon. Was fällt uns auf? In beiden Fällen war Arsen im Spiel und in beiden Fällen wird Bangemann als Urheber verdächtigt. Warum eigentlich?« Herold dachte einen Augenblick nach »Und wenn ich's recht bedenke, müssen wir auch die Schwestern Marlen und Elfi Dambek als Bezugsperson ansehen.«

»Schätze, die gesamte Familie kommt in Betracht«, meinte Köhler. »Aber irgendeinem werden wir die Rechnung schon noch präsentieren.«

»Du bist mir schon ein rechter Optimist. Ohne Geständnis, da kannst du sicher sein, geht in dieser Sache gar nichts!«

Der VP-Meister grinste, nahm auf seinem Stuhl Haltung an und erklärte forschen Tones: »Optimismus gehört zum Berufsbild jedes Volkspolizisten, Genosse Kommissar.«

Herold lud Annelie Dambek zur Vernehmung vor. Er tat es mit dem Wissen um die Ungereimtheiten im Todesfall Ernst Dambek, und er sah bei allem Geschehen noch immer kein greifbares Motiv.

Annelie kam etwas verschüchtert, aber auch verbittert nach Potsdam. Sie wurde in ein helles, geräumiges Zimmer geführt. Ein paar Bilder an den Wänden. Blumen auf dem Schreibtisch. Man verspürte den Einfluß der jungen Frau, die hinter der Schreibmaschine saß und Annelies Personalien abfragte. Etwas später gesellte sich ein hochgewachsener Mann im saloppen Sakko, hellem Hemd und passender Krawatte hinzu. »Mein Name ist Herold. Kommissar Herold«, sagte er taktvoll. »Ich leite die Untersuchung.«

»Ich merke bloß nichts von einer Untersuchung«, murrte Annelie gallig. Zu ihrem Leidwesen lief der Mann, den sie verdächtigte, noch immer frei herum.

»Bei allem Verständnis für Ihren Unmut«, erwiderte Herold, »aber Sie müssen schon begreifen, daß wir ohne Beweise keinen Schritt vorankommen. Kein Richter stellt uns auf Verdacht hin einen Haftbefehl aus.«

»Wozu haben Sie mich dann herbestellt?« Ihr Gesicht war voller Empörung.

Herold schlug die Beine übereinander. Er lehnte sich, beruhigende Lässigkeit ausstrahlend, auf seinem Stuhl zurück. »Rauchen Sie?« fragte er. Und als Sie den Kopf schüttelte: »Lassen Sie uns die Fakten in aller Ruhe durchgehen, Fräulein Annelie. Ich bin sicher, wir finden schon das fehlende Indiz. – Sie wohnen nicht mehr bei Ihren Eltern?«

»Nein, in Sassnitz. Ich arbeite dort.«

»Kaltenhausen ist Ihr Heimartort? Nie gehört. Wo liegt das Dorf?«

»Zwischen Luckenwalde und Jüterbog. Sind eben nur ein paar Häuser und der Gutshof. Und da glauben die Leute halt, daß unser Ort zur Stadt Kloster Zinna gehört.«

»Am 22. März 1953 ist Ihr Bruder in Kaltenhausen gestorben?«

»Der ist nicht bloß gestorben, der wurde vergiftet, Herr Kommissar!« Sie sagte es mit deutlichem Nachdruck.

»Woher wollen Sie das so genau wissen?«

»Mein Bruder hat es mir erzählt.«

Herold wunderte sich. »Der Ernst hat Ihnen das alles erzählt?«

»Nein, ich spreche von Martin, der war damals zwölf. Martin war an dem Sonntag mit Ernstel in der Wohnung bei Bangemann. Er wollte fragen, ob sie am Abend Mensch-ärger-dich-nicht spielen. Und da bekam Ernstel kleine Zucker-Ostereier von Bangemann geschenkt.«

»Moment mal«, unterbrach Herold. »Ich denke, es waren Frucht-Bonbons und er hat sie erst am Nachmittag erhalten?«

»Nein, auf gar keinen Fall. Das waren Ostereier. Martin hat' s mir doch selbst erzählt. Er war ja dabei!«

Aber dann, schoß es Herold durch den Kopf, müßte Ernst Dambek an diesem Tage ja zweimal Süßigkeiten erhalten haben. Die doppelte Menge als Siegfried Dunkelberg. Erst dann war die tödliche Dosis erreicht. Deshalb starb der eine Junge, während der andere überlebte. In Gedanken schüttelte der Kommissar den Kopf. Weshalb war dieser Fakt den Ermittlern im Frühjahr 1953 entgangen? fragte er sich. Warum hatte man einseitig ermittelt, sich zu sehr auf die Version »nachlässiger Umgang mit Pflanzenschutzmitteln« versteift? Martin Dambeks Zeugenvernehmung muß nachgeholt werden, notierte Herold in Gedanken. »Wie verstehen Sie sich mit Ihren Geschwistern?« nahm er den Faden wieder auf.

Zum ersten Mal lächelte sie jetzt. »Wir waren sechs«, sagte sie. »Die Wohnung sehr eng. Da ging es schon mal drunter und drüber. Trotzdem hielten wir wie die Kletten zusammen.«

»Streit unter Geschwistern kommt doch immer mal vor.«

»Ob Sie's glauben oder nicht, wir haben uns nie ernsthaft gezankt.«

»Keine Feindschaften im Dorf?«

»Weder Freunde noch Feinde«, antwortete sie unwirrsch. Sie ahnte, worauf seine Frage abzielte.

»Aber Sie haben eine Vermutung geäußert, wer Ihnen das Weihnachtspaket geschickt haben könnte«, erinnerte Herold. »Eine recht eindeutige sogar.«

»Also gut – der ›Weihnachtsmann aus Jüterbog‹ heißt Bangemann. Das ist meine feste Meinung.«

»Woraus begründet sich Ihre Überzeugung?«

Annelie Dambek öffnete die Handtasche, entnahm ein Briefkuvert und reichte es dem Kommissar über den Tisch. »Diesen Brief hat mir Herr Bangemann am 14. März vorigen Jahres geschrieben. Können Sie mir sagen, warum?«

Kommissar Herold nahm den Brief und las.

»Wenn er ein reines Gewissen hat«, redete Annelie weiter, »braucht er sich doch nicht so aufzuführen!«

Herold blickte auf. »Darf ich den Brief zu den Akten nehmen?« erkundigte er sich, und als Annelie nickte: »Hat er Ihnen schon öfter geschrieben?«

»Naja, manchmal. Erst haben Erika und ich aus Jux geantwortet, dann wurde uns die Sache zu langweilig. Wir warfen seine Briefe weg.«

»Vielleicht haben Sie ihm ungewollt Hoffnung gemacht?« vermutete Herold.

Die junge Frau schwieg.

»Hat er Sie schon mal mit einem Geschenk überrascht?«

Es kostete sie einige Überwindung, das zuzugeben. »Zu meinem neunzehnten Geburtstag drückte er mir einen Karton mit Seife in die Hand. Und ein Jahr später war es ein Päckchen mit Spiegel, Kamm und einem Paar Söckchen. Mir war das alles sehr peinlich vor den anderen Leuten. Ich hab das Päckchen in seine Wohnung zurückgebracht und gesagt, er solle es lieber seiner Frau und seinen Kindern schenken.«

»Wie hat er auf die Abfuhr reagiert?«

»Naja, zuerst ziemlich wütend. Nachgelaufen ist er mir trotzdem.«

Herold zündete sich eine neue Zigarette an. Sein Bedarf an Nikotin und starkem Kaffee war immens. Manchmal schluckte er auch Tabletten. Der Instinkt des erfahrenen Kriminalisten sagte ihm, daß er auf der richtigen Fährte war. Hier durfte er nicht lockerlassen, bis die Wahrheit zu Tage trat. »Sagen Sie, Fräulein Dambek«, Herold sog tief an seinem Glimmstengel, »hatten Sie ein Verhältnis mit Herrn Bangemann?«

Die Frage traf ins Schwarze. Verräterische Röte kroch vom Halsansatz des Mädchens empor. Ihre Miene drückte aus, was in ihrem Kopf jetzt vorging.

»Bitte, verstehen Sie uns nicht falsch«, fuhr Herold fort. »Ich frage keineswegs aus Neugier. Auch wenn es Ihnen peinlich ist, meine Kollegin und ich«, er deutete auf die Stenotypistin, »haben solche Geschichten schon zur Genüge gehört. – Aber was war zwischen Ihnen und Bangemann?«

»Es ist ..., das war ...« Sie hatte den Blick gesenkt, starrte verbissen auf den dunkelgrünen Linoleumbelag, der den Fußboden bedeckte. »Er hat ... er hat mich«, setzte sie erneut an, verstummte aber sogleich wieder.

Herold begriff. »Er hat Sie einmal rumgekriegt, nicht wahr?« sagte er behutsam. »Sie müssen nicht alles erzählen. Wir sind erwachsene Menschen. Sagen Sie nur, wann und wo es passiert ist.«

Endlich faßte sie sich ein Herz. »1951 war es. Wir sind von der FDJ-Gruppe zu einer Klebeaktion gegangen. Plakate zur Volksbefragung gegen die Remilitarisierung in Westdeutschland. Erst in Kaltenhausen, dann haben wir auch in Kloster Zinna geklebt. Herr Bangemann, der ja in der SED ist, hat uns als Erwachsener begleitet. Zum Schluß spendierte er für alle Stachelbeerwein. Selbstangesetzt. Naja, da wir nebeneinander wohnen, sind wir gemeinsam nach Hause gegangen. Erst hat er mich geküßt, dann wollte er, daß ich mit in den Schuppen komme. Naja ...«

»Wie alt waren Sie damals?«

»Siebzehn.«

Herold dachte sich seinen Teil. Die latenten erotischen Spannungen dieses Alters führen zu einem Erlebnishunger, der manche Mädchen zu willfährigen Opfern von triebhaften Männern werden läßt.

»Hat er Sie noch öfter rumgekriegt?«

»Versucht hat er es immer wieder. Aber ich bin ihm aus dem Weg gegangen. Es war wirklich nur ein einziges Mal.«

»Er war eifersüchtig?«

»Bestimmt. Er wollte wissen, mit wem ich ausgehe, ob ich einen Freund habe, ob ich auch so etwas mit ihm mache? Na, Sie wissen schon ...«

Herold nickte. »Und? Haben Sie es ihm erzählt?«

Annelie richtete sich stolz auf. Ihr ganzes Wesen drückte Abwehr aus. »Da müßte ich ja bekloppt sein«, rief sie. »Ich habe ihn einfach links liegenlassen. Und einmal hab ich ihn aus der Wohnung gewiesen. Ich konnte ihn nicht mehr ertragen. Seitdem, glaube ich, haßt er mich.«

»Na, bitte«, sagte Köhler, als er später das Vernehmungsprotokoll las, »da hast du doch alles fein sauber beieinander – den Täter und auch das Motiv.«

Herold runzelte die Stirn. Er drückte seine Zigarette aus und setzte sich lässig auf die Schreibtischkante. »Vorsicht, alter Knabe! Auch sie haßt nämlich den Kerl. Das hörst du aus jedem ihrer Sätze heraus. Was, wenn sie ihm mit ihrer Behauptung eins auswischen will? Das beste wird sein, wir konzentrieren uns zunächst auf das Umfeld.«

Am 3. September fuhren Herold und Köhler nach Kaltenhausen. Die Kartoffelernte auf den Feldern war in vollem Gange. Um ungestört sondieren zu können, hatten sie den schwarzen EMW der MUK mit einem Schild der DEFA-Spielfilmproduktion getarnt.

Köhler hängte sich zudem seinen Fotoapparat um. Sie kämen, um Außenaufnahmen für einen Spielfilm über die Landwirtschaft vorzubereiten, erzählten sie jedem Neugierigen, der ihnen über den Weg lief.

Der Abschnittsbevollmächtigte, bei dem sie sich allerdings ordnungsgemäß auswiesen, grinste breit. »Daß ihr von der K manchmal auf Brandschutzkontrolle macht, um eine Gebäude ungeniert von innen zu sehen, hab ich ja schon erlebt, aber die Nummer mit dem DEFA-Schild, die ist mir neu. Worum geht's denn, Genossen?«

EMW der Potsdamer MUK

Sie rückten mit ihrem Anliegen heraus.

»Verstehe schon.« Der ABV kratzte sich bekümmert am Hinterkopf. »Wie ihr seht, bin ich selbst erst eingezogen. Hab den Abschnitt vor einer Woche übernommen.« Seine Armbewegung umfaßte den winzigen Büroraum, dessen ungeordnetes Mobiliar das Flair eines Provisoriums ausstrahlte. »Unmöglich, alle Leute in der kurzen Zeit kennenzulernen. Aber soviel habe ich schon mitbekommen, die Zinnaer mögen die Kaltenhausener nicht so sehr. Man hält auf Abstand.«

»Städtischer Dünkel?«

»In Kaltenhausen wohnen fast ausschließlich die Gutsarbeiterfamilien. Nach landläufiger Meinung primitive und ungebildete Leute. Mischpoke eben. Ein uraltes Vorurteil. Ich weiß. Geht wahrscheinlich auf die Zeit zurück, als die polnischen Schnitter und Saisonarbeiter noch alljährlich nach Deutschland kamen, um sich während der Ernte als billige Arbeitskräfte zu verdingen.«

In der Verwaltung des Volksgutes trafen sie auf einen Mann, der sich in der Heimatgeschichte vortrefflich auskannte. Die eher zufällige Begegnung paßte wunderbar in ihre Legende. Lang und breit ließen sie sich von dem begeisterten Hobbyhistoriker in die Chronik Kaltenhausens einweisen.

»Kaltenhausen, müssen Sie wissen, war ursprünglich das alte Klostergut der Zistersienser. Der Name war schon den alten Mönchen bekannt. Vor rund siebenhundertachtzig Jahren gründeten sie hier das Kloster. Infolge Plünderungen und Brandschatzung erfolgte eine spätere Neubelebung des Klosters auf seinem heutigen Standort in Zinna. Kaltenhausen wurde zur Amtsschäferei umgewandelt. Einen weiteren Aufstieg verdankte das Gut der Familie seines letzten Besitzers. Paul Bohnstedt ließ das neue Herrenhaus errichten. 1945 nahm die Rote Armee es als Versorgungsgut in Beschlag. Nun sind wir – das Volk – die neuen Besitzer«, schloß er reichlich pathetisch.

Herold sagte: »Eigentlich sind wir ja mehr an den Arbeits- und Lebensbedingungen ihrer Landarbeiter interessiert.«

»Unser Film soll die Befreiung der Bauernschaft zeigen«, ergänzte Köhler eifrig. »Die Bodenreform, und so. Wie sich das Leben auf dem Land verändert hat, verstehen Sie.«

»Wie soll denn der Film heißen?«

»Schlösser und Katen«, antwortete Köhler geistesgegenwärtig. Erst neulich hatte er eine Reportage über die Dreharbeiten zu dem zweiteiligen DEFA-Film in der »Märkischen Volksstimme« gelesen.

»Sehr treffend«, bemerkte der Gesprächspartner beifällig. »Also gut, dann sag ich mal gleich unseren Leuten Bescheid, daß Sie überall ungehindert Zutritt haben.«

Dann marschierten sie durch die Ställe. Köhler fotografierte eifrig. Er tat es mit leerem Apparat, denn Filmmaterial war auch bei der Polizei Mangelware und teuer. Sie inspizierten die Maschinen in den Geräteschuppen. Hier und da suchten sie das Gespräch mit den Leuten. Mit den Chefs, so erfuhren sie, käme man ganz gut zurecht. Naja, Verwaltung müsse eben sein, und Fehler würden doch überall gemacht. Wer hier den Nachtdienst versieht? Der August Dambek eben. Ja, seine Frau arbeitet auch auf dem Gut. Und der Jüngste, der Traktorist werden will. Alle anderen Kinder sind schon ausgeflogen. Aber im Vertrauen – allzuviel ist mit den Dambeks nicht los. Keine geistigen Leuchten. Für die Herren Filmleute völlig nutzlose Gesprächspartner.

Es versteht sich, daß Herold und Köhler das alles nur tröpfchenweise zusammentragen konnten. Sobald jemand mißtrauisch wurde, lenkten sie die Gespräche in unverfängliches Fahrwasser. Spezielle Details an den landwirtschaftlichen Maschinen interessierten sie dann plötzlich, so daß sich die Befragten auf längere Erläuterungen konzentrieren mußten.

Welche politischen Organisationen es in Kaltenhausen gäbe, fragten sie den Brigadier. Die gegenseitige Bauernhilfe natürlich. Eine Handvoll FDJ-Mitglieder und die Ortsgruppe der SED. Ach ja, da ist auch noch ein Aktiv der Gesellschaft für Deutsch-Sowjetische Freundschaft. Leitet der Otto Bangemann.

»Ein rühriger Genosse?« wollte Herold nun wissen.

Die körperliche Arbeit auf den Feldern habe er gerade nicht erfunden. Dafür mit der Klappe immer tüchtig voran. Wegen seiner derben Redensarten und rohen Späße bei den Frauen nicht sonderlich beliebt. Im Augenblick sei er wieder mal krankgeschrieben.«

Zum Schluß nahmen sie die Landarbeiterkaten in Augenschein. Wie mit dem Lineal gezogen reihten sich die vier eingeschossigen Häuschen längs der Fernverkehrsstraße 101 aneinander, niedrig und mit winzigen Fenstern versehen. Dafür beachtliche Gemüsegärten zur Straße hin. Vier Eingangstüren auf der Hofseite jedes Katen gab über die Anzahl der Wohnungen Auskunft. Flache Bretterbauten dienten als Vorratsschuppen und zugleich als Stallgebäude für die Kleintierhalter.

»He, Sie da! Was haben Sie hier zu suchen?« Ein Mann von Mitte fünfzig lehnte sich aus einem Fenster. Dunkles, spärliches Haar, ein fleischiges Gesicht. Auf den ersten Blick ein biederer Typ. Nur das nicht mehr ganz saubere Unterhemd schmälerte den allgemeinen Eindruck.

»Wir sind von der DEFA«, rief Köhler.

»Interessiert mich einen Scheißdreck!«

»Wir suchen Drehorte für Außenaufnahmen. Vielleicht können Sie uns helfen. Dürfen wir mal reinkommen, Herr ... Herr ...?«

»Das ist der Knusperkopp!« zischte Herold durch die Zähne. »Da halt ich jede Wette.«

»Hauen Sie bloß ab!« verkündete der Klotz am Fenster. »Der Hof ist privat! Da hat niemand was zu suchen!« Krachend schlug das Fenster zu.

Die Kriminalisten blickten sich an. »Zurück nach Potsdam!« befahl Herold. »Ich glaube, wir haben genug gesehen.«

Einige Tage später schied Gottfried Köhler aus der Ermittlungsache aus. Sein Dezernatsleiter drückte ihm einen Delegierungsbefehl in die Hand. Der VP-Meister hatte sich beim Kriminaltechnischen Institut in Berlin einzufinden, Während sich seine Genossen in den folgenden Monaten mit sechs aktuellen Mordfällen im Bezirk Potsdam herumschlugen, absolvierte Köhler eine einjährige Qualifizierungsmaßnahme. Sie endete für ihn mit der Ernennung zum Unterleutnant der VP. Kommissare und VP-Räte gab es nach dem Willen der DDR-Polizeiführung mit Beginn des Jahres 1957 nicht mehr. Der Trend zur Militarisierung der Volkspolizei hatte eine neue Qualität erreicht.

Unterdessen gingen die Landarbeiter und Bauern in Kaltenhausen ihrem gewohnten Tagewerk nach. Die Frühjahrssaat schlug aus dem Boden. Sie wuchs empor, stand in Halmen und Ähren, färbte sich goldgelb und fiel unter den stählernen Messern der Mähbinder. Die Schälfurchen wurden umgebrochern, Zwischenfrucht angebaut. Der Altweibersommer flog. In der Herbstkampagne holten die Bauern Rüben und Kartoffeln aus der Erde. Abermals wurde die Scholle gepflügt. Fettigbraun glänzte der herbstnasse Boden. Und das Jahr 1957 verabschiedete sich mit trockener Kälte.

Bis zum Frühjahr 1958 ruhten die Ermittlungen in Kaltenhausen. Die Gründe sind bis heute nicht nachzuvollziehen. Vermuten läßt sich viel. Da ist zum Beispiel die unwillige Art des Herangehens der SfS-Mitarbeiter an den Giftvorgang in Sassnitz, die zögerliche Herausgabe der Protokolle in Potsdam oder die Geheimniskrämerei um die sichergestellten Beweismittel, wie den Stempelabdruck »Weihnachtsmann aus Jüterbog« auf dem Verpackungsrest. Seltsam mutet auch an, daß die Kriminalpolizei nicht von Anfang an mit aller Konsequenz gegen den Hauptverdächtigen ermittelte.

Seit August 1955 gehörte die Anwerbung »Geheimer Informatoren der Kriminalpolizei« zum Bestandteil der operativen Arbeit in der Volkspolizei. Ausgewählte Offiziere wurden mit der konspirativen Führung der Kripo-Informanten beauftragt. In der BdVP Potsdam liefen die Fäden bei Oberleutnant Mahlendorf zusammen. 1959 avancierte er offiziell zum »Leiter der Operativ-Abteilung«. 1964 erhielt sie die Strukturbezeichnung »Dezernat 1«. Auffällig ist, daß eben dieser Oberleutnant, der nicht zur etatmäßigen Besetzung der MUK gehörte, bei den späteren Vernehmungen des Beschuldigten zugegen war. War der »Weihnachtsmann aus Jüterbog« in ein solches Informantennetz – ganz gleich ob Stasi oder Kripo – involviert?

Am 18. Februar 1958 meldet sich die Abteilung II der Bezirksstaatsanwaltschaft Potsdam bei der MUK. Der für Kapitalverbrechen zuständige Staatsanwalt Weber fragt empört an, warum die Bearbeitung des Ermittlungsverfahrens wegen Verdacht des Giftmordes verschleppt werde. Der Rüffel brachte Oberleutnant Herold und seine Männer wieder in Trab. Erneut holten sie die Akte aus dem Panzerschrank.

Während Köhlers Lehrgangsbesuch war ein neuer Mitarbeiter zur Potsdamer MUK gestoßen. Leutnant Roland Braumann, ein schmächtiger Bursche um die Dreißig. Er kam aus Chemnitz, hatte früher als Werkzeugmacher gearbeitet. Im Einsatz entpuppte sich der Neue als gewiefter Ermittler. Geschickt, einfühlsam und überaus genau in seinen Recherchen. Wo andere längst das Handtuch warfen, sich die Zähne ausbissen, da witterte Braumann immer noch eine Chance, das Glück des tüchtigen Ermittlers zu zwingen.

Köhlers stärkste Seite war der Hang zum Tüfteln. Sein Interesse für die technischen Details jedes Falles. Für ihn galt die Maxime: Einen Tatort ohne Spuren kann es nach den Gesetzen materialistischer Dialektik nicht geben. Man muß nur die geeigneten Mittel und Methoden finden, um die Spuren zu erkennen. Dafür futterte der Kriminaltechniker für sein Leben gern, was der Figur – auch zum Leidwesen seiner Frau – nicht sonderlich zugute kam.

Herold – der intelligente Planer und ideenreiche Chef für die Morduntersuchung, hielt das Team mit glücklicher Hand zusammen. Die drei Sachsen im brandenburgischen Potsdam ergänzten einander prächtig. Noch heute hält sich die Behauptung, sie seien die Idealbesetzung in der MUK des Bezirkes Potsdam gewesen.

Der Staatsanwalt hatte ihnen eine Frist gesetzt. Angesichts des Zeitdruckes beschlossen sie, ihre Ermittlungen auf den Hauptverdächtigen Bangemann zu konzentrieren. Alle anderen Versionen galten jetzt als zweitrangig. Selbstverständlich war während der zurückliegenden Monate an der Akte gearbeitet worden. Leider nur sporadisch. Wesentliche Aussagen zum Persönlichkeitsbild Otto Bangemanns lagen indessen vor. Daraus ergab sich, daß sie nicht darauf hoffen durften, den Mann schon im ersten Angriff zu überrollen. Bangemann konnte maßlos stur sein. Er verstand es, sich anzupassen und pochte, wenn Nutzen für ihn in Aussicht stand, auf seine Mitgliedschaft in der SED.

»Wir könnten ihn herholen, ihn auf den Stuhl setzen und versuchen, den Burschen weichzuklopfen«, sagte Herold. »Aber das Risiko ist mir zu groß. Ich befürchte, wir geraten in Beweisnot. Eine Idee muß her, Jungens. Laßt euren Scharfsinn sprühen!«

Braumann hob den Kopf. »Vorausgesetzt, Bangemann ist der Täter«, überlegte er laut, »woher hatte er dann das Gift?«

»Pflanzenschutzmittel findest du in jeder Landwirtschaft«, bemerkte Köhler.

»Aber auch Vorschriften, wie das Zeug zu lagern ist. Wie wird das auf dem Volksgut gehandhabt?«

Herold notierte: »Überprüfen, ob Bangemann die Möglichkeit hatte, an das arsenhaltige Gift zu kommen. – Deine Aufgabe, Fred!« bestimmte er.

Köhler meinte: »Mich beschäftigt vielmehr der Druckkasten. Wenn wir den finden könnten, sind wir aus dem Schneider. Ein versierter Gutachter beweist uns in zehn Minuten, ob die Stempelschrift auf dem Paket aus den Gummibuchstaben zusammengesetzt wurde.«

»Müßte man im Vorfeld über die Nachbarn abklären«, schlug Braumann vor. »Vielleicht haben die den Kasten irgendwann zu Gesicht bekommen.«

»Das Paket ist am 27. Dezember 1954 bei der Post aufgeliefert worden, Fred. Finde heraus, wo Bangemann an diesem Tag gesteckt hat«, verlangte Herold. »Bei der Arbeit auf dem Gut, oder war er in Jüterbog?«

Köhler nickte lebhaft. »Mensch, Leute, mir fällt da noch 'ne Variante ein. Ich höre mich mal auf dem Postamt in Jüterbog um. Wenn wir Glück haben, kann sich vielleicht noch einer an den Auflieferer erinnern.«

Für Braumann erschien der Vorschlag zu weit hergeholt. »Um Himmels willen, Karlheinz, du glaubst doch nicht ernsthaft, daß sich nach drei Jahren noch jemand an das dämliche Päckchen erinnert?« Die Anrede Karlheinz war eine der Marotten, die sich die drei Männer im Laufe der Zeit zugelegt hatten.

Was Braumann nicht wußte: Gleich nach dem Krieg war Köhler im sächsischen Marienberg als Postjunghelfer ausgebildet worden. »Versteh doch mal«, ereiferte sich der Unterleutnant. »Wenn du Tag für Tag an so einem Schalterfenster sitzt, immer nur Briefe oder Päckchen siehst, dann liest du mit der Zeit ganz automatisch die Adressen. Und so ein witziger Absender wie ›der Weihnachtsmann aus Jüterbog‹, der bleibt dir im Gedächtnis. Kannst es mir ruhig glauben, Karlheinz. Auf dem Gebiet hab ich die größere Erfahrung.«

Der Kriminaltechniker bekam seinen Willen. Oberleutnant Herold unterschrieb ihm den Fahrauftrag. Zufrieden stieg der Unterleutnant in den EMW und kutschierte in die märkische Kreisstadt. Das Hauptpostamt – ein roter Backsteinbau – lag in der Mönchenstraße, einen reichlichen Steinwurf vom Jüterboger Marktplatz entfernt.

Der Amtsvorsteher war ein Mann in Köhlers Alter. Klein, blond, keineswegs schwächlich, aber nicht so stramm wie der Potsdamer Kriminalist. Köhler informierte ihn über das Ziel seiner Ermittlungen. Zunächst erntete er skeptische Blicke. Erst als er seine Überlegungen zu begründen begann, wobei er sich zwangsläufig als ehemaliger Postler outete, schmolz die Reserviertheit des anderen wie Schnee in der Sonne. Insidern gegenüber entpuppt sich jeder Mensch als redselig.

Der Amtsvorsteher ließ die drei Jahre alten Dienstnachweisbücher aus dem Archivkeller holen.

27. Dezember 1954. Vier Angestellte hatten an diesem Tage wechselschichtig den Schalterdienst versehen. Köhler schrieb sich die Namen heraus.

Der Amtsvorsteher tippte auf den Frühschichteintrag. »Die beiden Kolleginnen sind gerade im Dienst. Wenn Sie die befragen wollen? Ich laß sie rufen.«

»Bitte!« sagte Köhler. »Und die beiden Spätschichtler?«

»Tja, das ist ein bißchen schwieriger. Der Kollege Hölzke ist vor einiger Zeit als Flüchtling nach Westdeutschland gegangen. Und Frau Lieberenz wurde berentet. Sie wohnt aber noch in Jüterbog. In der Grünstraße. Ist auf dem Berge oben.«

Es klopfte an der Tür. Die Frauen traten ein. Köhlers Gespräch mit ihnen währte nur kurz. Die beiden Schalterangestellten hatten keinen Schimmer von dem ominösen Paket. Der Unterleutnant steckte sein Notizbuch ein. »Versuchen wir es halt in der Grünstraße«, seufzte er trüb. »Lauferei und Fragenstellen sind das tägliche Brot des Ermittlers.«

Der Amtsvorsteher holte seinen Mantel aus dem Schrank. »Vielleicht hilft es Ihnen, wenn ich Sie begleite«, sagte er verbindlich.

Sie wählten die Route durch die Zinnaer Vorstadt. Etwa zweihundert Meter vor dem Ortsausgangsschild bog der EMW nach links in die Grünstraße ein. Frau Lieberenz hatte die Sechzig längst überschritten. Die runde gemütliche Frau mit dem großen altmodischen Dutt auf dem weißen Haar rückte erstaunt an ihrer Brille. »Nanu, der Herr Amtsvorsteher. Das ist aber schön, daß Sie mich mal besuchen«, rief sie erfreut aus. Sie legte ihr Strickzeug beiseite und bot den Besuchern einen Platz am Wohnzimmertisch an. »Wissen Sie, in meinem Alter ist man dankbar für jede Abwechslung. Ganz so einsam hab ich's mir nun wirklich nicht vorgestellt. Würde gern noch ein paar Stündchen arbeiten gehen, wenn nur die schlimmen Schmerzen nicht wären.«

Köhlers feine Nase hatte den typischen Geruch von Rheumatinktur erspürt. Er hielt sich zunächst zurück, überließ klugerweise dem Amtsvorsteher das Gespräch. Der plauderte über frühere Zeiten, erzählte, welche Veränderung im Dienstregime seit dem Weggang der Rentnerin inzwischen eingetreten waren. Und Frau Lieberenz erkundigte sich nach diesem oder jenem Beschäftigten. »Und Sie«, wandte sie sich dann an Köhler, »sind wohl auch neu ins Amt gekommen. Ich hab Sie noch nie gesehen.«

»Ganz fremd bin ich bei der Post nicht«, gab Köhler schmunzelnd zu. »Aber jetzt gehöre ich zur Kriminalpolizei.«

»Ach, du Schreck!« Frau Lieberenz hielt sich die Hand vor dem Mund. »Was ist denn passiert?«

»Es geht um eine Sache, die jetzt mehr als drei Jahre zurückliegt. Sie waren am 27. Dezember 1954 am Schalter für den Spätdienst eingeteilt.«

»Zusammen mit dem Kollegen Hoelzke.« Der Amtsvorsteher schob ihr das mitgebrachte Dienstnachweisbuch über den Tisch. Die Rentnerin lupfte die Brille, die ihr beim Lesen hinderlich war, und starrte auf die Buchstaben. »Wird schon stimmen. Steht ja hier.«

»Können Sie sich an diesen Tag erinnern?« fühlte Köhler weiter vor.

»O weh! Das ist ja schon so lange her.«

»An diesem Tag wurde ein Päckchen aufgegeben. Das Besondere war der Absender. Vom ›Weihnachtsmann von Jüterbog‹.«

Frau Lieberenz hob ruckartig die Hand. Eine Funke des Erinnerns glomm in ihrem Gesicht auf. »Jetzt, wo Sie es sagen ... Ja, ich glaube, da war so eine Sendung ... Jaja, ich hab noch zu dem Kollegen Hoelzke gesagt: ›Wenn das Paket ankommt, ist doch Weihnachten längst vorbei‹.«

»Vielleicht wissen Sie noch die Adresse?«

»Nein. Muß aber weiter weg gewesen sein, sonst hätte ich ja das wegen dem langen Laufweg nicht gesagt.«

»Und die Schriftzüge auf dem Paket? Ich meine, Sütterlin oder Latein?«

»Nein, nein«, wehrte sie ab. »Anschrift und Absender mit Druckschrift. So gestempelt, wissen Sie, wie mit Gummibuchstaben. Hab ich auch noch dem Hoelzke gezeigt.«

Der Verlauf des Gespräches versetzte Köhler in eine Art Hochstimmung. Seine Gedankenkombination hatte sich als richtig erwiesen. Was von der Alltagsnorm am Postschalter abweicht, fällt dem aufmerksamen Bediensteten auf. Aber Geduld. Noch stand die eigentliche Nagelprobe aus. Würde Frau Lieberenz sich auch an den Auflieferer erinnern?

»Also eine Frau kommt nicht in Frage«, meinte sie bestimmt. »Es war auf jeden Fall ein Mann.«

»Wie alt?«

»Mindestens um die Fünfzig ... Ein bißchen unruhig kam er mir vor. Irgendwie unsicher und so ungepflegt. Lauter Bartstoppeln. Und da wollte ich ihn in ein Gespräch verwickeln. Daran erinnere ich mich noch. Aber wie der Mann aussah ...? Nee, beschreiben kann ich 'n nicht. Den hab ich ja gar nicht richtig gesehen. Das Schalterfenster, wissen Sie, ist nicht so groß«, entschuldigte sie sich. »Und ob ich ihn wiedererkennen würde? Ich weiß es nicht, Herr Köhler.«

Der schwarze EMW verließ Jüterbog in Richtung Norden. Nachdem Köhler den Amtsvorsteher in der Mönchenstraße abgesetzt hatte, fuhr er nach Kloster Zinna. Für den Nachmittag war der Unterleutnant mit dem Gärtnermeister Runschke verabredet. Runschke führte eine kleine Gärtnerei, die er von den Schwiegereltern geerbt hatte. 1953 war er noch auf dem Volksgut tätig gewesen.

»Geht das schon wieder mit der alten Geschichte los?« fragte er grantig, als Köhler den Zweck seines Besuches erwähnte. »Hab damals ziemlichen Ärger bekommen. Aber für die Ausstreuung von Pflanzenschutzgiften – das ist amtlich festgestellt worden – war ich nicht verantwortlich.«

»Wer dann?«

»Die Pflanzenschutzstelle aus Jüterbog. Wenn eine Streuung notwendig war, kamen die Experten vom Kreis. Wir haben bloß die Arbeitskräfte gestellt.«

»Meines Wissens wurden die Pflanzenschutzgifte auf dem Gut aufbewahrt?«

»Schon wahr. In einem abgeschlossenen Raum. Den einen Schlüssel hatte ich, der zweite hing beim Speichermeister an einem großen Ring.«

»Ein zuverlässiger Mann?«

»Der Chef hält noch heute große Stücke auf ihn.«

»Können Sie mir sagen, welche gifthaltigen Substanzen zwischen 1952 und 1954 in dem Raum lagerten?«

»Am besten, Sie sehen im Giftbuch nach. So aus dem Gedächtnis kann ich mich nur an Selenon, Hormith, Schwefelkalkbrühe, Kalkarsen, Geserol und an Wofatox erinnern.«

»Ist es möglich, daß jemand trotz des verschlossenen Raumes an das Teufelszeug heran konnte?«

»Wenn ich's drauf anlege«, meinte Runschke, »komme ich immer an das Gift. Ich brauche es nur bei der Ausstreuung beiseite zu bringen. Außerdem hing das Schlüsselbund im Büro des Speichermeisters am Haken. Jeder konnte es unbemerkt an sich nehmen.« Runschke tat einen kurzen Seufzer. »Erst nach dem Unfall mit dem kleinen Dambek ist das geändert worden. Der Schlüssel liegt jetzt beim Hauptbuchhalter unter Verschluß.«

»Danke, Herr Runschke. Das war schon alles«, sagte Köhler. »Ich muß Sie allerdings ersuchen, über unser Gespräch Stillschweigen zu bewahren, wenigstens vorläufig.«

Gut zwei Jahre waren seit Köhlers letzter Stippvisite auf dem Volkseigenen Gut in Kaltenhausen vergangen. Er war überzeugt, daß sich kaum noch jemand an den vermeintlichen DEFA-Fotografen erinnern würde. Mit dem Direktor, dem er seine wahre Identität enthüllte, kam er überein, als Gewerkschaftsfunktionär vom Bezirk aufzutreten. Trotzdem wäre seine Mission beinah in die Hose gegangen. Der fünfzigjährige Brigadier Joseph Malczyk, den der Direktor samt Stundenachweisbüchern in die Verwaltung beorderte, musterte Köhler von der Seite. »Ich hab Sie doch schon mal gesehen«, sagte er. »Sind Sie nicht bei der DEFA?«

Köhler flüchtete sich vor Schreck in einen Hustenanfall. »Das war bestimmt mein Bruder«, versicherte er rasch. »Ich komme von der Gewerkschaft.«

Der Direktor sagte: »Der Kollege arbeitet an einer Studie über die Urlaubsgestaltung der Landarbeiter. Du kannst ihm doch am besten Auskunft geben, wie oft und wie lange unsere Leute Urlaub hatten.«

Malczyk nickte. »Alles in meinen Stundenbüchern vermerkt.« Er tippte auf den Stapel kartonierter Rechenhefte, die er auf Geheiß des Direktors mitgebracht hatte. »Was soll ich Ihnen denn zeigen?«

»Als erstes interessiert mich die Urlaubsauslastung während der Frühjahrsbestellung 1957.«

Der Brigadier schlug die Kladde auf. »Hier, Sie können es selbst sehen. Die Gerda Froh hatte eine Woche Urlaub. Gelbke war krank.«

Köhler nahm das Buch. Jeder Arbeitswoche war eine Doppelseite vorbehalten. Links reihten sich die Namen der Beschäftigten untereinander. In den dazugehörigen Spalten signalisierten senkrechte Striche die Anwesenheit, U, K und S waren unschwer als Urlaub, krank oder Schulung zu deuten. »Wird der Urlaub für die Kollegen zusammenhängend gewährt oder verplempert er sich auf einzelne Tage? Sie müssen wissen, es geht um den Erholungswert, den unser Staat allen Werktätigen garantiert«, faselte Köhler.

»Es kommt schon vor, daß ein Kollege für ein oder zwei Tage Urlaub verlangt. Dann ist was Dringendes zu erledigen. Doch sonst ...«

»Sie gestatten, daß ich Stichproben mache?« Köhler zog die Hefte zu sich heran und begann zu blättern. »Was war mit Secklau? Urlaub am 16. und 17. April 1956?«

»Die sind zur Konfirmation gefahren«, antwortete der Brigadier prompt. »Nach Demmin.«

»Und hier? Kornemann am 18. Dezember 1955?«

Malczyk schaute in das Buch. Er konnte sich nicht erinnern.

Dann hielt Köhler den '54er Jahresband – das eigentliche Ziel seines Manövers in der Hand. »Bangemann, Otto«, las er vor, »hat im Juni 1954 zwei Wochen Urlaub gehabt. Und dann, sehen Sie selbst, am 27. Dezember nur einen Tag. War wohl noch besoffen von der Weihnachtsfeier?«

»Nee, der Bangemann mußte nach Jüterbog. Beim Kreis was erledigen.«

»Mann, Sie haben ja ein Gedächtnis!« heuchelte Köhler, dessen Herz vor Freude hüpfte.

Der Brigadier lachte geschmeichelt. »Ach woher denn. Hab's mir bloß gemerkt, weil mich die Annelie Dambek – Sie erinnern sich bestimmt an das Mädel, Kollege Direktor – Anfang 1955 mal gefragt hat. Bist wohl eifersüchtig, habe ich so bei mir gedacht. Man erzählte sich damals, daß der alte Bock was mit ihr hatte.«

Eine halbe Stunde unterhielt Köhler sich noch mit dem Brigadier. Bis zum Schluß bemüht, die Legende, unter der er reiste, aufrechtzuerhalten. Denn in der MUK waren sie sich einig: Sollte Bangemann von den neuerlichen Ermittlungen der Kripo Wind bekommen, war eine Flucht nach Westberlin wahrscheinlich. Aufhalten konnten sie ihn höchstens mit einem Haftbefehl. Und ob die Indizien, die sie bisher zusammengetragen hatten, ausreichten, um Staatsanwalt Weber und den Haftrichter zu überzeugen, stand noch in den Sternen.

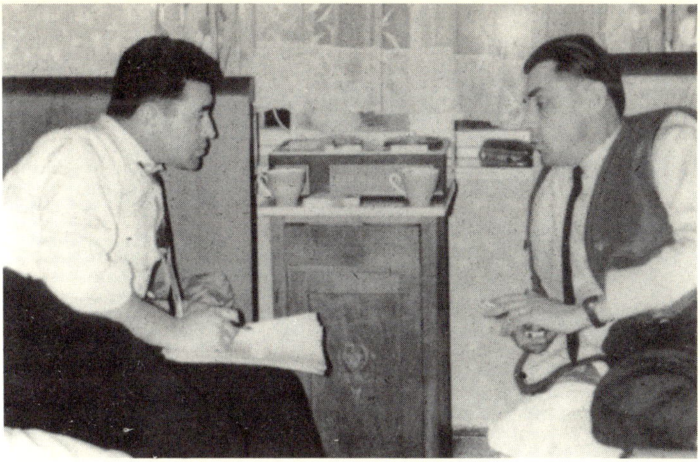

Besprechung während einer Dienstreise Köhler (li.) und Herold (re.)

Am 9. April hielten sie in der MUK einen letzten Kriegsrat. Der Haftbefehl gegen Otto Bangemann wegen Verdacht des vollendeten Giftmordes an Ernst D. und des Giftmordversuches an Annelie Dambek lag vor. Oberleutnant Herold verteilte gerade die Rollen für den folgenden Tag, als Hauptmann Hartmann, der Stellvertreter des Leiters K, in der Runde erschien. Zu aller Überraschung kündigte er Verstärkung aus der Untersuchungsabteilung an. Die Männer staunten nicht schlecht, als er sagte: »Der Genosse Mahlendorf wird an den Vernehmungen teilnehmen!«

Donnerstag, der 10. April 1958. Noch vor fünf Uhr in der Frühe waren sie in Potsdam losgefahren. Braumann hatte es sich sofort auf dem Rücksitz des EMW bequem gemacht und döste vor sich hin. Köhler saß neben dem Fahrer. Putzmunter betrachtete der Unterleutnant die Gegend. Kurz hinter Beelitz wich der Kiefernwald zurück. Nebel war hier über Nacht aus den Niederungen der Nieplitz gekrochen. Der eisige Hauch dieses Aprilmorgens hatte ihn zu Reifkristallen gefroren. Überall an Gräsern, Büschen und am Gezweig der Straßenbäume glänzten die froststarren Gebilde silberweiß auf, wenn der Lichtstrahl der Autoscheinwerfer über sie hinweghuschte. Welch ein faszinierendes Bild, als sich das kleine Stückchen Himmel, das über den Wipfeln der Bäume zu erkennen war, in ein zartes Rosa verwandelte.

Pünktlich um sechs klopften sie an Bangemanns Haustür. Eine vorzeitig gealterte Frau mit Kummerfalten im Gesicht öffnete ihnen. Leutnant Braumann fragte nach dem Hausherren. Sie trat einen Schritt zurück, wies mit einer stummen Geste auf ihren Mann, der in Hose und Unterhemd am Küchentisch saß. Auf dem Herd brodelte ein Wassertopf.

»Kriminalpolizei!« sagte Braumann. »Sie sind Herr Otto Bangemann, geboren am 20. März 1903 in Jüterbog?«

Der Mann schnellte von seinem Stuhl. Bleich, fast weiß, wich er an die Wand zurück. »Was wollen Sie denn von mir?«

»Das Kreisgericht hat einen Haftbefehl erlassen!«

»Wa ... Warum?« Bergemann geriet ins Stottern. Der Schreck war ihm gewaltig in die Glieder gefahren.

Braumanns Stimme duldete keinen Widerspruch. »Darüber werden wir uns noch ausführlich unterhalten! Jetzt ziehen Sie sich bitte an. Sie begleiten mich nach Potsdam!«

Während Bangemann unter Aufsicht die Kleidung überstreifte, inspizierten Braumann und Köhler die Wohnung. Die Stube, ebenso winzig wie die Küche, und zwei enge Schlafkammern. Die eine von Bangemanns lediger Tochter Gerlinde und ihren beiden Kindern belegt. Der erwachsene Sohn, ein Tischlergeselle, der sich die Dachkammer ausgebaut hatte, war schon zur Arbeit.

Otto Bangemann erschien ausgehfertig an der Küchentür. Leutnant Braumann legte ihm die Handfessel an und führte den Mann unter den Blicken der neugierigen Nachbarschaft zum Auto. Der Festgenommene stieg ein und wurde unverzüglich nach Potsdam transportiert, wo die Vernehmergruppe bereits auf ihn wartete.

Köhler und der VP-Meister Burkhardt, der vom Jüterboger Kreisamt zu ihnen gestoßen war, besorgten sich zwei Zeugen. Sie fanden sie in der Verwaltung des Volksgutes. Aufgabe der Zeugen war es, den ordnungsgemäßen Ablauf der Hausdurchsuchung zu beobachten und eine eventuelle Beschlagnahme von Beweisgegenständen auf dem Protokoll zu bestätigen. In den Sachen fremder Menschen zu wühlen ist eine Pflicht, der sich die meisten Kriminalisten nur ungern unterziehen. Doch wie in so vielen Fällen bestätigte sich auch in Kaltenhausen die Notwendigkeit einer solchen strafprozessualen Maßnahme. Im Schuppen entdeckte Unterleutnant Köhler ein kleines Säckchen mit weißem Pulver. Um den Inhalt zu begutachten, schüttete er eine Probe auf seine Handfläche, roch daran, verspürte den typischen stechenden Geruch und war sich sicher, eine arsenhaltige Verbindung vor sich zu haben. Köhler bezeichnete es als »150 Gramm Geserol«. VP-Meister Burkhardt steuerte den zweiten Fund bei: »graues Pulver (vermtl. Stickstoff) 100 gr«, schrieb er ins Beschlagnahmeprotokoll. Erst später sollte sich herausstellen, daß es sich tatsächlich um Kalkarsenstaub handelte.

Köhlers weitere Suche galt dem Kinderdruckkasten. Doch das Spielzeug mit den kleinen Gummibuchstaben, die man auf eine Holzleiste schieben konnte, um einzelne Wörter oder kurze Sätze zu drucken, war und blieb verschwunden. Als er Frau Bangemann nach dem Verbleib des Kastens befragte, bestätigte sie ihm, daß ein solcher existiert hatte. »Mein Mann hat ihn mal – ich glaube, das war schon 1953 – unserem Enkel Gerhard zu Weihnachten oder zum Geburtstag geschenkt. Weiß nicht, wo er abgeblieben ist.«

»Vielleicht weiß es der Gerhard?«

»Den könn' Se jetze nicht fragen«, mischte sich Gerlinde Bangemann ein. »Der Junge is im Hilfsschulinternat in Lynow. Der kommt immer erscht zum Wochenende heeme.«

Mit gemischten Gefühlen betrachtete Unterleutnant Köhler den Haufen Braunkohle im Keller. Rechts lagen vorjährige Kartoffeln in einem abgetrennten Verschlag. Ein fauliger Geruch strömte von ihnen aus. Der Kellerboden bestand aus Sand. Ideale Versteckmöglichkeiten, falls Bangemann sich des Druckkastens entledigt haben sollte. Notfalls müßten sie den Keller mit bloßen Händen umschaufeln, um die kleinen Gummibuchstaben zu finden.

Die Vernehmung fand in einem schmucklosen und fast kahlen Zimmer statt. Nur ein Tisch, mehrere Stühle, einer davon mitten im Raum. Dieser Stuhl war dem Beschuldigten vorbehalten. Das erzwang Distanz, suggerierte das Gefühl des Verlorenseins. Bangemann sollte begreifen, daß es für ihn nur einen Ausweg gab – das rückhaltlose Geständnis.

Heinz Mahlendorf, ein kleiner untersetzter Mann um die Vierzig, eröffnete das Verhör. Er hatte einen strengen Gesichtsausdruck. Der Oberleutnant liebte die herberen Töne, die so ganz und gar seinem herrischen Naturell entsprachen.

»Sie wohnen in Kaltenhausen, Herr Bangemann. Erzählen Sie, seit wann?«

Der Angesprochene schneuzte sich geräuschvoll in ein rotgewürfeltes Taschentuch. Ein paar Schweißtropfen perlten auf seiner Stirn. Dennoch gab er sich Mühe, die Fassung zu bewahren. »Das war 1935. Da hab ich auf dem Rittergut Arbeit angenommen. Noch im gleichen Jahr durfte ich mit der Frau und den beiden Kindern in die Gutswohnung ziehen.«

»Wer sind Ihre Nachbarn?«

Bangemann zählte die Namen auf.

»Was halten Sie von den Leuten?«

»Ich komme mit jedem aus. Bin ja auch ein friedlicher Mensch.«

»Näher als die anderen stand Ihnen doch die Familie Dambek?«

»Naja, wir verkehrten freundschaftlich. Haben manchmal Karten gespielt.«

»Oder Mensch-ärger-dich-nicht ...?«

»Dambeks Kinder waren reineweg verrückt danach. Die kamen oft zu mir.«

Die Vernehmung zog sich in die Länge. Eine Frage folgte der anderen. Gleichmäßig, routiniert. Mahlendorf zeigte keinerlei Interesse, das Tempo und damit den Druck auf den Beschuldigten zu verstärken. Er setzte auf Zermürbungstaktik. Der Vormittag flog dahin. Bangemann mimte den Biedermann. Mit der Zeit gewann er sogar die Überzeugung, daß sie ihm überhaupt nichts anhängen konnten. Für seine Begriffe schlug er sich wacker.

Dann löste Braumann Mahlendorf ab. »Kommen wir nochmal auf Annelie Dambek zu sprechen«, forderte der Leutnant. »Wie standen Sie eigentlich zu dem Mädchen?«

Bangemanns treuherziger Schafsblick schwenkte zu ihm herüber. »Wie zu allen anderen. Ich hab sie nicht vorgezogen, falls Sie das meinen.«

»Reden Sie doch keinen Unsinn, Mann!« polterte Mahlendorf dazwischen.

Braumanns Stimme versprach dagegen Nachsicht und Verständnis. »Sogar Geschenke haben Sie ihr gemacht!« gab er zu bedenken.

»Naja ..., mal ein Geburtstagsgeschenk. Geb ich ja zu. Sie hat's mir gleich zurückgebracht.«

»Und das in aller Öffentlichkeit. Muß 'ne herbe Enttäuschung für den blamierten Liebhaber gewesen sein.«

»Ich hab doch nicht ... Ja, was denken Sie denn von mir? Daß ich mit dem Mädel was hatte?«

»Entschuldigen Sie schon, Herr Bangemann, doch mir scheint, Sie leiden an einem schwachen Gedächtnis.« Braumann hob ein Blatt Papier an. »›Die Annelie hab ich schon mal gepimpert.‹ Genau das waren Ihre Worte bei einer Unterhaltung während der Feldarbeit in Kaltenhausen. Muß ich die Zeugen erst aufmarschieren lassen? Warum sagen Sie nichts?«

Bangemanns Augen flackerten unruhig. Nach geraumer Zeit hub er an: »Ich weiß nicht, was die Frage mit meiner Sache zu tun haben soll, aber wenn Sie darauf bestehen ... Also gut, ich hatte mit der Anne Geschlechtsverkehr. Aber bloß einmal. Meine Frau hatte wenig Lust, so kam ich auf die Idee mit dem Mädel. Bei uns im Schuppen war das. Da lag Stroh. Ist jetzt schon 'ne Weile her. Sie hatte auch nichts dagegen.«

»Danach war Fräulein Dambek aber nicht mehr einverstanden. Sie ließ Sie einfach abblitzen.«

»Versucht hab ich's noch öfter, das geb ich ja zu. Aber sie wollte das nicht, hat mich immer zurückgewiesen.«

»Trotzdem gaben Sie die Hoffnung nicht auf, wie Ihre Briefpost nach Sassnitz beweist.«

»Nur eine einzige Karte habe ich geschrieben. Zum Weihnachtsfest.«

»Über die Anzahl werden wir uns später verständigen. Jetzt interessiert mich nur: War der Text mit der Hand geschrieben, oder benutzten Sie einen Stempel?«

»Ich verstehe nicht, was ...?«

»Na, Sie haben doch mal einen Druckkasten gekauft!« meinte Braumann friedlich.

»Stimmt. Im Spielzeuggeschäft in Jüterbog. Ein Geschenk für meinen Enkel, den Gerhard. Der hatte Schwierigkeiten mit dem Lesen und dem Schreiben, und da habe ich gedacht ...«

»Wo befindet sich der Kasten jetzt?«

»Na, auf dem Wohnzimmerschrank. Wo er immer lag.«

»Irrtum. Liegt er nicht«, brummte Mahlendorf lakonisch. »Vielleicht haben Sie den Kasten inzwischen weggeworfen?«

»Dafür gab's doch keinen Grund.«

»Das sehen wir aber etwas anders. Das Weihnachtspaket nach Sassnitz trug eine Stempelschrift! Da liegt es doch nahe ...«

Otto Bangemann verfärbte sich. Ein tückischer Zug stahl sich in sein Gesicht. Sein Blick rutschte fast panisch weg. Anzeichen von aufkommender Hysterie. »Von mir war das Paket nicht!« tobte er los. »Schon am Neujahrstag hab ich das der Marlen gesagt!«

Braumann traute seinen Ohren nicht. »Zu wem haben Sie es gesagt?«

»Marlen Dambek. Die kam am 1. Januar von einem Besuch aus Sassnitz zurück und hat mir gleich von dem Paket erzählt. Das nehm ich auf meinen Eid!« schrie Bangemann wütend.

Mahlendorf und Braumann tauschten einen schnellen Blick. Ihr Gegner hatte ihnen einen Punktsieg verschafft. Noch ahnte er nichts von seinem Fehler. Und die beiden Vernehmer hüteten sich, ihn mit der Nase darauf zu stoßen. Zu einem späteren Zeitpunkt eingesetzt, würde der Widerspruch, der in Bangemanns Aussage ruhte, ohne Zweifel seine Wirkung erzielen.

Oberleutnant Mahlendorf blickte zur Uhr. Die Zeit war inzwischen fortgeschritten. »Genug für heute!« befahl er dann. Nicht unzufrieden mit dem Ergebnis der ersten Vernehmung löschten sie um 20.10 Uhr das Licht in dem kärglich ausgestatteten Dienstraum.

Das Krankenhaus in Luckenwalde lag an der Durchgangstraße nach Trebbin. Braumann, der keinen Karbolgeruch vertrug, hätte gern auf diesen Besuch verzichtet.

»Komm schon, Karlheinz«, ermunterte Köhler seinen Kollegen. »Wenn wir unseren Kunden auf die Bretter legen wollen, brauchen wir Beweise!«

Der Oberarzt musterte sie über den Rand seiner Brille. »Mordkommission? – Ich weiß nicht, ob ich überhaupt befugt bin, Ihnen eine Auskunft zu geben, meine Herren. Wir Ärzte unterliegen der Schweigepflicht.«

»Was wir von Ihnen wissen möchten, verstößt keineswegs gegen die Interessen Ihres Patienten, Herr Doktor. Das Kind Siegfried Dunkelberg wurde am 23. März 1953 bei Ihnen eingeliefert. Nach unseren Informationen handelte es sich um eine Vergiftung.«

Der Oberarzt studierte das Krankenblatt. »Jaja, ein solcher Verdacht lag nahe. Hat sich aber nicht bestätigt. Es wurde eine fieberhafte Grippe diagnostiziert.«

»Mal angenommen, Herr Doktor, der Junge hätte in irgendeiner Form Arsen zu sich genommen. Könnte es – ohne jemandem einen Kunstfehler unterschieben zu wollen – einen Zusammenhang mit der Erkrankung geben?«

»Arsenvergiftungen kommen ja Gott sei Dank nicht alle Tage bei uns vor. Ich will es nicht völlig ausschließen, meine Herren. Denn wenn mich meine bescheidenen Universitätskenntnisse nicht ganz und gar im Stich lassen, haben Arsenikvergiftungen alle möglichen Arten ihres Verlaufes. Zum Beispiel wäre eine gastrointestinale Form nach dem vorliegenden Krankheitsbild im Bereich des Möglichen. Leider habe ich den Patienten nicht selbst gesehen. Allerdings müßte die Giftmenge – immer vorausgesetzt, es handelte sich tatsächlich um eine solche Vergiftung – sehr gering gewesen sein, denn eine Schädigung der inneren Organe ist nicht eingetreten. Am 4. April '53 wurde der Junge entlassen. Ich weiß, das wird Sie nicht sehr zufriedenstellen, aber mit einer anderen Auskunft kann ich nicht dienen.«

Braumann und Köhler bedankten sich bei dem Oberarzt. Zum Schluß erklärte er sich bereit, ihnen bei Notwendigkeit eine Abschrift des Krankenblattes zur Verfügung zu stellen. Er begleitete die Männer zur Tür. »Allerdings nicht ohne schriftliche Verfügung der Staatsanwaltschaft«, rief er ihnen auf dem Flur rasch noch hinterher.

Auch ihr nächster Schachzug brachte wenig Neues ein. Eineinhalb Stunden lang bemühten sie sich in Lynow um den elfjährigen Gerhard Bangemann. Die Psyche des Jungen war in einem katastrophalen Zustand. Sobald Köhler oder Brauman zu einer Frage ansetzten, brach der Hilfsschüler in heftiges Weinen aus. Zu ihrem Glück nahm die Klassenlehrerin an der Unterredung teil. Sie verstand sich auf die debile Art ihres Schützlings. Nach und nach entlockte sie ihm eine Beschreibung der Wohnverhältnisse in Kaltenhausen.

»In einem kleinen Haus mit einer großen Stube, einer Küche und einem kleinen Zimmer.«

»Und wo bewahrt ihr eure Kartoffeln auf? Die habt ihr doch bestimmt nicht in der Stube?«

»Ist doch noch der Keller da.«

»Die beiden Herren, Gerhard, die dich heute besuchen, wissen von einem Versteck in eurer Wohnung. Sagst du mir, wo das ist?«

Wieder flennte der Junge.

»Aha«, setzte die Lehrerin erneut an, »das ist ein Geheimnis zwischen dir und deinem Opa, ja?«

Nicken unter Tränen. »Im Keller ein Loch. Wo die Kartoffeln sind«, stieß er schluchzend hervor.

»Tja, das Kind ist äußerst verstört«, meinte der Direktor abschließend. Er hatte das Gespräch durch die offene Tür des Nachbarzimmers mitangehört. »Eine Einschätzung fällt reichlich schwer. Obwohl ich den Jungen einige Zeit kenne, kann ich Ihnen nicht sagen, wie hoch man den Wahrheitsgehalt seiner Worte ansetzen soll.«

Fred Köhler brachte dann doch noch das schier Unmögliche zustande. Das angebliche Kellerversteck ließ ihn partout nicht zur Ruhe kommen. Er fuhr nach Kaltenhausen und stieg in Bangemanns Keller hinab. Die bissigen Bemerkungen des Kraftfahrers glitten an ihm ab. Köhler streifte sich einen abgetragenen Trainingsanzug über. Den mitgebrachten Overall warf er dem VP-Meister zu. Zuerst buddelten sie den Kartoffelhaufen um. Keine Spur von einem Loch im Fußboden. Dann war der Kohlenberg dran. Wieder nichts. Ein Häufchen Gerümpel in der Ecke – vollgeschmierte Schulhefte, zerbrochenes Kinderspielzeug und ein Päckchen zerfledderte Spielkarten – brachten Köhler auf die Idee, den Sand an dieser Stelle zu sieben. Im Volksgut besorgte er sich zwei Handrüttelsiebe. Stolz wie die Spanier begutachteten die staubbedeckten Männer nach mehreren Stunden ihre Ausbeute – eine Handvoll kleiner schwarzer Gummibuchstaben. Daß die Anzahl der drei und fünf Millimeter großen Lettern kaum ausreichte, um ein hieb- und stichfestes Gutachten zu erstellen, störte Köhler in diesem Moment wenig. Er reflektierte auf den Schockeffekt, den der Fund beim Beschuldigten auslösen mußte.

Als Otto Bangemann an diesem Vormittag aus der Zelle geholt wurde, ahnte er nicht, wie vollkommen seine Niederlage am Ende dieses Tages aussehen würde. Köhler nahm den Untersuchungshäftling an der Gittertür in Empfang und geleitete ihn zum Vernehmungsraum.

»Sie machen sich eine Menge Arbeit mit mir«, sagte Bangemann im Treppenhaus. »Heute ist Sonnabend, der 12. April, nicht wahr? In Jüterbog ist Kreisdelegiertenkonferenz der SED. Die Genossen werden mich vermissen.«

»Warum?«

»Ich bin doch als Delegierter gewählt. Könnte ich nicht eine Grußadresse ...? Ich meine, damit die Genossen wissen, wo ich bin ...«

Köhler schnappte nach Luft wie ein Fisch auf dem Trockenen. Soviel Unverfrorenheit war ihm in seiner Laufbahn noch nicht widerfahren. Wortlos lieferte er Bangemann bei Mahlendorf und Braumann ab. Nach dem üblichen Vorgeplänkel drehte sich der Wind. Bangemann spürte, daß ihm der Boden unter den Füßen schwand. Die Vernehmer waren entschlossen, den Sack endgültig zuzuschnüren.

»In Ihrer ersten Aussage haben Sie behauptet, nur eine einzige Karte an Annelie Dambek geschrieben zu haben.«

»Ich erinnere mich. Jaja.«

KREIS JÜTERBOG
Nr. 85
Sonnabend, 12. April 1958

Dem Sozialismus gehört die Zukunft

Gruß den Delegierten der Kreisdelegiertenkonferenz der SED

Liebe Genossinnen und Genossen!
Delegiertenkonferenzen der Partei waren von jeher Höhepunkte im Leben der Partei und jedes einzelnen Genossen. Hier wird nicht nur Rückschau gehalten, sondern entsprechend der Rolle unserer Partei, als Führerin der Massen, der Blick kühn nach vorwärts gerichtet, um allen Parteimitgliedern, ja allen Werktätigen, nachzuweisen, daß dem Sozialismus die Zukunft gehört. Von dieser unumstößlichen Gewißheit ausgehend, wird sich auch die heute beginnende Delegiertenkonferenz der Kreisparteiorganisation mit den grundsätzlichen Problemen des weiteren und beschleunigten Aufbaus des Sozialismus im Kreis Jüterbog beschäftigen.

Der »abwesende« Delegierte Bergemann wollte eine Grußadresse senden.

»Dann halte ich Ihnen diese Briefe vor. Der eine beginnt mit den Worten ›Im Sommer am See‹, der andere mit dem Satz ›Versprechen über kurzen Weg‹. Die lyrischen Ergüsse stammen doch von Ihnen, Herr Bangemann!«

Bangemann beäugte die beiden Briefe. »Die sind mit ›Angelika‹ unterschrieben«, wandte er ein.

»Am 14. März 1954 erhielt das Mädchen einen weiteren Brief, der Ihre Unterschrift trägt. Die Handschrift auf allen Briefen stimmt, wie Sie sich selbst überzeugen können, total überein.«

»Mein Gott, dann waren es halt ein paar Briefe mehr ...«

»Sie haben Annelie Dambek in dem Brief aufgefordert, sich öffentlich bei Ihnen zu entschuldigen. Warum?«

»Weil im Dorf getratscht wurde, daß ich ihr das vergiftete Paket geschickt hätte.«

»Von wem hatten Sie überhaupt die Sassnitzer Adresse?«

»Marlen hat sie mir mal gegeben.«

»Die gleiche Marlen, die Ihnen am 1. Januar erzählte, daß Annelie ein Weihnachtspaket erhalten hat?«

»Wie sie vom Besuch aus Sassnitz kam – ja!«

»Dann müßte Marlen ja eine Hellseherin sein«, rief Mahlendorf verwundert aus. »Wie kann sie etwas von einem Paket wissen, das erst am 4. Januar – also drei Tage nach Marlens Heimkehr – in Sassnitz zugestellt wurde?«

Und Braumann fügte bestätigend an: »Marlen hat tatsächlich nichts von dem Paket gewußt.«

Wieder Mahlendorf: »Sie lügen doch, Herr Bangemann! Mit Täterwissen sind Sie in die eigene Falle gestolpert!«

Braumann: »In Ihrem Schuppen haben wir Geserol und Kalkarsen gefunden!«

Fast beleidigt verteidigte sich Bangemann: »Für den Pflanzenschutz. Sie haben doch gesehen, daß ich 'n Garten hab.«

Mahlendorf: »Annelies Pfefferkuchen war mit Kalkarsen vergiftet!«

»Ich hab nichts mit dem Paket zu tun!«

Braumann: »Warum haben Sie sich dann mit den Worten ›Auf Wiedersehen? Wir sehen uns bestimmt nicht wieder!‹ von ihr verabschiedet?«

»Nein, nein. Ich weiß nichts ...!«

Nochmal Braumann: »Wo waren Sie eigentlich am 27. Dezember 1954?«

»Gearbeitet hab ich doch!« Bangemanns Stimme kippte ins Falsett.

Mahlendorf: »Falsch! Sie haben Urlaub genommen und sind nach Jüterbog gefahren.«

Auch Braumann schlug erneut zu: »Auf dem Postamt waren Sie!«

Mahlendorf: »Mit einem hübschen Paket!«

Braumann: »Hoffen Sie wirklich, daß die Frau am Postschalter den ›Weihnachtsmann aus Jüterbog‹ nicht wiedererkennen wird?«

Mahlendorf ging jetzt zur Tür. Er winkte Unterleutnant Köhler, der voller Ungeduld auf seinen Auftritt wartete, ins Zimmer. Demonstrativ schüttete Köhler die Gummilettern vor Bangemann auf den Tisch. »Dabei haben Sie sich mit der Druckschrift so viel Mühe gegeben«, meinte er ironisch. »Die hier sind wahrscheinlich übriggeblieben. Sie lagen in Ihrem Keller!«

Die winzigen Buchstaben gaben Bangemann den Rest. Wie ein Tier heulte er auf, warf den Oberkörper nach vorn über den Tisch. Minuten später eröffnete er mit zitternder Stimme das überfällige Geständnis.

»Sie wissen, daß ich mit dem Mädchen ein Verhältnis hatte. Ja, ich war verrückt nach ihr, wollte die Beziehung unter allen Umständen fortsetzen. Wütend war ich, weil sie mein Geburtstagsgeschenk zurückgebracht hatte und weil man sich im Dorf das Maul darüber zerriß. Einmal, dachte ich, werde ich's dir noch eintränken. Und als sie meinen letzten Annäherungsversuch zu Weihnachten 1954 genauso eiskalt abwies, stand mein Entschluß fest. Ich rührte etwas Kalkarsen ein, bestrich zwei Pfefferkuchenhälften mit der Brühe und klebte die Rückseiten aneinander. Dann nahm ich einen Schuhkarton, packte Äpfel, Nüsse, die Pfefferkuchen und etwas Parfüm hinein. Auf das Einwickelpapier stempelte ich die Adresse und den Absender ›Weihnachtsmann aus Jüterbog‹, wozu ich die Buchstaben aus dem Druckkasten benutzte, den ich mal meinem Enkel Gerhard geschenkt hatte. Am 27. Dezember brachte ich das Paket zur Jüterboger Post. Die Frau am Schalter fragte noch, ob es für ein Weihnachtsgeschenk nicht schon zu spät ist. Warum ich das tat? Annelie hat mich in meiner Mannesehre aufs Schlimmste beleidigt. Das konnte ich nicht auf mir sitzen lassen. Sie sollte dafür büßen. Ich gebe auch zu, daß ich mit ihrem Ableben gerechnet hab. Das war mir alles egal.«

»Wenn wir schon bei der Wahrheit sind«, mahnte Mahlendorf eindringlich, »dann sollten Sie uns auch noch erzählen, wie das mit dem kleinen Ernst gelaufen ist.«

Doch der andere schüttelte heftig den Kopf. »Meine Enkel haben selbst aus der Bonbontüte gegessen. Ich habe niemand vergiftet. Der kleine Dambek hatte mir doch nichts getan. Warum sollte ich ihn ...?«

Leutnant Braumann holte tief Atem. »Nur weil Sie meinen, jemand hätte Sie verhöhnt und beleidigt, trachten Sie ihm nach dem Leben? Was sind Sie nur für ein Mensch?«

Bangemann sah die Männer düster an. »Im Krieg hab ich noch viel schlimmere Sachen gesehen.«

»Und auch getan«, ergänzte Braumann. Er hatte mit dieser Bemerkung nichts Bestimmtes im Sinn gehabt, wie er später zugab, sich nur an die Schreckensbilder eigener Kriegserlebnisse erinnert, um so überraschender kam Bangemanns Reaktion. »Sie wissen davon?« fragte er. Und als die Männer schwiegen, begann er mit nahezu tonloser Stimme zu erzählen:

»Ich war Soldat beim 821. Landesschützenbataillon, Standort Bromberg. Mein Vorgesetzter war ein Hauptmann und Schullehrer aus Bayern und hieß Friedrich. Dieses Bataillon war eingesetzt zur Erschießung von Zivilisten im besetzten Gebiet Polens. Ich hab an solchen Erschießungen selbst teilgenommen. Es war in den Wintermonaten März – April 1943 in unmittelbarer Nähe der Ortschaft Rownow. Wir waren etwa 20 Mann von unserem Bataillon und mußten zirka 3 – 4 Kilometer ins Gelände marschieren. Hier angekommen, sah ich frisch ausgehobene Massengräber, die von den zu erschießenden zuvor selbst ausgehoben worden waren. Nach meiner Schätzung und auch nach dem, was uns durch meine Vorgesetzten mitgeteilt wurde, betrug die Zahl der zu erschießenden etwa 3000 Personen. Es waren meines Wissens nach ausschließlich Juden und zwar wahllos aufwärts. Alle Personen waren bereits entkleidet, d.h. sie waren vollkommen nackt. Die Mütter trugen ihre Säuglinge bei der Erschießung auf dem Arm. Es waren außer dem Erschießungskommando meines Bataillons noch Erschießungskommandos von Polizeieinheiten dabei. Um welche Einheiten es sich dabei handelte, kann ich nicht sagen. Die Männer, Frauen und Kinder mußten dann unmittelbar an den Rand der aus-

gehobenen Grube herantreten, wir standen ihnen ca. 10 – 15 m gegenüber. Das erste Mal wurde auf ein einheitliches Kommando geschossen, dann ging das Feuer unregelmäßig nach eigenem Ermessen. Zwischendurch gingen bestimmte Angehörige der Polizeieinheiten und gaben den in den Gräbern liegenden, noch nicht Getöteten mit MPi den Rest. Dabei ist es auch vorgekommen, daß von den Juden welche lebend in die Gräber sprangen. Die Erschießung dauerte ca. 3 – 4 Stunden. Ich habe ca. eine Stunde selbst an der Erschießung aktiv teilgenommen, danach wurde mir durch das viele Blut übel, und ich mußte wegtreten. Ich selbst habe ca. 30 Personen nach meiner Schätzung getötet. Ich hatte beide Patronentaschen voll Munition, das sind 60 Schuß, verschossen. Als die alle waren, bekam ich nochmal einige Patronenrahmen in die Hand gedrückt, die ich aber auf Grund der aufkommenden Übelkeit nicht mehr alle verschießen konnte. Beim Zuschütten der Gräber war ich nicht mehr dabei ...«

An dieser Stelle unterbrachen sie das Verhör. Der Beschuldigte, aber auch seine Vernehmer waren reichlich erschöpft. Bangemanns überraschendes Geständnis hatte die Tür zu einer völlig neuen Dimension des Verbrechens aufgestoßen. Fünf Tage später nahmen sie das Verhör auf Geheiß der Staatsanwaltschaft wieder auf. Mahlendorf und Braumann waren in einen größeren Raum umgezogen. Techniker aus dem Nachrichtenbereich hatten alle Voraussetzungen geschaffen, damit sie Bangemanns Aussagen per Tontechnik aufzeichnen konnten. Staatsanwalt Weber und eine Reihe höherer Polizeioffiziere hörten im Nebenraum zu. Und Bangemann gestand weitere Verbrechen:

»Einige Tage nach diesen Judenerschießungen war ich wieder einmal zur Wache beim Kriegsgefangenenlager Rownow eingeteilt. Ich hatte MG-Posten. Das Maschinengewehr war ein russisches System ›Maximka‹, auf einer drehbaren Lafette gelagert. In den Gefangenenbaracken war infolge eines eingetroffenen Transportes eine derartige Enge, daß die Kriegsgefangenen keinen Platz zum Schlafen fanden. Bedingt dadurch herrschte in der Baracke ein ziemlicher Lärm. Ein Feldwebel, es war unser Wachhabender, sagte im Vorbeigehen zu mir: ›Schießen Sie doch einfach, dazu ist das Ding ja da!‹ Ich habe diese Aufforderung zwar nicht als Befehl aufgefaßt, aber sah darin die Möglichkeit, das

Maschinengewehr einmal auszuprobieren, weil ich Freude am Schießen hatte. Ich richtete mein MG auf die Baracke ein, die Entfernung betrug ca. 50 Meter, und gab einige Feuerstöße – etwa 50–60 Schuß – auf die mit Kriegsgefangenen überfüllte Baracke ab. Ich kann heute nicht sagen, wieviel Menschen ich bei diesen Feuerstößen getötet habe, weil ich mich darum infolge meiner Ablösung am Morgen nicht gekümmert habe ... Im weiteren habe ich mich lediglich noch an den Erschießungen von zwei russischen Kriegsgefangenen beteiligt, und zwar aus dem Grunde, weil diese zu flüchten versuchten. Das war einmal auf dem Bahnhof in Rownow und ein anderes Mal auf dem Weg vom Bahnhof Schepetowka zum Kriegsgefangenenlager ... Wenn ich heute aussagen soll, warum ich so herzlos russische Gefangene tötete, so kann ich nur sagen, daß uns das so gelehrt wurde. Zu diesem Zeit-

wie zuvor in meinen Leben.
Ich war Soldat beim 821. Landesschützenbataillon, Standort Bromberg. Mein Vorgesetzter war ein Hauptmann und Schullehrer aus Bayern und hieß F r i e d r i c h. Dieses Bataillon war eingesetzt zur Erschi ßung von Zivilisten im besetzten Gebiet Polens. Ich habe an solchen Erschießungen selbst teilgenommen es war in den Wintermonaten März - April 1943 in unmiteelbarer Nähe der Ortschaft Rownow. Wir waren etwa 2o Mann von unserem Bataillon und mußten ca. 3-4 Km ins Gelände marschieren. Hier agekommen, sah ich frisch ausgehobene Massengräber, die von den zu erschießenden zuvor selbst ausgehoen worden waren. Nach meiner Schätzung und auch nach dem was uns durch meine Vorgesetzten mitgeteilt wurde, betrug die Zahl der zu erschießenden etwa 3 ooo xxxxxx Personen. Es waren meines Wissens nach ausschließlich Juden und zwar wahllos Frauen, und Männer jeden Alters und Kinder vom Säugling xxxxxxxx aufwäts. Alle Personen waren bereits entkleidet, d.h. die waren vollkommen nackt. Die Mütter trugen ihren Säuglinge bei der Erschießung auf dem Arm. Es waren außer dem Erschießungskommando meines Bataillons noch Erschießungskommandos von Polizeieinheiten dabei. Um welche Einheiten es sich dabei handelt kann ich nicht sagen. Die Männer Frauen und Kinder mußten dann unmittelbar an den Rand der ausgehobenen Grube herantreten, wir standen ihnen ca. 1o-15 m gegenüber. Das erste mal wurde auf eine einheitliches Kommando geschossen, dann ging das Feuer unregelmäßig nach eigenen Ermessen. Zwischendurch gingen bestimmte Angehörige der Polizeieinheiten und gaben den in den Gräber liegenden noch nicht getöteten mit MPi den Rest. Dabei ist es auch vorgekommen, daß von den Juden welche lebend in die Gräber sprangen. Die Erschießung dauerte ca. 3-4 Stunden. Ich habe ca. eine Stunde selbst an den Erschießungen aktiv teilgenommen, danach wurde mir durch das viele Blut übel und ich mußte wegtreten. Ich selbst habe ca. 3o Personen nach meiner Schätzung getötet. Ich hatte beide Patronentaschen voll Munition, das sind 6o Schuß, verschossen. Als die alle waren, bekam ich noch mal einige Patronenrahmen in die Hand gedrückt, die ich aber aufgrund der aufkommenden Übelkeit nichtmehr alle verschießen konnte. Beim Zuschütten der Gräber war ich nicht mehr dabei. Ich bin heute noch in der Lage, die Stelle an dem dieser Massenmord stattfand, aufzufinden.
(Infolge Mittagspause für den Beschuldigten wird die Vernehmung einstweilen unterbrochen).

Geschlossen: selbst gelesen, genehmigt und unterschrieben

Mahlendorf Oberltn.d.VP
Braumann Ltn.d.VP
Köhler Ultn.d.VP

[redacted] Otto
....

punkt galten die Russen für mich nicht als Menschen, ich habe sie lediglich als Untermenschen angesehen, deren Tötung nicht besonders ins Gewicht fällt ...«

Otto Bangemann zeichnete den Vernehmern eine Skizze des Kriegsgefangenenlagers. Er markierte den Postenturm, von welchem er geschossen hatte, und er bezeichnete die Baracke, in der sein Streufeuer blutige Ernte hielt. Nach Mittätern befragt, nannte er den Namen des ehemaligen Wehrmachtsangehörigen Willi Forstmann, der in einem Dorf zwischen Luckenwalde und Teupitz beheimatet war.

Noch einmal unternahmen Herold und Braumann den Versuch, Otto Bangemann zu einem Mordgeständnis in der Leichensache Ernst Dambek zu bewegen. Sie zählten ihm sämtliche Fakten auf, die für seine Täterschaft sprachen, redeten mit Engelszungen auf ihn ein, nahmen auch grobe Worte zu Hilfe. Nichts zeigte Wirkung. Ihre Bemühungen scheiterten an der starren Haltung des Beschuldigten.

Staatsanwalt Weber, mit dem sie die Situation besprachen, winkte beruhigend ab. »Bringt mir Zeugen für die Kriegsverbrechen!«, forderte er. »Der Mord an dem Jungen, wenn es denn überhaupt eine vorsätzliche Tötung war, wird durch die zu erwartenden Höchststrafe für Kriegsverbrechen gesühnt. Mehr als eine Todesstrafe ist sowieso nicht drin.«

Die Einwohnermeldekarteien der Volkspolizeikreisämter Luckenwalde und Jüterbog enthielten keinen Willi Forstmann. Dafür meldete Zossen eine Rosa Forstmann, wohnhaft in Blankenfelde. Frau Forstmann, früher mit einem Willi Forstmann verheiratet, war als Witwe eingetragen.

»Sie haben recht«, sagte sie zu Braumann und Köhler, »wir haben früher in Kummersdorf gewohnt. Das liegt zwischen Luckenwalde und Teupitz. Aber mein Mann lebt nicht mehr. Er wurde, als die Russen Kummersdorf besetzten, erschossen. Weil er Nazi war.«

»Ihr Mann war bei der Wehrmacht. Wissen Sie, zu welcher Einheit er gehörte?«

»1942 wurde er eingezogen. Zu den Landesschützen in Bromberg. Ich kann mich erinnern, daß er von Transporten gesprochen hat, die sie durchführen mußten. Näheres hat er nicht erzählt. 1944 ist er verwundet worden. Bis zum Schluß war er noch beim Volkssturm.«

»Hat Ihr Mann die Namen von Kriegskameraden genannt? Vielleicht Bangemann, Otto?«

»Von einem Hauptmann Friedrich hat er manchmal gesprochen. Aber warten Sie, ich hab noch ein Gruppenbild, das er von seiner früheren Einheit mitgebracht hat.«

Sie überließ das Foto leihweise den Kriminalisten. Das Gruppenbild wurde zur Grundlage der Fahndung nach weiteren Wehrmachtsangehörigen des Landesschützenbataillons 821.

Am 22. Mai informierte Oberleutnant Herold den Staatsanwalt Weber über den erfolgreichen Abschluß ihrer Aktion. Sie hatten zwei wichtige Zeugen gefunden.

Bangemanns Festnahme und die von ihm eingestandenen Verbrechen fanden keinen Niederschlag in der Presse der DDR. Unverdrossen berichtete die »Märkische Volksstimme« über festgenommene Fahrraddiebe, über Warenhortungen bei Einzelhändlern oder Lebensmittelverschiebungen nach Westberlin. Der Prozeß gegen einen Steinsetzmeister erschien der Lokalredaktion Jüterbog sogar mehrere Fortsetzungen wert, während sie an anderer Stelle die Leser mit der pfiffigen Schlagzeile »SPARGEL-OTTILIE KALTGESTELLT« überraschte.

Cottbus klagt Reinefarth an!

Neue Enthüllungen über die Karriere des Henkers von Warschau – Der Cottbuser Leibadvokat von Arbeitermördern
Ein Mann, der behauptete, nie in der SS gewesen zu sein – Die Fratze eines Abgeordneten im Bonner NATO-Staat

Der Marod

Die Enthüllungen der „LR“ vom 18. Oktober 1958 über die Karriere des tausendfachen Mörders und Abgeordneten im Bonner NATO-Staat, Heinz Friedrich Reinefarth, lösten unter der Bevölkerung große Empörung aus.

Die Medien in der DDR waren mit Anwürfen gegen SS-Ärzte, Blutrichter und ehemalige Nazibonzen beschäftigt, die in der BRD Karriere machen konnten. Verschämt schloß die SED den eigenen Genossen Kriegsverbrecher ohne großes Aufsehen aus der Kaltenhausener Parteiorganisation aus.

Im zeitigen Frühjahr des Jahres 1959 stand Otto Bangemann vor dem ersten Strafsenat des Bezirksgerichtes in Potsdam. »Verbrechen gegen die Menschlichkeit, Kriegsverbrechen und einen Mordversuch« warf ihm die Anklage vor. Die Beschäftigten des VEG Kaltenhausen nahmen entweder als Zeugen oder als Zuhörer an der für zwei Tage anberaumten Verhandlung teil.

Ungerührt, wie eine Prozeßbeobachterin zu berichten weiß, wiederholte Bangemann vor Gericht sein Geständnis. Als der Verteidiger vorsichtige Zweifel hinsichtlich der Entscheidungsfreiheit einfacher Soldaten über ihre Teilnahme an Erschießungshandlungen anzudeuten wagte, ließ der Staatsanwalt die von der MUK ermittelten Zeugen aufmarschieren.

Bezirksgericht in Potsdam

Der Betriebsschutzmann Hermann Fuchs aus Luckenwalde sagte aus: *»Am 9. Juli 1941 wurde ich zum Landesschützenbataillon 821 nach Bromberg eingezogen... Etwa im Oktober kam ich zur 2. Kompanie und lernte dort den Otto Bangemann aus Kaltenhausen kennen. Unser Kompaniechef hieß Hauptmann Friedrich.*

Nach acht Wochen Ausbildung kamen wir nach Rownow ... Mir ist bekannt, daß während dieser Zeit Erschießungen von Juden stattfanden. Für diese Erschießungen wurden Freiwillige gesucht, und mir ist bekannt, daß von der Kompanie sich vier Soldaten meldeten. Die Namen dieser Soldaten waren Bangemann, Witte, Weinrich und einer, der mir mit Namen unbekannt ist ... Beim Morgenappell fragte der Zugführer, wer sich für diese Erschießungen meldet, und die vier Vorgenannten traten hervor. Sämtliche Insassen des Lagers, wo diese Juden untergebracht waren, wurden vernichtet.«

Gustav Alles, der zweite Zeuge, bestätigte: *»Der hier anwesende Angeklagte ist mir als ehemaliger Kriegskamerad bekannt. Er war in die gleiche Kompanie des 821. Landesschützenbataillons eingezogen worden, ebenso ein gewisser Forstmann aus Kummersdorf. Nach der Ausbildung gingen wir auf Transport nach der Stadt Rownow ... In den ersten Tagen hatten wir keine Unterkunft und verblieben in den Transportwagen der Eisenbahn. Während dieses Zeitpunktes kamen eines Tages Vorgesetzte zu uns und auch zu mir und suchten Freiwillige zu Erschießungen. Als Grund wurde uns angegeben, daß es sich um Menschenfresser handeln würde, die sich im Lager bereits gegenseitig aufgefressen hätten. Ich persönlich habe es abgelehnt, an diesen Erschießungen teilzunehmen. Mir ist jedoch bekannt, daß sich Bangemann freiwillig zu diesen Erschießungen gemeldet und teilgenommen hat. Als das Erschießungskommando abrückte, war Bangemann dabei. Ob Forstmann auch, kann ich nicht genau sagen. Nur daß Bangemann teilgenommen hat, das weiß ich genau... Nach Kriegsende habe ich Bangemann einmal in Kaltenhausen besucht.«*

Als die Verteidigung dennoch auf eine Prüfung des »Befehlsnotstand«-Begriffes pochte, der sich für den Angeklagten schuldmindernd auswirken konnte, kam es zu einem scharfen Wortwechsel mit dem Anklagevertreter. Unter Protest legte der Verteidiger sein Mandat nieder.

Noch über Nacht arbeitete sich ein anderer Strafverteidiger in die Aktenlage ein. Auch er begriff bald, daß sein Spielraum gering bemessen war. Man kann jedoch nur verteidigen, wenn man wenigstens an eine winzige Chance für den Mandanten glaubt. Der Anwalt beschloß, sie zu ergreifen. Während der Staatsanwalt die Todesstrafe beantragte, plädierte er für eine langjährige Freiheitsstrafe. Die Strafbarkeit aller Untaten läge außer Zweifel, betonte er. Bei der Strafzumessung müsse jedoch berücksichtigt werden, daß der in seinem Charakter und Bildungsgrad recht naive Angeklagte von der nationalsozialistischen Propaganda zu seinen Verbrechen verleitet wurde.

Gesamtstatistik der DDR

Jahr	Strafart					
	Todesstrafe	lebensl. Zuchthaus	über 10 Jahre	3 bis 10 Jahre	unter 3 Jahren	Summe
1945	2	1	—	2	1	6
1946	8	2	22	35	56	123
1947	8	6	22	130	578	744
1948	10	12	62	709	3 756	4 549
1949	13	11	70	401	2 138	2 633
1950	49	160	2 914	384	585	4 092
1951	7	9	30	112	173	331
1952	3	6	17	53	61	140
1953	1	7	18	44	15	85
1954	1	2	7	20	5	35
1955	4	4	5	8	2	23
1956	—	—	—	—	—	—
1957	—	—	—	1	—	1
1958	—	—	—	1	—	1
1959	1	1	1	3	—	6
1960	4	4	—	2	—	10
1961	2	—	—	4	—	6
1962	3	2	—	5	—	10
1963	2	2	3	3	—	10
1964	—	2	—	—	—	2
	118	231	3 171	1 917	7 370	12 807

Statistik der verurteilten Kriegsverbrecher 1945-1964

Das Gericht folgte dem Antrag der Staatsanwaltschaft. Als der Vorsitzende Richter das Todesurteil verkündete, brach der Angeklagte jammernd und schluchzend zusammen.

Das Todesurteil gegen Otto Bangemann ist, wie die Statistik belegt, die einzige Todesstrafe, die im Jahre 1959 wegen »Verbrechens gegen die Menschlichkeit und Kriegsverbrechen« vor einem Gericht in der DDR ausgesprochen wurde. In der Zeit von 1945 bis 1987 ergingen etwa 258 Todesurteile. In rund 120 Fällen wegen der Beteiligung an NS-Verbrechen, in 68 Fällen wegen schwerer allgemeinkrimineller Delikte und in ca. 50 Fällen wegen Vorwurfs der Spionage. Die übrigen Urteile fußten auf dem Artikel 6 der Verfassung der DDR, in dem »militaristische und revanchistische Propaganda, Kriegshetze und Bekundungen von Glaubens-, Rassen- und Völkerhaß« als strafrechtlich zu ahndende Verbrechen gebrandmarkt waren.

Das Urteil gegen Otto Bangemann wurde am 15. Januar 1960 vollstreckt. Eine Quelle behauptete später, Bangemann sei der letzte Todeskandidat gewesen, der in Dresden hingerichtet wurde, während eine andere auf die Leipziger Kästnerstraße verweist, wo von 1960 bis 1981 Todesurteile vollstreckt wurden.

ERBARMUNGSLOS

Der Frauenmörder vom Salzigen See
1978

Still und verträumt lag die Schrankenwärterbude in der Nachmittagssonne. Ein kleines rotes Backsteingemäuer, noch vor der Jahrhundertwende erbaut, wie die meisten Dienstgebäude an der Reichsbahnstrecke zwischen Halle und Eisleben. Über der Eingangstür prangte ein Transparent mit der obligatorischen Losung »Unser Ziel – wir arbeiten UNFALLFREI«. Daneben das grellweiße Schild mit der Postennummer 16 in sattem Schwarz. Auf den zu freundlicherem Anblick aufgeputzten Beeten ließen die Blumen ihre Köpfe hängen. Die letzten Julitage des Jahres 1978 waren heiß und trocken gewesen. In den Zeitungen sprach man bereits von einem neuen Jahrhundertrekord. Und die Landwirtschaftlichen Produktionsgenossenschaften rechneten mit erheblichen Ernteausfällen.

In dem nur drei mal vier Meter großen Geviert der Wärterbude läutete es lang. Eine junge Frau trat aus der Tür, ging rasch zur Schranke und kurbelte die Barrieren herunter. Wieder im Dienstraum nahm sie an dem braungestrichenen Tisch Platz, von dem aus sie die Strecke durch zwei schmale Seitenfenster bequem beobachten konnte. Sie angelte den Hörer von dem schwarzen Kurbeltelefon und meldete: »Posten sechzehn – Schranke geschlossen!«

In der Leitung war die Stimme des Fahrdienstleiters vom Bahnhof Röblingen, der die nächste Zugfahrt ankündigte: »Dg 53226 voraussichtlich ab siebzehn Uhr vier – Fünfzehn wiederhole!«

Monika Kolz hörte, wie die Schrankenwärterin auf dem Nachbarposten mit der Nummer 15 die Durchsage rekapitulierte. Während der Fahrdienstleiter mit »Richtig. Schluß.« das Gespräch beendete, trug Monika die Angaben in den Zugfahrtennachweis ein. Dann nahm sie das Signalhorn und die zusammengerollte Gefahrenflagge von der Wand und trat erneut ins Freie. Neben dem Schrankenbock postiert, erwartete sie den Güterzug. Aus den Telegrafenstangen entlang der Strecke tönten summende Akkorde.

Schrankenwärterdienst war ein typischer, aber schlechtbezahlter Frauenarbeitsplatz bei der Deutschen Reichsbahn. Nicht sehr abwechslungsreich; man blieb viel allein mit sich und seinen Gedanken. An den Werktagen, ja, da herrschte hier am Posten 16 noch einiger Verkehr. LKW, die zur Kippe des Amsdorfer Tagebaues fuhren, passierten den Bahnübergang. Und zu den festgelegten Zeiten kamen die Rangierabteilungen vom Bahnhof Röblingen, schoben leere Waggons in den Gleisanschluß des etwa dreihundert Meter entfernten Kaolinwerkes und nahmen die beladenen mit, um sie in Röblingen in die Güterzugbildung einzureihen.

Ehemaliger Schrankenposten 16, heute eine automatische Halbschrankenanlage

Der Dg 53226 dröhnte heran. Monika Kolz, schlank und dunkelhaarig, trat einen Schritt zurück. Triebfahrzeugführer und Beimann winkten von der Diesellok herab. Der Anblick der jungen Frau im schwarzen Rock und in der hellgrauen Reichsbahnerbluse gefiel den beiden »Schwarzen«. Und Monika zierte sich nie, gern grüßte sie zurück. Ein heftiger Luftzug. Getöse und Stampfen auf dem Gleiskörper. Die Räder jagten über einen Schienenstoß. Schon verlor sich das rhythmische Geklirr in der Ferne. Monika Kolz blickte dem entschwindenden Zug nach, prüfte mit einem Blick, ob das Schlußsignal auch ordnungsgemäß angebracht war.

Wieder im Dienstraum galt ihr erster Griff dem Kofferradio. Sie regulierte die Tonfrequenz, suchte nach der Schlagerhitparade, die von Radio Luxemburg ausgestrahlt wurde. Daniel Gerards »Butterfly« oder den »Bett-im-Kornfeld«-Schmalzer Jürgen Drews hörte sie am liebsten. Obwohl Radiogeräte auf den Dienstposten verboten waren, versteckte die Schrankenwärterin ein Transistorradio in dem schmalen Holzspind, der ihre persönlichen Sachen barg. Auch das Bücherlesen war im Dienst untersagt, bis auf die »Schravo« und ein paar andere Dienstvorschriften, die aber – meist unberührt – in einem Wandregal lagen.

Vierundzwanzig Jahre war sie jung, verheiratet und Mutter von zwei Kindern. Von einem unbändigen Erlebnishunger beherrscht, glaubte sie, das Leben laufe längst an ihr vorbei. Sie träumte von einem imaginären Stück Glück, sehnte sich nach endloser Zärtlichkeit und einem idealen Mann. Das konnten ihr die Partner, die sie bisher kennengelernt hatte, auf Dauer nie bieten. Auch mit ihrem Ehemann, einem biederen Traktoristen, dem sie an Geist und Temperament überlegen war, hatte sie kein großes Los gezogen. Die erste Glut war bald erloschen. Dumpf und eintönig lebten sie seit geraumer Zeit nebeneinander her. Warum nur? Vielleicht, so dachte sie, würde sich ihre Situation bald schlagartig ändern. Seit Wochen kannte sie einen jungen Mann, dessen Ungestüm sie stets aufs neue überraschte. Wenn er sie nur in die Arme nahm und streichelte, schwanden ihr vor lauter Glückseligkeit die Sinne.

Monika Kolz sah zur Uhr. Voller Ungeduld wartete sie auf das Ende ihrer Schicht. In Gedanken weilte sie schon bei der Tanzveranstaltung, die am gleichen Abend im »Haus des Bergmannes« in Unterröblingen stattfand. Um 21.50 Uhr verstaute Monika das Kofferradio im Schrank. Sie drehte die Schrankenbäume herunter und meldete sich beim Fahrdienstleiter ab. Der Bahnübergang wurde Samstag- und Sonntagnacht nicht benutzt. Die zeitweilige Schließung war von der Reichsbahndirektion in Halle aus Personalersparnisgründen genehmigt. Den Schlüssel zur Wärterbude schob die junge Frau in das Versteck, das jeder Schrankenwärter am Posten 16 kannte.

Die Familie Kolz wohnte in Erdeborn, einem kleinen Dorf, vier Kilometer westlich von Röblingen gelegen. Zum Ort gehörte eine

Bahnstation, so daß Monika Kolz die Zugverbindungen von und nach Erdeborn benutzen konnte. War sie samstags zum Spätdienst eingeteilt, wie am 29. Juli 1978, nahm sie oft den letzten Personenzug, der kurz vor Mitternacht in Richtung Eisleben fuhr. Und sie mußte früh wieder raus, wenn ihr Name auf dem Dienstplan für die zwölfstündige Sonntagsschicht stand.

Als Günter Kolz nach dem Sonntagsläuten der Kirchenglocke aufstand, um die Kinder zu versorgen, sah er, daß das Bett seiner Frau unberührt war. Noch machte er sich keine Gedanken über ihr Ausbleiben. Wahrscheinlich, so dachte er, hat sie bei einer Bekannten in Röblingen übernachtet und war dann am Morgen gleich wieder zum Frühdienst gegangen. Bei kurzem Schichtwechsel kam das zuweilen vor. Seine Frau handelte vielfach sprunghaft. Das Kommando in der Ehe lag eindeutig bei ihr. Ein Umstand, an den er sich längst gewöhnt hatte.

Am Sonntagabend, Monika war noch immer nicht zu Hause aufgekreuzt, brachte Kolz die Kinder bei seinen Schwiegereltern unter. Danach zog er in die Dorfkneipe und ertränkte seinen Ärger in Alkohol. Voller Trübsinn ahnte er, daß seine Frau ein weiteres Mal aus der Ehe ausgebrochen war. Der Trauring an ihrer Hand war für sie kein Grund, andere Männer zu meiden. Wenn ein Kerl ihr gefiel, dann war sie sogleich Feuer und Flamme. Lange gedauert hat es ja nie, tröstete er sich, aber sie tat es halt immer wieder.

Auch am Montag keine Nachricht von seiner Frau. Kolz stieg auf den Traktor und fuhr das Futter zur LPG Tierzucht. Gegen Mittag rief man ihn ins Büro. Ein Eisenbahner war kurz zuvor mit dem Moped auf den Hof der LPG geknattert und hatte nach dem Traktoristen gefragt.

»Ich bin Dienstregler beim Bahnhof Röblingen. Wo steckt denn Ihre Frau, Herr Kolz? Ist sie krank geworden?«

Kolz zog die Schultern hoch. »Keine Ahnung«, knurrte er. »Hab sie seit Sonnabend nicht mehr gesehen.«

»Sie müssen doch wissen, wo sich Ihre Frau aufhält«, entrüstete sich der Eisenbahner. »Am Sonntag ist sie nicht zur Schicht gekommen. Heut läßt sie uns schon wieder sitzen. Wie soll ich denn die Dienstposten besetzen? Überall fehlen mir die Leute!«

Kolz schüttelte den Kopf. »Ich weiß wirklich nicht, wo sie ist!« beteuerte er dumpf.

»Dann suchen Sie gefälligst nach ihr!« forderte der Eisenbahner verbiestert. »Monika hat sich umgehend zum Dienst zu melden!« Er stieg auf sein Moped und knatterte vom Hof. Die Aussicht, einen Ersatzmann unter den dienstfreien Schrankenwärtern rekrutieren zu müssen, besserte seine Laune keineswegs.

Erst am Dienstag – Monikas Eltern hatten gleichfalls gedrängt – begann Kolz sich nach seiner Frau umzutun. Er fragte bei Bekannten nach. Alles, was er unternahm, geschah halbherzig. Der Blockwärter des Eisenbahnhaltepunktes Erdeborn versicherte ihm, daß Monika Samstagnacht nicht aus dem letzten Zug aus Richtung Röblingen gestiegen war; also hatte sie ihn nicht benutzt.

Monikas frühere Schulfreundin, bei der sie manchmal in Unterröblingen übernachtete, wußte nichts. Und eine gleichaltrige Kollegin vom Bahnhof Röblingen schüttelte ebenso ratlos den Kopf. Kolz fragte auch in der Mitropa-Gaststätte nach, die, wie er wußte, von den Eisenbahnern gern aufgesucht wurde. Doch auch hier konnte man ihm nicht weiterhelfen. Übereinstimmend erklärten ihm die beiden Serviererinnen, Monika seit Tagen nicht mehr gesehen zu haben. »Wahrscheinlich ist sie irgendwo anders hängengeblieben«, trösteten ihn die Frauen.

Mit der Wut des gehörnten Ehemannes im Bauch setzte Günter Kolz sich an einen Ecktisch und orderte eine Lage Bier und Schnaps.

Etwa 6300 Einwohner lebten im Sommer 1978 in Röblingen am See. Die zum äußersten Südosten des Mansfelder Landes zählende Großgemeinde war in mehrere Siedlungen und Ortsteile gegliedert. Kupfer-, Salz- und Braunkohlenbergbau hatten das Gesicht der Landschaft geprägt. Mit dem Ausgang des 19. Jahrhunderts waren die ersten Brikettfabriken, Schwelereien und Mineralölwerke im Röblinger Revier entstanden. Schäbige, verrußte Fabrikgebäude, von denen die meisten bis zum Ende der DDR produzierten. Größter Arbeitgeber am Ort war das Braunkohlenwerk mit dem Namen des 1953 verstorbenen Kommunisten »Gustav Sobottka«. Restruinen – wie der Tagebau Amsdorf – sind noch heute im Gelände zu finden. Den Beinamen »am See« verdankt Röblingen einem salzhaltigen Gewässer, dessen Fluten im Jahre 1892 durch Wassereinbruch in die Kupfergruben der Wimmelburger Otto-Schächte verschwanden. Der Salzige See mußte leergepumpt werden. Seitdem verlandete er.

Zwei grünbetuchte Ordnungshüter wachten über das Wohl und Wehe der Bürger von Röblingen, Erdeborn, Stedten, Schraplau, Wansleben, Aseleben und Seeburg am Süßen See. Der Abschnittsbevollmächtigte und sein Stellvertreter gehörten zum öffentlichen Leben im Röblinger Revier. In jedem Betrieb, in jeder Schule, in den Kneipen und auf der Straße kannten man die beiden Volkspolizisten.

Erst am 4. September erfuhr der ABV während eines nächtlichen Streifengangs vom Verschwinden der Schrankenwärterin Monika Kolz. Süffisant erzählte ihm der freiwillige Helfer, der ihn in dieser Nacht begleitete, den jüngsten Dorfklatsch aus Erdeborn. Der Leutnant war lange genug im Geschäft, so daß er nicht jedes Wort für bare Münze nahm. Zudem kannte er Monika und Günter Kolz und wußte um die Probleme, die zwischen den Ehepartnern standen. Daß der Alkohol dabei eine nicht unbedeutende Rolle spielte, war ein offenes Geheimnis. Acht Tage später entschloß er sich, dem Gerücht außerhalb des offziellen Protokolles nachzugehen.

Der ABV fand den Traktoristen beim Pflügen eines Stoppelfeldes hinterm Erdeborner Windmühlenberg. Er bockte die »Schwalbe« am Feldrain auf und fingerte ein Päckchen Zigaretten aus seiner Kartentasche. Kolz kletterte unterdessen vom »Famulus«. Quer über den Acker stapfte der gedrungene Bursche heran, weit davon entfernt, so etwas wie ein Adonis zu sein. Wortlos hielt ihm der Leutnant die Schachtel entgegen. Kolz bediente sich. Sein Feuerzeug flammte auf.

»Alles in Ordnung, Kolz?« fragte der ABV.

»Ja. Was soll schon sein? Passiert doch sowieso nicht viel in unserm Kaff.«

»Deine Frau, hört man, ist nicht nach Hause gekommen?«

»Abgehauen«, nickte Kolz. »Aber ich werd sie schon holen.«

»Du weißt, bei wem sie sich aufhält?«

»Keine Ahnung. Muß ich noch rausfinden.«

»Hat's Streit gegeben in letzter Zeit?«

»Weiß nicht.« Kolz' Gesichtsausdruck blieb verschlossen.

Der Leutnant nahm seine Mütze ab, wischte über das Schweißband. Die Abwehr des Traktoristen war deutlich. Man wollte helfen, aber die Entscheidung lag nun mal bei Kolz. Der ABV hatte es zu respektieren.

Die Zigaretten waren aufgeraucht. Die Männer traten die Kippen ins Erdreich. »Also, wenn du eine Anzeige erstatten willst«, sagte der Uniformierte, »dann komm zu uns in die Dienststelle. Und bring ein Foto mit, damit wir nach deiner Frau suchen können. Verstanden?«

Als vermißt gemeldet: Monika K.

Der Leutnant stieg auf sein Moped und betätigte den Starter. Pötternd sprang der Leichtmotor an. Ganz wohl war ihm nicht bei der seltsamen Geschichte. Zu vieles erschien ihm noch unklar. Eine Vermißtenanzeige mußte ausreichend begründet sein. Ein umfangreicher Fahndungsapparat würde in Bewegung geraten. Je weniger Angaben über den vermutlichen Aufenthaltsort der vermißten Person vorlagen, um so größer der Aufwand bei den Ermittlungen. Das verursachte erhebliche Kosten. Selbst die Polizei war inzwischen angehalten, auf allen Ebenen zu sparen. Ungeachtet dessen entschloß sich der Leutnant, den Fahndungsoffizier der Abteilung K im Volkspolizeikreisamt Eisleben um Rat anzugehen.

Zwei weitere Wochen gingen ins Land. Dann, Ende September, erschien Günter Kolz beim VP-Gruppenposten ins Wansleben. Seine Suche war ergebnislos geblieben. Jetzt verlangten die Schwiegereltern kategorisch, daß er die Volkspolizei einschalten müsse. »So lange ist sie noch nie weggeblieben«, erklärte Kolz dem ABV mit bedrückter Miene.

Der Leutnant setzte sich an seinen ramponierten Rollsekretär, deckte die Schreibmaschine auf und musterte Kolz erwartungsvoll. Der hatte sich einen hölzernen Bürostuhl mit Armlehne herangezogen.

»Wir müssen systematisch vorgehen«, erläuterte der ABV, während er das Anzeigenformular in die Maschine drehte. »Ich werde dir Fragen stellen, du beantwortest sie nach bestem Wissen. – Also, wann hast du deine Frau zum letzten Mal gesehen?«

»Das war am Sonnabend. Da ist sie mittags zur Schicht gefahren.«

»An welchem Sonnabend, Kolz? Ich muß das schon ein bißchen genauer wissen.«

Der Traktorist begann zu rechnen. »Am 29. Juli«, gab er schließlich Auskunft. »Sie hat ihre Tasche genommen und ist zum Mittagszug gegangen. Sie fuhr ja immer mit der Bahn bis Röblingen. Eisenbahner haben doch Freifahrt.«

»Hat jemand sie in den Zug steigen sehen?«

»Weiß ich nicht. Aber sie hat ihren Dienst gemacht auf dem Posten 16 in Röblingen. Die Eisenbahner haben's mir erzählt.«

»Bis wann dauerte die Schicht?«

»Abends, so gegen zehn war sie zu Ende. Monika ist dann immer mit dem letzten Zug gekommen. Ich hab schon in Erdeborn gefragt. Niemand hat sie am Haltepunkt gesehen.«

»Das bedeutet, sie war gar nicht im Zug?«

»Wahrscheinlich hat sie in Röblingen übernachtet, dachte ich. Weil sie doch am Sonntag gleich wieder zum Frühdienst mußte. Manchmal hat sie es so gemacht.«

»Und bei wem übernachtet sie dann?«

»Bei Gerlind Funke. Ist ihre Freundin. Die beiden haben zusammen bei der Eisenbahn gelernt.«

Der ABV wußte, von wem die Rede war. »Und?« fragte er. »War sie bei der Funke?«

»Gerlind sagt nein. Sie weiß auch nicht, wo die Monika geblieben ist.«

»Welche Personen kämen denn noch für ein Nachtquartier in Frage?«

Kolz zählte eine Handvoll Namen auf, fügte aber gleich an, daß er bei den Adressen genau so vergebens nachgeforscht habe.

»Hat deine Frau Wertsachen mitgenommen? Einen größeren Geldbetrag?«

»Die Kleidung ist ja noch da, die Wäsche und alles andere auch.«

»Habt ihr Streit gehabt?«

»Bestimmt nicht, Leutnant. Da war nichts. Manchmal war sie ziemlich krötig zu mir, und ich bin auch leicht ausgerastet. Aber diesmal gab's keinen Grund.«

»Und einen Abschiedsbrief, Kolz? Irgend 'ne Nachricht muß sie doch hinterlassen haben.«

»Nee. Sie ist einfach so weggeblieben. Ohne jede Erklärung.«

»Hat Monika mal von Selbstmord gesprochen? Denk jetzt in Ruhe nach, Kolz. In jeder Ehe passieren solche Geschichten.«

Der junge Mann stützte seine Hände auf die Knie. Er streifte den Leutnant mit einem leeren Blick. »Manchmal, wenn wir in Streit gerieten, hat sie geschrien, daß sie sich den Strick nehmen will. Aber das war doch bloß so dahingesagt. Unsere Kinder hätte Monika nie im Stich gelassen!« Kolz hob die Schultern und ließ sie wieder fallen. »Glaub mir, Leutnant, ich weiß wirklich nicht, wo ich noch suchen soll. Vor einem Rätsel stehe ich.«

Der ABV blieb sachlich. »Welche Bekleidung trug deine Frau, als sie am 29. Juli die Wohnung verließ?«

»Eisenbahneruniform. Wie immer, wenn sie zum Dienst mußte.«

Die Schreibmaschine klapperte. Mit spitzen Fingern hieb der Leutnant auf die Typenhebel ein. »Und jetzt«, meinte er, »brauchen wir die Angaben zur Personenbeschreibung. Wie groß war deine Frau, Kolz?«

Am nächsten Morgen fuhr der Abschnittsbevollmächtigte ins Volkspolizei-Kreisamt Eisleben. Er übergab die Vermißtenanzeige der Kriminalpolizei, wo sie auf dem Tisch des Fahndungsoffiziers im Kommissariat V landete.

Daß Menschen aus ihrem gewohnten Lebensumkreis entschwinden, war auch in der DDR kein außergewöhnliches Phänomen. Polizeiinterne Statistiken sprechen von 10 000 Fällen pro Jahr. Etwa 78 Prozent aller Vermißten waren Kinder und Jugendliche im Alter zwischen 9 und 18 Jahren. 41 Prozent der Erwachsenen gehörten dem weiblichen Geschlecht an. Der weitaus überwiegende Teil stellte sich jedoch nach wenigen Tagen oder gar Stunden unversehrt wieder ein. Wachsende Einsichtigkeit, Abstand von der Ausführung eines geplanten Suizidvorhabens, fehlende finanzielle Mittel, ungünstige Witterung und das Abklingen psychopathologischer Dämmerzustände motivierten zur Rückkehr an den Abgangsort. Obwohl die Zahl der Fälle, die sich auf diese Art und ohne nennenswertes Zutun der Kriminalpolizei von selbst erledigten, relativ hoch war, galten strenge Maßstäbe für die Bearbeitung von Vermißtenvorgängen. Denn mit jeder Anzeige stellte sich zugleich die Frage »Wurde an der vermißten Person ein Tötungsdelikt begangen?« Die Kriminalgeschichte kennt genügend Beispiele für vertuschte Verbrechen.

Eine alte kriminalistische Regel besagt, daß man bei der Suche nach Vermißten dort ansetzen soll, wo sie sich zuletzt aufgehalten haben. Im Fall der Monika Kolz kam die Schrankenbude am Posten 16 dafür in Frage. Der Oberleutnant begann seine Ermittlungen bei der Bahnhofsverwaltung in Röblingen. Die Kaderakte Kolz enthielt keinen Hinweis für die Vermißtenfahndung. Lediglich der Verwandtenspiegel, der sich aus dem Personalfragebogen ergab, war für den Kriminalisten von Interesse. Später würde er die Leute der Reihe nach aufsuchen, um sich bei ihnen zu erkundigen.

»Kollegin K. ist in ihrer Arbeit ordentlich und gewissenhaft«, notierte der Kriminalfahnder. »Stets einsatzbereit. Übernimmt freiwillig Sonderschichten, wenn andere Kollegen im Dienst ausfallen. Ihre gesellschaftliche Einstellung ist daher als positiv zu bezeichnen. In ihrem Wesen freundlich und aufgeschlossen und ihrem Alter entsprechend auch lebenslustig. Jüngeren Mitarbeitern gegenüber zeigt sie sich kontaktfreudig und hilfsbereit. Hinweise auf unmoralisches Verhalten liegen nicht vor.«

Eine geschönte Charakteristik, wie die meisten Beurteilungen in solchen Kaderakten. Blauäugig obendrein. Denn wenn man den Bericht des Abschnittsbevollmächtigten zugrunde legte, waren die Eheprobleme der Familie Kolz nicht nur in Erdeborn bekannt. »Ich möchte mir den Dienstposten ansehen, auf dem Frau Koch am 29. Juli gearbeitet hat.«

Der Bahnhofsvorsteher begleitete ihn nach Unterröblingen. Bis zum Schrankenposten 16 waren es knapp zwei Kilometer. Die Hauptstraße in Richtung Amsdorf zog sich durch eine S-Kurve. Links stand eine geschlossene Häuserzeile. Dort, wo sie endete, zweigte rechterhand der Weg zum Bahnübergang ab. Ein Eisenbahner im vorgerückten Rentenalter bediente die Schrankenanlage. Einige grauweiße Haarsträhnen sprossen unter seiner Schirmmütze hervor. Beim Anblick seines Dienstvorgesetzten nahm er stramme Haltung an. »Ohne Vorkommnisse, Kollege Vorsteher!«

Die zackige Meldung amüsierte den Oberleutnant. Sie bescherte ihm Erinnerungen an den Kasernenhof der Polizeischule in Aschersleben. Dort wurden unter militärischem Drill junge

Offiziere für die Volkspolizei ausgebildet. Erst später begriff der Kriminalist, daß das lächerliche Ritual der Eisenbahner durchaus ernst gemeint war. Es entsprang den militärischen Befehlsstrukturen, nach denen die Deutsche Reichsbahn als größter Staatsbetrieb in der DDR verwaltet wurde.

»Wegen der Kolz kommen Sie?« Der Eislebener Kriminalist hatte Mühe, den Alten zu verstehen. Der Mann nuschelte, weil sein Gebiß ihm Schwierigkeiten bereitete. »Hören Sie mir auf mit dem Flittchen. Wer weiß, mit wem die durchgebrannt ist. Mindestens ein halbes Dutzend Kerle treibt sich manchmal hier rum. Drüben vom Werk sind auch welche bei.« Sein Kinn deutete über die Gleise, wo sich der Gebäudekomplex des Kaolinwerkes mit dem hochragenden Turm der Aufbereitungsanlage erhob. Zwei Schienenstränge zweigten am Posten 16 ab, führten unmittelbar zur Verladestelle am Rande des Betriebsgeländes.

Kaolinwerk Röblingen

»Kennen Sie die Männer?«

»Namen weiß ich nicht«, wehrte der Alte rasch ab. Seine Offenherzigkeit gereute ihn schon.

»Aber Karl«, rief der Dienstvorsteher, »du wohnst doch in Unterröblingen. Ein paar von den Burschen wirst du schon kennen.«

Der solchermaßen Ermahnte kratzte sich verlegen am Hinterkopf. Nach reiflicher Überwindung zählte er die Namen von drei jungen Männern auf. »Hoffentlich kriege ich deswegen keinen Ärger mit den Leuten«, schloß er brummig.

Selbstverständlich würde die Vertraulichkeit gewahrt, sicherte ihm der Oberleutnant flugs zu. Dann sah er sich in der Wärterbude um. Viel zu entdecken gab es ja nicht. Sein Blick glitt von dem braungestrichenen Tisch zu den schmalen zweitürigen Holzschränken hinüber. »Welcher gehört Frau Kolz?«

»Der zweite von links.«

Ein Sicherheitsvorhängeschloß hing an der Spindtür. »Hilft nichts«, meinte der Kriminalfahnder. »Müssen wir aufbrechen. Haben Sie einen Hammer?«

Der Schrankenwärter schleppte Werkzeug aus einem Nebengelaß herbei. Zwei kräftige Schläge. Das Schloß fiel zu Boden. Der Oberleutnant öffnete die Tür. Ein Eisenbahnerregenmantel und eine Uniformjacke. Auf der Mützenablage stand ein Transistorradio. Unten auf dem Schrankboden eine braune Tasche. Auf den ersten Blick war zu erkennen, daß sie der Beschreibung in der Vermißtenanzeige entsprach. Der Oberleutnant stellte die Tasche auf den Tisch. Wenn es noch Zweifel an der Identität der Besitzerin gegeben hätte, Monika Kolz' Portemonnaie, ihr Dienst- und ihr Personalausweis, die sich in der Tasche befanden, beseitigten sie.

»Kann man feststellen, bis wann Frau Kolz sich am 29. Juli in der Schrankenbude aufgehalten hat?«

Der Bahnhofsvorsteher nickte. »Zeig ihm das Dienstübergabebuch, Karl!«

Der Schrankenwärter reichte dem Oberleutnant eine abgegriffene Kladde. Unter dem Datum vom 29.7.1978 entdeckte er den Eintrag: *Dienstbesetzung von 13.30 – 22.00 Uhr: M. Kolz. Schranke um 21.50 Uhr gesichert. Abmeldung an Fahrdienstleiter Blunke. gez. Kolz*

»Vielleicht möchten Sie den Kollegen Blunke befragen?« schlug der Dienstvorsteher vor.

Noch am Nachmittag vernahm der Oberleutnant den Fahrdienstleiter. Wie die Dinge lagen, war Blunk der letzte Zeuge, der mit Monika Kolz gesprochen hatte.

»Genau um 21.50 Uhr«, bestätigte er. »Die übliche Zeit. Die Kolz mußte doch zum Zug nach Erdeborn. Jeder Fahrdienstleiter wußte das.«

»Hatten Sie vielleicht den Eindruck, daß jemand bei ihr auf dem Schrankenposten war?«

»Sie meinen Stimmen oder Hintergrundgeräusche? Nee, überhaupt nicht. Sie klang ein bißchen aufgekratzt am Telefon, ja, aber das war sie ja fast immer.«

Monika Kolz' Abgangsort und der Zeitpunkt ihres Verschwindens standen nach diesen Ermittlungen fest. Nur das Rätsel um ihren derzeitigen Aufenthaltsort blieb ungelöst.

»Jetzt drück doch mal ein bissel auf die Tube, Ebs!« Voller Ungeduld trommelte Siegfried Schwarz auf die kunststoffbezogene Armlehne der Wartburgtür.

»Hier sind bloß siebzig erlaubt!« Eberhard Schäfer, der Mann am Steuer, grinste seinen Dienstvorgesetzten an, gab aber zugleich stärker Gas. Von Halle kommend, schoß der dunkelbraune Wartburg-Kombi über die F 80 dahin, nahm eine langgezogene Rechtskurve und erkletterte den 141 Meter hohen Wachhügel, bis sich ihnen der Blick in die weite offene Landschaft des Mansfelder Landes bot. Rechts grüßte die Wasserfläche des Süßen Sees mit der imposanten Kulisse der Seeburger Schloßanlage. Links hügelige Ackerflächen für den Obstanbau. Und weit voraus der Talkessel, aus dem die Türme der Eislebener Kirchen ragten. Die Kreisstadt war das Ziel ihrer Dienstfahrt.

Der dreiundvierzigjährige Siegfried Schwarz war ein dynamischer Typ, überaus schlagfertig und spitz mit der Zunge, was dem Hauptmann nicht nur Freunde einbrachte. Er war kein bedenkenloser Parteigänger, kein Mitläufer, der seine Meinung hinter verquasten Phrasen verbarg. Eher ein kritischer und hellwacher Geist. Die meisten seiner Vorgesetzten konnten mit Schwarz' Ironie wenig anfangen. Der jederzeit korrekt gekleidete Hauptmann, der zu allem Überfluß auch noch der Jagdleidenschaft frönte, verunsicherte die Chefs mit Respektlosigkeit. Letztendlich erschien es ihnen am bequemsten, den aufmüpfigen Genossen Schwarz kurzerhand als Zyniker abzustempeln. Seine fachliche Kompetenz konnten sie ihm nicht absprechen. Und so wurde Schwarz, als der Posten des Chefs der Morduntersuchungskommission im Bezirk neu zu besetzen war, als Leiter bestätigt. Die vierköpfige MUK gehörte zum Personalbestand des 1964 gebildeten Dezernates II in der Abteilung K der VP-Bezirksbehörde.

Während der Wochenendbereitschaft hatte Schwarz den Vermißtenvorgang Kolz aus Eisleben kommen lassen. Was ihm da unter die Augen kam, alarmierte den erfahrenen Morduntersucher. Die Anzeigenerstattung war so ungewöhnlich spät erfolgt, das mußte einfach Argwohn erwecken. In aller Eile hatte er einen Ermittlungsplan skizziert, für dessen Realisierung er den 3. Oktober bestimmte.

»Seit sechsundsechzig Tagen ist die Frau abgängig«, sagte Schwarz zu seinem Mitarbeiter, »und der Mann zeigt scheinbar kein Interesse, die Polizei einzuschalten. Verstehst du das?«

»Wenn du mich fragst – die Sache stinkt!«, stimmte Eberhard Schäfer ihm zu.

»Findest du?«

»Unbedingt. An der Geschichte ist was faul.« Als der hellblonde Leutnant von der Fachschule Aschersleben gekommen war, hatte man ihm eine interessante Arbeit im Dezernat II der BdVP versprochen. Zu seiner nicht geringen Überraschung landete er ausgerechnet in der MUK. Dabei mochte Schäfer den Anblick von Leichen überhaupt nicht. Unbehagen überkam ihn, wenn er zu einem Tatort ausrücken mußte. Doch ein Kader-Befehl galt in der Volkspolizei als unumstößlich.

»Was mag das für ein Typ sein, dieser Günter Kolz?« sinnierte Schwarz. Die gleiche Frage stellte er eine knappe Stunde später dem Vermißtensachbearbeiter im VPKA Eisleben.

Der Oberleutnant blätterte in seinen Aufzeichnungen. »Keine geistige Leuchte«, gab er seinen Eindruck kund. »In der Schule ein paarmal sitzengeblieben. Arbeit im Kupferbergbau, dann in der Braunkohle. Wechselte oft die Arbeitsstellen, weil er mit den allgemeinen Anforderungen nicht klar kam. Zuletzt in Erdeborn bei der LPG, wo er mit Ach und Krach die Ausbildung zum Traktoristen schaffte. 1972 heiratete er Monika Schößler, die Frau brachte ein Kind mit in die Ehe. 1973 Geburt eines zweiten Kindes. Kolz' größtes Problem ist der Alkohol.«

»Die Ehe lief nicht gut?«

»Anscheinend nicht. Die Frau war auf Abenteuer aus, manchmal für mehrere Tage unterwegs. Ich habe zwei Zeugen aufgetrieben, nach deren Aussage die Kolz noch Mitte August in Eisleben gesehen worden sein soll. Im Stadtcafé.«

»Glaubhaft?«

»Zwei Kolleginnen der Kolz. Ich gehe davon aus, daß sie sie erkannt haben.«

»Die früheren Liebhaber sind bekannt?«

Der Sachbearbeiter nickte. »Bin gerade dabei, die Liste aufzustellen, um sie der Reihe nach abzuklopfen.«

»Was ist mit dem Ehemann? Stimmt sein Alibi?«

»Mit Kolz hab ich noch nicht gesprochen. Ich wollte erst ...«

»Alles gut und schön«, unterbrach Schwarz. »Die Fülle der Bezugspersonen muß abgeprüft werden, da gebe ich Ihnen recht. Aber manchmal liegt die Wahrheit viel näher als man denkt. Kolz muß doch einen Grund haben, wenn er das Verschwinden seiner Frau nicht anzeigen wollte. Genug der Theorie, Amigos. Beim Ehemann setzen wir jetzt an!«

Günter Kolz, Anfang dreißig, öffnete den Männern die Haustür. Der Hof, den er mit seiner Familie bewohnte, gehörte zum Vermögen der LPG, bei der er beschäftigt war. Es ging auf die Mittagszeit zu. Kolz kaute an einem trockenen Brotkanten. Sein gedrungener Körper steckte in einem speckigen Jeansanzug. Ungekämmtes zotteliges Langhaar, das bis auf die Schultern fiel, umrahmte sein gutmütiges, rundes Gesicht. An den Füßen trug Kolz ausgediente Armeestiefel. »Sie wollen zu mir? Hab bloß keine Zeit, muß gleich wieder zur Arbeit. Hab unser Vieh gefüttert.« Er deutete über den Hof zur Kaninchenstallanlage. Irgendwo im Hintergrund gackerten Hühner.

»Sie müssen sich nicht beeilen. Ihr Chef weiß nämlich Bescheid. Wir sind von der Kripo in Halle. Mein Name ist Hauptmann Schwarz.«

»Sie haben ... meine Frau gefunden?«

»Leider nein«, antwortete Schwarz wahrheitsgemäß. »Deshalb wollen wir mit Ihnen reden. Am besten, wir gehen erst mal ins Haus.«

Schwarz hatte seinen Blick über den winzigen Hof geschickt. Löcher im Scheunendach. Von der Wohnhauswand fiel der Putz in großen Fladen. Am Brunnenring, neben einer hölzernen Schwengelpumpe, zerbrochenes Kinderspielzeug. Auf dem Dorf wohnten die Menschen nicht komfortabel. Schwarz wußte es, aber was er hier zu sehen bekam, umschrieb er später mit dem Begriff Verwahrlosung.

Kolz trat zurück in den grobgefliesten Hausflur. Abgestandene Luft. Gleich hinter der Tüt staute sich ungeputztes Schuhwerk. Der Fußboden hatte schon ewig keinen Schrubber und keinen Wischlappen mehr erlebt. Zwei Zimmer, eine Küche und ein handtuchschmales Bad. Die Wohnung mit neueren, aber sichtlich ungepflegten Möbeln vollgestellt. Bestimmt vom staatlichen Ehekredit gekauft, mutmaßte Schwarz.

»Also, was ist nun mit Ihrer Frau, Herr Kolz?«

»Weg ist sie«, antwortete der Traktorist.

»Ja, aber wohin? Irgendwo muß sie doch sein?« meinte Schwarz.

»Zum Dienst ist sie gegangen. Damals. Und kam nicht mehr nach Hause.«

»Haben Sie wenigstens nach ihr gesucht? Im Betrieb oder bei den Verwandten nachgefragt?«

Kolz nickte heftig. »Ja, schon. Bloß nicht gefunden.«

»Wo haben Sie denn gesucht?«

»Überall. Hier und da. Weiß ja keiner was.« Unsicher klang seine Stimme, als er dies sagte.

»Warum haben Sie die Polizei nicht sofort eingeschaltet?«

»Ich hab jeden Tag gewartet, daß sie von alleine kommt. Dachte, sie läßt mich absichtlich schmoren, damit ich nicht gleich schimpfe, wenn sie wieder da ist.«

»Dann haben Sie sicher nichts dagegen, wenn wir uns im Haus und auf dem Grundstück ein wenig umsehen.«

Kolz zuckte mit keiner Wimper. Es schien ihn nicht weiter zu berühren.

Der Hauptmann gab seinen Männern einen Wink. Besichtigungen solcher Art gehören zum Kernstück kriminalistischer Vermißtensuche. Sie richten sich auf Hinweise, die über den Zeitpunkt und die Gründe des Verschwindens Aufschluß geben könnten. Zudem räumen sie den Kriminalisten die Möglichkeit ein, nach tötungs- oder verschleierungstypischen Spuren Ausschau zu halten. Hauptmann Schwarz hatte Fälle erlebt, bei denen die Leichen vermißter Personen erst nach gründlicher Suche auf dem heimischen Grundstücken entdeckt wurden.

Die Sessel im Wohnzimmer dienten als Ablage für getragene Kleidungsstücke. Die Wäsche in den ungemachten Betten bedurfte dringend einer Erneuerung. Schwarz blickte auch ins Bad, zählte die Zahnbürsten auf der Spiegelkonsole und überzeugte sich vom Vorhandensein der damentypischen Körperpflegemittel, auf die wohl keine Frau verzichtet, wenn sie für längere Zeit das Haus verläßt. Sogar eine angebrochene Packung OVOSISTON – das gebräuchlichste Schwangerschaftsverhütungspräparat in der DDR – entdeckte Schwarz im Bad.

»Wo sind eigentlich Ihre Kinder?« fragte er.

»Bei den Schwiegereltern im Oberdorf. Ich komme nicht klar mit den beiden.«

»Sie haben zwei?«

»Junge und Mädchen.«

In der Speisekammer stieß der Hauptmann auf eine Batterie aus leeren Bier- und Schnapsflaschen. Obwohl selbst dem Alkohol gelegentlich zugetan, schüttelte er angewidert den Kopf. »Mann, Sie werden sich eines Tages noch zu Tode saufen!« kritisierte er den Familienvater. Kolz wandte beschämt das Gesicht ab.

»Genosse Hauptmann!« Eberhard Schäfer rief von der Kellertreppe her. Der Leutnant und der Kollege aus Eisleben untersuchten die Stufen mit Hilfe einer Analysenquarzlampe. Im violetten Schräglicht zeichneten sich mehrere dunkle Flecke auf dem Zementboden ab. »Erscheint mir blutverdächtig«, kommentierte Schäfer.

Kolz spitzte hellhörig die Ohren. »Ist bestimmt von mir«, erklärte er hastig. »Bin mal auf der Kellertreppe ausgerutscht. War ganz schön duhn. Und dann Nasenbluten, verstehen Sie.«

»Da muß die Spurensicherung ran!« entschied Schwarz. Und zu Kolz gewandt: »Blut kann man nach verschiedenen Gruppen und Untergruppen unterscheiden, Herr Kolz. Sie können sich darauf verlassen: Unsere Chemiker werden ganz schnell herausfinden, ob es sich um Ihr Blut handelt oder ob es das Blut Ihrer Frau ist. Bis zur Klärung des Sachverhaltes müssen wir Sie mitnehmen!«

Dicke Schweißtropfen perlten über das Gesicht des Traktoristen. Günter Kolz saß vornübergebeugt. Sein muskulöser Nacken war angespannt. Nur mühsam und mit äußerster Anstrengung hielt er seine Angst in Zaum. Seit Stunden wurde Kolz im obersten Stockwerk des Polizeigebäudes neben der Untersuchungshaftanstalt in

Eisleben vernommen. Hauptmann Schwarz reihte die Fragen aneinander, mal sachlich und gelassen, dann wieder lauter, um den Vernehmungsdruck zu verstärken, bis er erneut ins ruhigere Fahrwasser überleitete.

»Ist in der letzten Zeit etwas vorgefallen, was Ihre Frau beschäftigt hat, was sie belastete und zu einem schweren Konflikt führen konnte?«

Kolz vermochte mit der Frage nichts anzufangen. Er schüttelte ratlos den Kopf.

»Wann haben Sie denn geheiratet, Herr Kolz?«

»Vor fünf Jahren.«

»Wie haben Sie Ihre Frau kennengelernt?«

»Monis Vater und ich waren Arbeitskollegen. Eines Tages hat er gefragt, ob ich die Moni heiraten will, damit sie in feste Hände kommt. Sie hatte da schon den Jungen.«

»Und Sie haben ›ja‹ gesagt. Hat Monika Ihre Liebe erwidert?«

»Am Anfang hat alles geklappt.«

»Später also nicht mehr?«

Kolz wich aus. »Monika hat eben Hummeln im Hintern.«

»Genauer gesagt: Sie hat sich für andere Männer interessiert. Ist Ihnen ein paarmal durchgebrannt!«

Der Traktorist schwieg.

»Jetzt sagen Sie bloß nicht, Sie hätten sich damit abgefunden?« hielt Schwarz ihm vor. »Sie haben doch mit ihr gestritten, immer häufiger!«

»Naja.«

»Und geschlagen ...?« Die Frage hing im Raum. Schwarz beugte sich vor und versuchte den Blick des Ehemanns aufzufangen. »Antworten Sie schon! Sie haben Ihre Frau verdroschen?«

Widerstrebend hob Kolz den Kopf. »Manchmal hat sie mich beschimpft«, gab er zu. »Wenn ich getrunken hatte. Vor Wut hab ich dann zugehauen.«

»Ich kann mir nicht helfen, Leute, aber mir gefällt dieser Mensch nicht«, bekundete Schwarz in einer Vernehmungspause. »Ganz und gar nicht hat der mir bis jetzt gefallen.«

»Ich weiß«, sagte Eberhard Schäfer. »Aber das ist noch lange kein Grund. Folgern kannst du daraus überhaupt nichts; jedenfalls nichts von Beweiswert.«

Erneut begann das Fragespiel. Diesmal waren Schäfer und der

Fahndungsoberleutnant am Zug. »Haben Sie Verwandte in Westdeutschland?«

»Eine Tante in Stuttgart. Und Monikas Cousine ist vor Jahren nach Hannover rüber.« – »Gab es Briefwechsel?«

»Monika schrieb sich mit einer früheren Freundin. Die ist auch über die Grenze abgehauen. Im vergangenen Jahr war sie mal hier zu Besuch. Hat erzählt, wie gut es ihnen drüben geht. Sogar die Arbeitslosen könnten sich ein Auto leisten. Da wäre Moni am liebsten gleich mitgereist.«

Die Existenz beider deutscher Staaten – minen- und stacheldrahtbewehrt der eine – gebar manchen abenteuerlichen Versuch, die Grenze von Ost nach West zu überwinden. In den wenigsten Fällen basierten die »Republikfluchten« auf ernsthaften politischen Motiven. Viele lockte der bessere Lebensstandard im Zielgebiet. Aber für die DDR-Behörden war jeder Republikflüchtling ein Verräter, der, wenn er erwischt wurde, mit den Mitteln des Strafrechts zwangsdiszipliniert werden mußte. In vielen Fällen erfolgte die Entdeckung der Flucht erst dann, wenn der Geflohene sich aus der Bundesrepublik gemeldet hatte. War also jemand aus seinem gewohnten Lebensumkreis verschwunden, wie Monika Kolz, hatte man die Version einer »Republikflucht« ins Auge zu fassen.

Der Vernehmungskomplex wurde gründlich abgearbeitet, erbrachte aber keine überraschenden Erkenntnisse. Um 23.00 Uhr übernahm Schwarz abermals das Verhör. Das Spiel begann von vorn. Kolz hockte, die Hände gegen seinen Kopf gepreßt, auf dem Stuhl. Kopfschmerzen plagten ihn. Er verstand nicht, warum sie ihn nicht endlich in Ruhe ließen.

Der Hauptmann reichte ihm ein Glas Wasser. »Wie erklären Sie sich denn das Verschwinden Ihrer Frau?«

Kolz trank. »Ich weiß es doch nicht«, beteuerte er. »Plötzlich war sie spurlos weg.«

»Spurlos? Wieso spurlos, Kolz? Mitte August wurde Ihre Frau noch in Eisleben gesehen! Die Tasche mit ihren persönlichen Dokumenten haben wir in der Schrankenbude gefunden. Wäsche und Kleider sind vollständig, wie wir uns überzeugen konnten. Und das Kosmetiktäschchen Ihrer Frau liegt noch im Bad! Was Sie uns auftischen, ist nicht stubenrein, Herr Kolz! Die Fakten sprechen eine andere Sprache!«

Chef der MUK – Hauptmann Siegmund Schwarz

»Keine Ahnung«, würgte Kolz hervor.

»Sie hatten Streit mit Ihrer Frau, haben auf sie eingeschlagen, ja?«

»Nein ..., ja ... Ach, ich weiß nicht.«

Schwarz stützte seine Ellenbogen auf. Er legte die Fingerspitzen gegeneinander. »Vielleicht ... übermäßig derb beim letzten Schlag?«

Schweigen.

»Wir wollen Ihnen doch nur helfen. Aber sie müssen uns schon die Wahrheit sagen.« Und wieder bohrte Schwarz. »Das eine kann ich Ihnen versprechen, Kolz, wir werden nach Ihrer Frau suchen, bis wir sie gefunden haben – lebendig oder tot. Und dann kommt die ganze Wahrheit ans Licht!«

Für einen Moment hatte es den Anschein, als helle das Gesicht des anderen sich auf. »Sie wollen wirklich suchen?« fragte er stockend.

»So wahr ich hier sitze, das ist mein Versprechen!«

Weit nach Mitternacht seufzte Günter Kolz tief auf. Seine Stimme klang brüchig. »Also gut – ich habe meine Frau erschlagen«, quetschte er widerstrebend hervor.

»Wann und wo?«

»Vor vierzehn Tagen, so um den zwölften September herum,

ist sie wieder nach Hause gekommen. Ich wollte wissen, wo sie so lange war. Ich war wütend, auch vom Alkohol, und da hab ich ihr eben ein paar geknallt. Also, ich hab sie geschlagen ins Gesicht, ja, auch mit der Faust. Und plötzlich ..., plötzlich atmete sie nicht mehr.«

Schwarz, der gelernt hatte, aus der Haltung und Gestik eines Menschen Schlüsse zu ziehen, blieb skeptisch. »Und die Leiche?« fragte er. »Sagen Sie schon, wo ist die Leiche Ihrer Frau geblieben?«

Erdeborn liegt an den Südhang des Höllenberges gebettet. Ein hochaufragendes Gotteshaus mitten im Zentrum. Jahrhundertealte Bauernhöfe und kleine Siedlerhäuser, die zur Blütezeit des Kupferschieferbergbaus errichtete wurden, prägen das Dorfbild. Die weite Talsenke zwischen Windmühlen- und Wickenberg zerschneidet der Zellgrundbach. Hier, irgendwo im Gelände, wollte Günter Kolz die Leiche seiner Frau abgelegt haben.

Seit neun Uhr in der Frühe waren sie unterwegs: Leutnant Schäfer, der den Traktoristen vermittels Knebelkette am Handgelenk führte, der Fahndungsoffizier und Hauptmann Schwarz am Lenkrad des Wartburg-Kombi. Ein Sicherungskommando der Schutzpolizei folgte im dichten Abstand.

Hinter der Bahnunterführung dirigierte Kolz den Fahrzeugkonvoi nach rechts. Sie holperten in Richtung Hornberg. Die Straße schien nur noch aus Schlaglöchern zu bestehen. Links floß der Zellgrundbach. Bei starken Regenfällen oder Frühjahrsschmelzwasser stieg sein Pegel oftmals an. Sie passierten eine Reihe von Datschengrundstücken. Eine wilde Müllkippe schob sich ins Sichtfeld der Männer. Kolz ließ halten.

»Hier?« fragte Schwarz überrascht, während sein Blick über den Ausfluß der Konsumgesellschaft made in DDR tastete.

»Mit dem Handkarren hab ich sie hergebracht«, erklärte Kolz.

Die Suche auf der unkrautbewachsenen Müllhalde setzte ein. Die Polizisten schwärmten aus. Diestelstauden und dicke Büschel der Tartarenmelde streiften die eleganten Beinkleider des Hauptmanns, verursachten häßliche Staubspuren auf dem guten Zwirn. Klettenreste verhakten sich im Stoff. Unversehens trat Schwarz in einen durchnäßten Aschehaufen. Wütend stakte er zur Straße zurück.

»Kolz!« fauchte er mit drohendem Unterton. »Das ist doch ein Windei! Wenn Sie uns verarschen wollen, dann ist aber die Messe gelesen!«

Der mordverdächtige Ehemann zog furchtsam den Kopf ein. »Hierher hab ich sie gefahren«, wiederholte er kleinlaut. »Bis zum Hang und dann runtergerollt!«

»Dann wäre die Leiche aber längst gefunden worden!« polterte Schwarz. »Allein der Verwesungsgeruch hätte Aufmerksamkeit erregt. Jeder Radfahrer, der auf der Straße vorbeikommt, hat den Blick auf den Müllplatz!«

»Vielleicht ..., vielleicht hab ich sie doch eingegraben ...«

»Hatten Sie denn einen Spaten mit?«

»Muß ja wohl ...«

»Dann zeigen Sie uns endlich die Stelle! Aber ein bißchen Tempo, wenn ich bitten darf!«

Nicht einmal dazu war Kolz in der Lage. Erbost pfiff der Hauptmann die Aktion ab. Über Funk forderte er einen Leichensuchhund an. Aber auch dieser brachte die Kriminalisten nicht zum Ziel. »Auf der Halde«, so der eindeutige Befund des Pretzscher Diensthundeführers, »ist keine Leiche vergraben worden.«

Ein weiteres Mal nahmen sie Kolz in die Mangel. Nach einer knappen Stunde die erlösenden Worte: »Ich habe mich geirrt, Herr Hauptmann, weil ich so durcheinander bin. Aber jetzt ... jetzt weiß ich's wieder. Ich glaube, sie liegt im alten Schacht ...«

Kolz lotste die Kriminalpolizisten in Richtung Oberröblingen. Links von der Straße erhob sich eine verlassene Gebäudegruppe. Die Eisenbahnstrecke führte in der Nähe vorbei. Hinter einem löcherigen Drahtzaun, mit reichlichen Warnschildern bespickt, stießen sie auf das Mundloch eines toten Bergbaustollens. Um die Mitte des 18. Jahrhunderts war er für den Kupferabbau erschlossen worden. Eine Mauer aus Schieferbruch, etwa 150 Zentimeter hoch, umgab die Schachtöffnung, die mit terpentingetränkten Holzplanken abgedeckt war. Das an der Mauer hochrankende Gestrüpp gestattete ein müheloses Erklettern der Brüstung. Zwei Schutzpolizisten und der Oberleutnant vom Fahndungskommissariat rückten die Planken vorsichtig zur Seite.

Schwarz spähte über den Mauerrand in die dunkle Schachtröhre. Auf 4 x 2,5 Meter schätzte er den Querschnitt. Die Sohle war nicht zu erkennen. Wie tief mochte der Schacht wohl sein? Der

Hauptmann ließ einen Gesteinsbrocken in die Tiefe fallen, zählte die Sekunden bis zum Aufschlag. Fast achtzig Meter, folgerte er. Lag die Leiche der Frau tatsächlich dort unten? Selbst als Schwarz sämtliche Handscheinwerfer, die zur Ausrüstung der Dienstfahrzeuge gehörten, herbeischleppen ließ, und mit Hilfe eines Fernglases in die Tiefe spähte, war der Erfolg gleich Null.

»Wie kommen wir jetzt zur Sohle? Abseilen?«

»Das geht nur mit der Grubenwehr«, schränkte der Fahndungsoffizier ein. »Aber heute wird das nichts mehr.« Er tippte auf seine Armbanduhr. »Wenn Sie einverstanden sind, Genosse Hauptmann, kümmere ich mich morgen früh um den Einsatz.«

Der festgenommene Traktorist aus Erdeborn wurde nach Halle überführt. Der Leiter der MUK leitete ein Ermittlungsverfahren wegen Verdachts der vorsätzlichen Tötung eines Menschen gem. § 112 StGB gegen Günter Kolz ein. Sodann unterrichtete Hauptmann Schwarz den Staatsanwalt Winfried Wölfel über den Stand der Ermittlungen. Der dreiundvierzigjährige Jurist war bei der Bezirksstaatsanwaltschaft Halle für Verbrechen gegen das Leben zuständig.

»Gut, ein Geständnis liegt vor«, konstatierte Wölfel, »aber keine Leiche.« Er hatte die Akte vor sich auf dem Tisch. Mit den Fingerspitzen stieß er sie zurecht, bis sie säuberlich ausgerichtet zu liegen kam. Wölfel, der Perfektionist, liebte übersichtlich ausermittelte Fälle. In seinen Plädoyers, die er in bestechender Rhetorik vorzutragen wußte, überzeugte er durch Logik und sachliche Beweisführung. Das Fehlen der Leiche störte Wölfels Ordnungssinn, aber Schwarz stellte in Aussicht, daß sie die Tote aus dem Schachtloch heraufholen würden. Noch einmal überflog Wölfel die Aussagen der beiden Eisenbahnerinnen. Drei Wochen nach ihrem Verschwinden hatte die Schrankenwärterin noch gelebt. So gesehen erschien Kolz' Geständnis wahrhaftig. Das gab den Ausschlag. Der Staatsanwalt unterschrieb den Haftantrag.

Günter Kolz kam vor den Haftrichter. Ohne zu stocken wiederholte er sein Geständnis. Ja, er habe seine Frau während eines Streites getötet. Die Leiche läge in dem alten Stollen bei Erdeborn. Der Richter fand kein Haar in der Suppe und ordnete die Untersuchungshaft an.

Schwarz erhielt ein beifälliges Kopfnicken von seinem Dezernatsleiter. »Gut gemacht, Genosse Schwarz.« Ein aufgeklärter Mord sei das rechte Geburtstagsgeschenk auf den Gabentisch der Republik. Der 7. Oktober mit seinen vielfach geübten Politritualen stand vor der Tür.

Gegen Mittag fiel der Chef der MUK aus allen Wolken. Aus Eisleben ereilte ihn die telefonische Mitteilung, daß der tote Schacht durch die Grubenwehr befahren wurde. Ein zerfetztes Herrenjackett und mehrere morsche Stiefel bildeten die Ausbeute. Von einer Leiche keine Spur.

»Verdammte Scheiße!« machte Schwarz seinem Ärger Luft. »Den Kerl zerreiße ich in vier Stücke!«

Günter Kolz, zur zweiten Vernehmung vorgeführt, wartete mit tränenreicher Redseligkeit auf. Er wolle jetzt endgültig die Wahrheit sagen, beteuerte er ein ums andere Mal und gab eine dritte Variante der Leichenverbringung preis. Während Eberhard Schäfer die Aussage protokollierte, setzte Schwarz einen neuen Suchtrupp in Marsch. Die Antwort, die man Stunden später aus Erdeborn übermittelte, riß schon keinen mehr vom Stuhl: Am angegebenen Ort lag keine Leiche!

Und als Bernd Heyroth vom Dezernat KT im selben Moment ins Zimmer des Hauptmanns schaute, las Schwarz die unerfreuliche Nachricht am Gesicht des Kriminaltechnikers ab: »Die Blutspuren auf der Kellertreppe stammen von Günter Kolz!«

Siegfried Schwarz saß auf seinem Schreibtischstuhl mit den hölzernen Armlehnen. Die Hände hinter dem Kopf verschränkt starrte er zur Zimmerdecke auf, als brächte ihn das der Lösung ein Stück näher. Die Gedanken quirlten in seinem Kopf. Eine Art von Inventur der Mordsache Kolz im Geist. Warum behauptet der Traktorist steif und fest, daß er seine Frau getötet hat, wenn er andererseits den Ablageort der Leiche nicht nennt? *Will* er es nicht, um sich möglicherweise ein Hintertürchen offenzuhalten, oder *kann* er es tatsächlich nicht? Was spricht für Kolz' Täterschaft? Die zerrütteten Beziehungen zwischen den Eheleuten, Alkohol und der häufige Streit, der von Handgreiflichkeiten begleitet war. Ein ganzes Bündel von Gründen. Und dann noch die verschleppte Anzeigenaufnahme. So weit – so gut. Sehen wir, was dawider steht? Das Fehlen der Leiche natürlich und Kolz' primitive Persönlichkeitsstruktur. Schon nach ihrer ersten Begegnung hatte Staatsanwalt Wölfel eine Begutachtung des mutmaßlichen Mörders in Erwägung gezogen. Erfahrene Psychologen sollten ihn explorieren, um dem Wahrheitsgehalt seiner Aussagen auf die Spur zu kommen.

Schwarz grübelte. Er erinnerte sich an eine Lektion, die er während des Studiums gehört hatte: *Nach den ersten Ermittlungen verfügt der Kriminalist im allgemeinen über eine Summe von Tatsachen, Hinweisen und Anhaltspunkten. Sie müssen nun zueinander in Beziehung gesetzt, analysiert werden mit dem Ziel, durch das Erkennen der Übereinstimmungen sowie durch das Herausarbeiten der Widersprüche neue Erkenntnisse zu gewinnen. Sie bilden die Grundlage für Versionen, zu deren Überprüfung die geeigneten Maßnahmen eingeleitet werden müssen. Gerade dieser gedanklich-schöpferischen Tätigkeit des Kriminalisten kommt eine erhöhte Bedeutung zu.*

Schwarz' »gedanklich-schöpferische Tätigkeit« trieb ihn zu einem weiteren Widerspruch: Günter Kolz hatte den 12. September als Tattag bezeichnet, seine Frau wurde aber schon seit dem 29. Juli vermißt. Wo und bei wem hatte sie sich in den sechs Wochen aufgehalten? In Eisleben, wie die Zeugen behaupten? Wer bestritt ihren Lebensunterhalt, bot ihr Kleidung und ein Bett?

Krampfhaft suchte der Hauptmann nach einer allumfassenden Erleuchtung. Er spekulierte, mutmaßte und mußte sich dennoch eingestehen, daß er mit seinem Latein ziemlich am Ende war.

Anfang November – Günter Kolz weilte noch immer in der Bernburger Klinik – machte ein Gerücht in Röblingen die Runde. Nicht der Ehemann habe Monika Kolz getötet. Ein anderer käme für den Mord in Frage; zu seiner Tat habe er sich schon bekannt.

Es blieb nicht aus, daß der Abschnittsbevollmächtigte von dem Gerede Wind bekam. Pflichtgemäß nahm er die ersten Ermittlungen auf. Die Spur führte den Leutnant zu einem neununddreißigjährigen Invalidenrentner aus Unterröblingen. Peter Lohberg hatte als Kläuber im Mansfeld-Kombinat gearbeitet. Bei einem Schachtunglück war er mit dem linken Bein unter einen Hunt geraten. Die Kunst der Mediziner versagte. Lohberg wurde zum Krüppel. Seither hinkte er durchs Leben und lebte von einer Rente, die er zum überwiegenden Teil in den zwölf Kneipen der Umgebung in Alkohol umsetzte. Noch vor der Festnahme des Ehemannes Kolz hatte Lohberg seine Kneipenkumpel mit der Eröffnung überrascht: »Die Bullen sind doof. Die finden die Bahnmieze nie!« Auf den Einwand: »Hört sich an, als wüßtest du, wo sie liegt?«, parierte er mit der mysteriösen Andeutung: »Vielleicht weiß ich's ja wirklich ...?«

Zuerst hatten Lohbergs Reden pures Gelächter provoziert. Aber je mehr man ihn in den Kneipen mit der »Bahnmieze« aufzog, um so störrischer wurden seine Antworten, bis ihm schließlich die Behauptung entschlüpfte, er habe die Kolz erwürgt.

Nachdem der ABV zwei glaubhafte Zeugen aufgetrieben hatte, verständigte er die MUK in Halle. Schwarz ließ den Telefonhörer sinken. Nachdenklich rieb er sich das Kinn. Konnte es sein, daß er sich mit dem Tatverdächtigen Kolz verrannt hatte?

Mit seinem Stellvertreter Manfred Löser erwog er die Wendung, die dem Fall jetzt drohte. Neben Schwarz wirkte der schlanke Oberleutnant mit der welligen Haarfrisur zurückhaltend, wenn nicht sogar verschlossen. Rasche Auffassungsgabe, geistig flexibel, lautete die Kurzversion seiner Charakteristik in der Kaderakte. Manche kreideten ihm sein zurückhaltendes Wesen als Selbstgefälligkeit an. Lösers Verhältnis zu Schwarz müßte man wohl eher als distanziert umschreiben, nicht zuletzt der widersprüchlichen Personalpolitik wegen, der sich die hohen Vorgesetzten in der VP-Bezirksbehörde befleißigten. Anfänglich hatten sie Löser auf den Posten des Chefs der MUK gesetzt, bis sie Schwarz den Vorrang gaben, der dann zu Beginn der achtziger Jahre wiederum den Sessel für Löser räumen mußte.

Nach reiflicher Überlegung kamen die beiden überein, Lohberg am 23. November nach Halle in die Dessauer Straße 70 vorführen zu lassen. In den abgeschotteten Diensträumen der MUK wollten sie ihn in aller Ausführlichkeit vernehmen.

Wider Erwarten bereitete ihnen der Mann, der sich beim Laufen auf einen Spazierstock stützte, keine großen Schwierigkeiten. »Ich weiß schon, was Sie von mir hören wollen«, sagte er friedlich. »Ob ich die Monika Kolz umgebracht habe, wollen Sie aus mir rauskriegen.«

»Kennen Sie die Schrankenwärterin überhaupt?« fragte Schwarz.

»Freilich. Ich hab sie auf der Schrankenbude besucht.«

»Der Schrankenposten ist ein Dienstraum für die Eisenbahner«, erinnerte Löser. »Fremde Besucher sind dort nicht erlaubt.«

Lohberg lachte. »Ich war kein Fremder«, meinte er.

»Sondern ...?«

»Na, Monis Freund. Hab sie deshalb auch immer besucht.«

»Und weil Sie mit ihr befreundet waren, haben Sie die Schrankenwärterin umgebracht?«

»Nee, so einfach war das nicht.« Lohberg beugte sich plötzlich vor. »Ham Sie nicht mal 'ne Zigarette?«

Alter Schnorrer, dachte Schwarz ingrimmig, während er sein silbernes Zigarettenetui aus der Tasche zog und es dem Mann hinhielt. »Jetzt bin ich aber mal gespannt, wie das mit der Moni lief?«

Lohberg ließ sein einfältiges Lächeln erkennen, wurde dann unvermittelt ernst und erklärte mit fester Stimme: »Also, ich war an dem Abend bei ihr auf der Schrankenwärterbude. Als Feierabend war, bin ich mit ihr ein Stück gegangen, und dann meinte ich, wir könnten doch auch mal ein bißchen vögeln. Ich hab sie oben angefaßt, an die Brüste und so. Das wollte sie nicht. Ich war stinksauer, dachte: Na gut, dann eben mit Gewalt. Erst hab ich ihr einen Schwups mit dem Stock verpaßt, dann den Knorpel zugedrückt. Hier vorn am Hals.« Er zeigte auf seinen Kehlkopf.

Schwarz und Löser blickten sich an. So rasch hatten sie noch kein Geständnis erlangt. »Was haben Sie denn mit der Leiche gemacht, Herr Lohberg?«

»Über die Schulter genommen und weggetragen.«

»Ja, aber wohin?«

»Das, Ihr Herren«, hohnlachte der Invalide, »werde ich Ihnen nicht sagen. Finden Sie es selber heraus!«

Ein Geständnis, so absurd wie grotesk, das Schwarz in Wallung brachte. Abrupt sprang er auf und verließ eilig den Raum. »Der Knabe ist doch bekloppt!« beschwerte er sich bei Eberhard Schäfer. »Geh rein, Langer, und paß auf, daß dem Löser nichts passiert.«

Nach geraumer Zeit unterbrachen sie das Verhör. Die Männer versammelten sich um Schwarz' Schreibtisch, schlürften frischgebrühten Kaffee und tauschten ihre Eindrücke aus. Die Spreu vom Weizen trennen, nannten sie das. Keiner zweifelte, daß Lohberg die Schrankenbude und damit auch Monika Kolz kannte. Er hatte ihnen die Einrichtung im Posten 16 bis in den letzten Winkel beschrieben. Jeden Stuhl, jeden Schrank, selbst die Stelle, an der der Streckenfernsprecher stand.

»Scheint wohl zu stimmen, daß er am 29. Juli bei der Kolz aufgetaucht ist«, berichtete Löser. »Lohberg weiß, daß sie ein Radio bei sich hatte und daß sie es in den Spind einschloß, bevor die beiden den Posten verließen.«

»Auch das Telefongespräch mit dem Fahrdienstleiter hat er geschildert«, ergänzte Leutnant Schäfer.

»Lauter Fakten, die man ernst nehmen muß. Das Verbrechen könnte sich tatsächlich so abgespielt haben. Warum, zur Hölle, rückt er dann nicht mit der Leiche raus? Irgendwo muß sie doch geblieben sein. Klopft ihn nochmal gründlich ab!«

Staatsanwalt Winfried Wölfel, zwischenzeitlich vom Leiter der MUK über die Situation unterrichtet, schaltete sich in die Vernehmung ein. Mit vereinten Kräften rangen sie Lohberg ein Zugeständnis ab: »Ja, ich habe die Leiche vergraben. Sie können mich jetzt ruhig einsperren, Herr Staatsanwalt. Da kriege ich fünfzehn Jahre. Aber wenn Sie die Leiche finden, wird lebenslänglich draus. Da schweige ich lieber!«

Jetzt drehten sie den Spieß um. Aus taktischem Kalkül versuchten sie, Lohberg das Verbrechen auszureden. Die schlimmsten Torturen eines Lebens hinter Gittern malten sie ihm aus, allein es half nichts – der Invalide beharrte auf seinem Geständnis. »Sie müssen mich einsperren, Herr Staatsanwalt. Das ist Ihre Pflicht!« monierte er.

Haftantrag oder nicht?

Staatsanwalt Wölfel raufte sich die Haare. »Normalerweise bestreiten Mörder ihre Verbrechen. Jetzt haben wir mit einem Schlag gleich zwei Verdächtige, von denen jeder die Tat für sich reklamiert. Ich kann's nicht fassen, Leute!«

Um die Unsicherheit zu überspielen, rief man gemeinsam den Bezirksstaatsanwalt Dr. Trautmann an. Bevor der entschied, wollte er sich selbst einen Eindruck verschaffen. »Bringt mir den Lohberg, oder wie der Herr sonst heißen mag, in mein Büro. Dann sehen wir weiter.«

Schwarz raffte die Akte zusammen. Sie fuhren zum Hansering. Dr. Trautmann erwartete sie an der Vorzimmertür. Er ließ sich die Akte geben, musterte Lohberg von Kopf bis zu den Füßen und verschwand dann in Begleitung Wölfels mit dem Delinquenten im Allerheiligsten. Vor Schwarz' Nase schlug die gepolsterte Tür zu. Peinlich für den Hauptmann, aber er begriff zugleich, daß es für die MUK nur von Vorteil sein konnte, wenn Dr. Trautmann unbeeinflußt entschied.

Vierzig Minuten später schlug die Tür wieder auf. Dr. Trautmann erschien auf der Schwelle. »Was er sagt, erscheint doch plausibel. Ich denke, wir beantragen U-Haft. Aber schaff mir, um Gottes willen, die Tote herbei, Schwarz! Zwei Täter und keine Leiche, eine solche Konstellation ist mir neu.«

Solange die spätherbstliche Witterung es erlaubte, mobilisierte Schwarz die Hundertschaften der Bereitschaftspolizei. In breiter Front zogen grünuniformierte Suchketten über die Wiesen und Äcker im Südosten des Mansfelder Landes. Grubenwehren nahmen stillgelegte Schächte in Augenschein, von denen es mehr als genug im Raum Wansleben – Röblingen – Erdeborn – Stedten gab. Spezialtrupps überprüften unzählige Abraumhalden. Wo der Boden brüchig und deshalb für des Menschen Fuß zu gefährlich wurde, kamen Leichensuchhunde der in Pretzsch ansässigen VP-Spezialschule für Diensthundewesen zum Einsatz. Mehrfach inspizierten sie die Tagebaukanten am Amsdorfer Braunkohlentagebau. Bergbaufachleute berieten Schwarz und seine Ermittler. Aus dem Dezernat II, das in Eisleben eine Außenstelle unterhielt, war die Kommission personell verstärkt worden.

Zu den ortskundigen Kriminalisten zählte der Oberleutnant Helmut Lieneweit. Schwarz mochte den dreißigjährigen Kollegen, der mit seiner schmächtigen Figur und einem rundlichen Gesicht, in dem verschmitzt blickende Augen saßen, auf den ersten Blick einen unschuldsvoll-naiven Eindruck erweckte. Eben darin hatte sich schon mancher Ganove getäuscht.

Schwarz, Schäfer und Lieneweit untersuchten die Gärten rund um den Schrankenposten 16. Eine Weile beobachteten sie den Straßenverkehr in Richtung Amsdorf. Ab und zu passierte ein LKW den Bahnübergang, verschwand auf dem Betriebsgelände des Kaolinwerkes jenseits der Gleise. Dann wurde die Schranke geschlossen. Aus Richtung Röblingen näherte sich eine geschobene Rangierabteilung. Auf dem Trittbrett des letzten Waggons stand ein Rangierleiter. Mit Armzeichen und kurzen oder langen Signalpfiffen dirigierte er den Lokführer. Schwarz' Blick folgte den topfartig geformten Kesselwagen, die unter einer Verladeanlage auf den Betriebsgleisen zum Halten kamen. Vielleicht zweihundertfünfzig oder dreihundert Meter von der Schrankenbude entfernt.

»Kaolin – eine durch Verwitterung feldspatreichen Gesteins entstandene weiße Tonerde«, rekapitulierte Eberhard Schäfer tiefsitzendes Schulwissen. »Enthält das begehrte Tonmineral Kaolinit, das für die Herstellung von Porzellan und als Zusatz bei Papierstoffen bedeutsam ist.«

»Alle Wetter, Ebs!« Schwarz imitierte Beifall. »Für so viel Klugheit darfst du dir ein Bienchen eintragen!«

Schäfer nahm Haltung an. »Danke ergebenst, Genosse Chef!« flachste er zurück.

»Die Waggons gehen in den West-Export«, merkte Lieneweit indessen an. »Zunächst bis Nordhausen und dann bei Ellrich und Walkenried über die Grenze.«

Ein Gedanke durchfuhr Schwarz. »Könnt ihr euch vorstellen«, sagte er, »daß der Täter die Leiche in so einen Kessel gesteckt hat?«

»Möglich wär's«, stimmte Lieneweit ihm zu. »Aber dann ist sie für immer und ewig verschwunden.«

Bei allem Aufwand der Suchmaßnahmen, Monika Kolz' Leichnam fanden sie nicht. Die Schrankenwärterin wurde republikweit zur Vermißtenfahndung ausgeschrieben. Das von der Hauptabteilung Kriminalpolizei herausgegebene Kriminalistische Informationsblatt Nr. 4/78 zeigte das Porträt einer jungen Frau. Das dunkle Haar zu einem schlichten Madonnenscheitel geteilt. Schwarze, mandelförmig geschnittene Augen in einem freundlichen, sympathischen Gesicht.

Auf Antrag der Staatsanwaltschaft hob das Gericht am 23. November den Haftbefehl gegen Günter Kolz auf. Bevor der Traktorist das Gebäude der Untersuchungshaftanstalt verließ, wurde er von Wölfel und Oberleutnant Löser zu den Gründen seines falschen Geständnisses vernommen. Die erfahrenen Vernehmer glaubten ihren Ohren nicht zu trauen, als Kolz ihnen allen Ernstes versicherte: »Ich gebe zu, daß ich die Kriminalpolizei beschwindelt habe. Ich möchte mich dafür entschuldigen, denn ich habe meine Frau nicht umgebracht. Ich dachte, wenn ich das zugebe, daß ich es war, dann sucht die Polizei überall im Freien, und dann wird Monika schneller gefunden. Niemand hat mich bedroht oder zu der Aussage gezwungen.«

Eine Erklärung, die wohl nur mit dem auffallend niedrigen Intelligenzquotienten zu begründen ist, den die Bernburger Psychologen Günter Kolz bescheinigten.

Peter Lohberg blieb im Visier der Ermittler. Die Untersuchung fuhr sich fest, man trat, bildlich gesprochen, auf der Stelle. Schwarz kam mit dem Verdächtigen nicht mehr zu Rande. Lohberg lehnte ihn als Vernehmer ab. Ein Vorgang, der im kriminalistischen Alltagsgeschäft durchaus normal ist und immer wieder passieren kann. In solchen Fällen übernimmt ein anderer Sachbearbeiter den Vorgang. Oberleutnant Löser erhielt die Akte. Er verhörte und verhörte, zog alle Register der Vernehmungskunst, doch auch ihm vertraute Lohberg das Geheimnis der verschwundenen Leiche nicht an. Dafür löste er ein anderes Geheimnis. Die Aussagen der beiden Eisenbahnerinnen, die Monika Kolz angeblich im August im Eislebener Stadtcafé gesehen hatten, beruhten auf einer Verwechselung.

Staatsanwalt Wölfels Vorgesetzte drängten, es sei an der Zeit, die Anklage beim Bezirksgericht einzureichen, das Strafverfahren müsse endlich vom Tisch. Wölfel, der findige Jurist, zögerte. Wochen und Monate strichen ins Land.

Sonntag, der 11. November 1979. Röblingen am See.

In der »Aktuellen Kamera« des DDR-Fernsehens dominierten an diesem Abend optimistische Filmbeiträge über das Leben in Äthopien und in der Volksdemokratischen Republik Jemen. Laut Korrespondentenberichten bereitete sich die Bevölkerung der bereits als »sozialistisch« vereinnahmten Länder der dritten Welt auf den offiziellen Freundschaftsbesuch des DDR-Staatsratsvorsitzenden Erich Honecker vor.

In der ARD lief »Network«. Der amerikanische Spielfilm war keineswegs nach Helene Klings Geschmack. Schon nach kurzer Zeit war die Rentnerin auf der Couch selig entschlummert. Ihr Gatte Helmut hielt noch durch. Er wartete auf die Sportberichterstattung, die um 22.00 Uhr unter dem Titel »Sport vom Sonntag« einen Sendeplatz im DDR-Fernsehen hatte. Helmut Kling beugte sich vor, um den Kanalwähler zu bedienen. Die Spätausgabe der AK war gerade vorbei. Nur den Wetterbericht bekam er noch mit, der für morgen ein Nachlassen der Schauertätigkeit und kühlere Herbstluft ankündigte. In der Schaltpause erschien ein

Standbild auf dem Bildschirm, unterlegt mit leiser Musik. In diesem Moment war ein dumpfes Poltern zu vernehmen und das Klappen einer Tür.

Helene Kling öffnete erschreckt die Augen. Sie setzte sich auf und blickte unsicher auf ihren Mann. War das draußen im Treppenhaus gewesen, oder kamen die Geräusche aus dem Fernsehgerät? »Schalt doch mal den Kasten aus!« bat sie.

Noch bevor Helmut reagieren konnte, begann das Rumoren erneut. Stimmen, die auf einen Wortwechsel schließen ließen. Bruchstückhaft nur, so daß sich kein Sinn für die Klings erschloß. Undefinierbare Geräusche. Das Poltern kam aus der Wohnung unter ihnen. Ellen Träkel wohnte dort, eine neunundsiebzigjährige Rentnerin, die vor einigen Monaten zugezogen war. »Das läßt mir keine Ruhe«, sagte Helene. »Vielleicht ist sie hingefallen und braucht unsere Hilfe. Ich schau mal nach.« Sie verließ die Couch und ging ins Treppenhaus.

Fünf Mietparteien wohnten in der Seestraße 13. Niemand außer den Klings hatte den Lärm registriert. Das Rumoren in der Parterrewohnung war jetzt verstummt. Helene klopfte gegen die Wohnungstür. »Frau Träkel, ist alles in Ordnung?«

Keine Antwort.

»Hallo, Frau Träkel! Fehlt Ihnen was?«

Beherzt drückte Helene Kling gegen das Holz der Türfüllung. Die Tür schwang auf, gab den Blick in die Diele frei. Licht fiel aus einem Zimmer. Warum war die Tür nur angelehnt? Jede weitere Überlegung wurde jäh unterbrochen. Ein junger Mann stand plötzlich vor Helene Kling. Den Oberkörper entblößt. Blut an den Händen.

Ein gewaltiger Schreck fuhr der Frau in die Glieder. O Gott, was sollte sie tun? »Was ist denn hier los?« stammelte sie atemlos. »Ist mit Frau Träkel was passiert? Ist sie krank?«

»Ja, so ein bißchen krank.«

»Soll ich Hilfe holen?«

»Nein, nein. Ich bin ja da.«

Wie angewurzelt stand der Unbekannte vor ihr, mit stierenden Augen, die Helene Kling bis an ihr Lebensende verfolgten. Klugerweise trat sie sofort den Rückzug an. Sie stieg die Treppe hinauf. Leichenblaß und mit jagendem Puls betrat sie ihre Wohnung.

Helmut saß noch immer vor der Fernsehröhre. Über den Bild-

Ortseingang Röblingen

schirm flimmerte die Zusammenfassung der Fußballergebnisse vom Wochenende. So dauerte es einen Moment, bis er richtig begriff, was seine Frau ihm da erzählte. »Vielleicht sollte man der Polizei Bescheid sagen«, drängte Helene. »Der ABV wohnt doch gleich um die Ecke!«

Seufzend schlüpfte Kling in Schuhe und Mantel. Bevor er sich der Quengelei seiner Frau aussetzte, gab er lieber nach.

Oberleutnant Friedrich Sonderhausen war zwar nicht mehr Abschnittsbevollmächtigter – die Ärzte hatten ihn aus gesundheitlichen Gründen in den Innendienst verbannt –, doch bis zu seiner Wohnung waren es nur zehn Minuten Fußweg. Der Oberleutnant saß in der Badewanne, als Helmut Kling an der Haustür Sturm klingelte. Seine Frau ging öffnen.

»Fritz, du mußt dich mal anziehen. Bei Klings im Haus scheint was passiert zu sein.«

»Ich bin nicht mehr der ABV!« rief Friedrich erbost. Trotz seiner Versetzung wandten sich die Röblinger aus alter Gewohnheit noch immer an ihn. »Für solche Sachen ist der Gruppenposten zuständig. Ruft dort an!«

Niemand meldete sich. »Polizei, dein Freund und Helfer!« knurrte Sonderhausen verbiestert. Nun blieb ihm keine Wahl, er war verpflichtet, das wohlig-warme Badewasser zu verlassen, seine Uniform überzustreifen und Helmut Kling zu begleiten.

Das zweistöckige Mietshaus lag unverändert in der nächtlichen Stille. Hinter den Fenstern der Wohnung Kling brannten sämtli-

Seestraße 13

che Lampen. Auf Anraten ihres Mannes hatte Helene sich dort eingeschlossen. Lichtschein sickerte auch im Parterre durch die Ritzen eines Fensterrollos, das zur Küche der Frau Träkel gehörte.

Um 23.10 Uhr drang Oberleutnant Sonderhausen in die abgedunkelte Diele vor. Helmut Kling gewährte ihm Rückendeckung. Die Männer fanden die Küchentür nur angelehnt. Ein schmaler Lichtstreifen fiel in den Korridor. Nichts wies darauf hin, daß sich jemand in der Wohnung aufhalten könnte. Der Unbekannte war verschwunden. Nachdem ihr Rufen unbeantwortet blieb, öffnete Friedrich Sonderhausen die Küchentür. Noch auf der Schwelle stockte sein Fuß. Der Anblick, der sich ihnen bot, ließ den Polizisten vor Entsetzen schaudern. Helmut Kling klammerte sich am Türrahmen fest.

117 Mordtaten hat die offizielle Kriminalstatistik der DDR für das Jahr 1979 verzeichnet. Das Verbrechen an der neunundsiebzigjährigen Rentnerin in Oberröblingen zählte zu den erschreckendsten Fällen dieser Art.

Das Grundstück Seestraße 13 lag an der Ausfallstraße von Oberröblingen nach Aseleben, direkt am Ortsausgang. Eine halbe Stunde nach Mitternacht wurde es auf der Straße lebhaft. Polizeiautos rollten heran. Zuerst ein Funkwagen, dessen Besatzung für die Absperrung sorgte, dann der Kriminaldauerdienst des VPKA Eisleben. Etwas später der Wartburg der Morduntersuchungskommission aus Halle, ein B-1000-Laborfahrzeug mit den Kriminaltechnikern, die Gerichtsmediziner der Martin-Luther-Universität zu Halle, ein Staatsanwalt und zuletzt das schwarze Transportfahrzeug eines Eislebener Bestattungsunternehmens.

Jeder dieser Männer hatte Erfahrungen im Umgang mit dem Tod, betrachtete ihn gewissermaßen als Routinebestandteil seines Berufes. Doch das Bild von der reglosen Frau, die hinter dem Herd, zwischen Küche und Wohnzimmer, bäuchlings auf dem Boden lag, prägte sich jedem als unauslöschliche Erinnerung ein. Ihr linker Arm ragte unnatürlich zur Seite, das Gesicht war entstellt. Eine riesige Blutlache sickerte unter dem rechten Arm hervor. Der unbekleidete Körper war mit Stichwunden übersät. Dazu das viele Blut auf dem Fußboden, an den Wänden und am Türrahmen.

Manfred Löser, der als Bereitschaftsdienst der MUK den ersten Einsatz leitete, stand wie festgenagelt auf der Schwelle. Auf dem Büfett tickte hastig und überlaut eine Küchenuhr. »Wer überfällt eine alte mittellose Frau und richtet sie auf solch entsetzliche Weise zu?« äußerte er sich betroffen.

»Das sieht verdammt nach einem Lustmord aus«, griff der Gerichtsmediziner, der an Lösers Seite trat, den Gedanken auf. »Das Töten wird zum Selbstzweck, verstehen Sie. Es ersetzt sozusagen den Geschlechtsakt. Von unbezähmbarem sexuellen Verlangen getrieben, kennt ein solcher Täter keine Hemmungen.«

»Er handelt wie im Blutrausch?«

»Auf jeden Fall eine schwere Form von Sadismus, die meines Wissens eher auf die Spezies männlicher Individuen projiziert ist. Wenn der Täter nicht rechtzeitig gestoppt wird, sind weitere Verbrechen vorprogrammiert.«

Oberleutnant Löser nickte zu den Worten des Mediziners. Was sich da abzeichnete, überstieg seine Vorstellungskraft: In dem Mann, den sie zu suchen hatten, verbarg sich ein Unhold in Menschengestalt!

Die Männer von der Kriminaltechnik kamen zum Zuge. Für Stunden belegten sie den Tatort mit Beschlag. Millimeter für Millimeter nahmen sie ihn unter die Lupe. Sie fotografierten und vermaßen. Alles, was nach einer Spur aussah, sicherten die Spezialisten Bernd Heyroth, Dr. Ulbrich und Hauptmann Jäger. Sie entdeckten keine Abwehrverletzungen an den Händen der getöteten Frau. Die Fingernägel waren intakt.

Oberleutnant Löser koordinierte die Maßnahmen vor Ort. Er zwang sich, den Überblick zu behalten. In den ersten Nachtstunden fiel ihm das nicht leicht. Vorgesetzte Dienststellen, bis hinauf in die Hauptabteilung K des Innenministeriums, verlangten unausgesetzt nach Informationen und Ergänzungsmeldungen. Die Abgebrühtheit eines Hauptmann Schwarz ging Löser ab. Der brachte es gut und gern fertig, eine private Nachrichtensperre zu verhängen, wenn der Stress durch übergeordnete Behörden überhand nahm.

Die beiden Ermittler, die Löser aus Halle mitgebracht hatte, schwärmten im Wohnhaus und in der unmittelbaren Nachbarschaft aus. Weitere Einsatzkräfte wollte Löser bei Tagesanbruch über den ODH der Bezirksbehörde anfordern. Dann konnte er den Radius der flächendeckenden Befragungen auf die angrenzenden Straßenzüge ausdehnen.

Niemand – außer den Köcks – hatte im Haus etwas mitbekommen. Lediglich Herr Altmann, der im Parterre rechts wohnte, erinnerte sich an gedämpfte Stimmen. »Wie kurzes Rufen oder Schreien hat sich das angehört«, erzählte er den Kriminalisten. »Aber das konnte ja ebensogut aus dem Fernseher kommen, nicht wahr. Wann vermutet unsereins solche Scheußlichkeiten.«

Auch Friedrich Sonderhausen und Helmut Kling gaben ihre Aussagen zu Protokoll. Mehr der Ordnung halber, denn zum Tathergang oder einem möglichen Verdächtigen hatten sie keine Hinweise.

An der Befragung der wichtigsten Zeugin, Helene Kling, nahm Löser persönlichen Anteil. Der Arzt hatte ihr zur Beruhigung eine Spritze verabreicht, so daß sie einigermaßen gefaßt alle Fragen beantworten konnte. Frau Kling beschrieb die Geräusche, die sie und ihr Mann am Abend gehört hatten, erzählte, wie sie aufgestanden und ins Treppenhaus gegangen war. Von der angelehnten Wohnungstür berichtete sie, und wie der Mann in der Diele plötzlich vor ihr stand.

»Richtig unheimlich, kann ich Ihnen sagen. Ich zittere jetzt noch, wenn ich bloß dran denke. Die Hände sahen aus wie mit Blut beschmiert. Warum der kein Hemd anhatte? Und dann hat

Der Volkspolizist Friedrich Sonderhausen erschien als erster Zeuge am Tatort

er mich so angestiert. Richtig gräßlich, sage ich Ihnen. Das muß ein Irrer sein. Mit großen Augen, als würde er mich gar nicht erkennen, so hat er geguckt. Woran ich mich noch erinnere? Ach ja, daß er nicht ruhig stand. Er schwankte so merkwürdig. Wie ein Betrunkener. Ich fragte, ob Frau Träkel krank sei, was er gleich bejahte. Na, Gott sei Dank bin ich nicht in die Wohnung mit rein. Als ich meine Hilfe anbot, meinte er gleich, daß er ja da sei. Der hätte mich genauso abgemurkst. – Helmut, ein Schluck Wasser, bitte!« rief sie ihren Gatten.

»Der Mann war Ihnen nicht bekannt, Frau Kling?«

»Vielleicht habe ich ihn schon mal gesehen. Nur, erinnern kann ich mich nicht.«

»Aber Sie würden ihn wiedererkennen?«

Helene Kling nickte.

»Wie alt mag er gewesen sein?«

»So Mitte Dreißig.«

»Größe?«

»Groß und kräftig. Und ein rundes Gesicht hatte er.«

»Haarfarbe?«

»Blond. Ja, hellblond ist er gewesen. Und die Frisur?« Sie überlegte, »Das Haar war links gescheitelt.«

Zur Bekleidung konnte Helene Kling ihnen nichts sagen. Mit nacktem Oberkörper war der Mörder ihr gegenübergetreten.

Für Montag wurde die Bildung einer »erweiterten MUK« angewiesen. Befähigte Kriminalisten gehörten ihr an, die in verschiedenen Kreisämtern des Bezirkes arbeiteten und über entsprechende Erfahrungen in der Bearbeitung von Tötungsdelikten verfügten. Bis zu vierzig Mann kamen in den folgen-

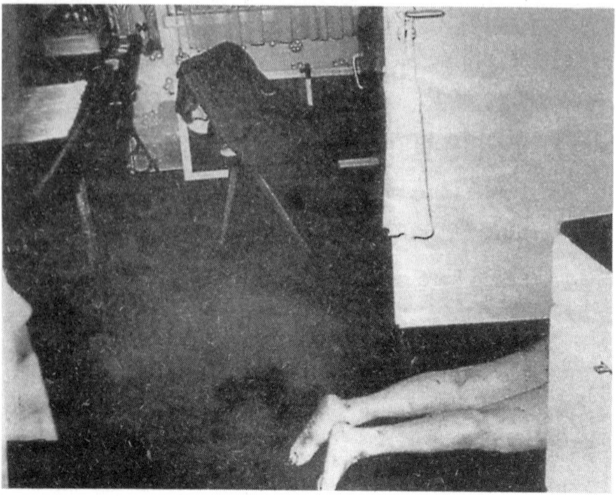

Tatortaufnahme

den Wochen in Röblingen zum Einsatz. Die Grundstruktur der Kommission sah eine Dreiteilung vor. Es gab eine Vernehmer-, eine Auswerter- und eine Ermittlergruppe. Naturgemäß verfügte letztere über die größte Anzahl von Mitarbeitern.

Der Hallenser Dezernatsleiter Wolfgang Lorenz, Staatsanwalt Wölfel und Hauptmann Schwarz reisten zu einer ersten Visite in Röblingen an. Löser, der die Leitung der Untersuchung behalten sollte, hatte seinen Führungsstab in den Räumen des ABV-Stützpunktes aufgeschlagen. Zwei weitere Gebäude im Ort standen ihnen auf Empfehlung des Bürgermeisters als provisorische Arbeitsstätten zur Verfügung.

Stichwortartig faßte Löser das Ergebnis ihres bisherigen Einsatzes zusammen und kam dann zu dem Schluß: »Das Opfer, die neunundsiebzigjährige Rentnerin Ellen Träkel, wird uns als vorsichtig und zurückhaltend geschildert. Vor knapp neun Monaten ist sie in die Seestraße 13 eingezogen, pflegte aber kaum Kontakte in der Nachbarschaft. Alle Tatumstände belegen, daß wir es offensichtlich mit einem Sexualverbrechen zu tun haben. Und aus der Tatortsituation läßt sich ableiten, daß sie den Täter wahrscheinlich gekannt hat. Sie hat ihm, obwohl schon im Nachthemd, die Haustür aufgeschlossen und ließ ihn zu so später Stunde noch in die Wohnung. Andererseits«, schränkte er ein, »zwingt die Aussage der Zeugin Kling auch an einen Psychopathen zu denken. Der wilde starre Blick, sein seltsames Gebaren. Nicht auszuschließen ist, daß Alkohol der Auslöser war.«

Dann legten sie die Schwerpunkte für die weitere Untersuchungstätigkeit fest. Während ein Teil der Männer das Persönlichkeitsbild des Opfers und den familiären Hintergrund tiefer ausleuchten sollte, trugen andere die Namen sämtlicher Beziehungspersonen zusammen, die – aus welchen Gründen auch immer – irgendwann Kontakte zu Frau Träkel unterhielten. Eine dritte Ermittlergruppe kümmerte sich um eine Liste der Gaststättenbesucher. Bei vielen Tötungsverbrechen in der DDR spielte Alkoholgenuß eine ungute Rolle. Schon zur Routinearbeit einer MUK gehörten die Überprüfung der Personen, die wegen Sexual- oder Roheitsdelikten vorbestraft waren, und Erkundigungen in Krankenhäusern und psychiatrischen Einrichtungen nach flüchtigen Patienten. Unter Punkt sechs »fremde Personen« hatte Löser sich das Stichwort »Monteure« notiert. »Auf der Südseite der Bahnstrecke steht eine Barackenunterkunft für Montagearbeiter«, erläuterte er. »Die Männer, nämlich Belgier und Westdeutsche, bauen eine Staubanlage im Braunkohlenwerk.«

Dezernatsleiter Lorenz wirkte alarmiert. »Größte Vorsicht, Genossen. Bevor wir da was unternehmen, müssen wir uns mit dem MfS arrangieren. Nur in Absprache und über meinen Tisch, bitte ich mir aus!«

Auf der Rückfahrt nach Halle schloß Schwarz für einen Moment die Augen. Die vermißte Monika Kolz kam ihm flüchtig in den Sinn. Die Leiche der jungen Frau war noch immer nicht gefunden worden. Kann es sein, daß Lohberg uns zum Narren hält? Wäre es nicht denkbar, daß die Schrankenwärterin ein Verhältnis zu einem der Monteure unterhielt, der ihr später zur Flucht in die Bundesrepublik verhalf? Einmal aufgetaucht, ließ der Gedanke Schwarz nicht mehr los. Die Praxis ist das Kriterium der Wahrheit, hatte er beim Studium gelernt. Doch der Hauptmann fand nicht mehr die Zeit, seine neue Version in der Praxis zu überprüfen. Ein Leichenfund in der Muldeniederung bei Dessau erzwang seinen Einsatz.

Ein halbes Dutzend Wirtshäuser gab es 1979 in Röblingen. Die Mitropa-Gaststätte am Bahnhof, das »Haus des Bergmannes« in Unterröblingen, das »Restaurant am See«, ein Jugendtanzcafé,

Gartenkneipen und noch manch andere Destille. In allen Gaststätten bekam das Schankpersonal Besuch von der Kripo. Anhand vorbereiteter Listen erkundigten sich die Ermittler nach den Namen der Gäste, die den Sonntagabend von Bierdurst geplagt in den Kneipen verbracht hatten. Rund achtzig Männer unterschiedlichen Alters gerieten ins Netz der MUK. Die Listen landeten bei der Auswertergruppe. Um die Zeitdauer des jeweiligen Gaststättenbesuches zu verifizieren, mußte jede Person aufgesucht und nach ihren Erinnerungen und Eindrücken befragt werden.

Am Mittwoch, dem 14. November, fuhr ein Kriminalmeister nach Erdeborn, wo er mit dem zweiundzwanzigjährigen Karl-Heinz Schoch sprach. Der junge Mann wohnte in Oberröblingen, arbeitete aber als Kranfahrer im Trocknungswerk Erdeborn. Der volkseigene Betrieb grenzte an die Bahnanlagen des Reichsbahnhaltepunktes in Erdeborn. Schoch war keineswegs überrascht, als man ihn von der Krananlage weg ins Verwaltungsgebäude rief, um dem Kriminalisten Rede und Antwort zu stehen. Die Befragungsaktion der Kripo hatte sich wie ein Lauffeuer herumgesprochen.

»Ich kann mir schon denken, worum's geht«, erklärte der kräftige Bursche, nachdem der Kriminalmeister sich vorgestellt hatte. »Also, ich hab am Sonntag in der Mitropa gesessen.«

Ob er die Zeit nicht etwas genauer bestimmen könne?

So gegen vier Uhr müsse das wohl gewesen sein. Zum Skatspiel sei er hingegangen.

Mit wem er am Tisch gesessen habe?

Schoch nannte einige Namen. Der Kriminalmeister notierte sie akkurat.

»Viel weiß ich aber nicht mehr von dem Abend«, warf Schoch eilfertig ein. »Ab und zu mache ich so 'ne Raupe. Und am Sonntag, na, da hatte ich vielleicht 'ne wahnsinnige Naht geladen.«

Wie hoch die Zeche war?

»An die zwölf Doppelkorn und vierzehn oder fünfzehn Bier werden's gewesen sein. Vielleicht weiß Regina, die Kellnerin, das noch genau. Sie hat mich zum Schluß abkassiert.«

Wann er aufgebrochen sei?

»Um halb zehn hab ich bezahlt. In der Wohnung war ich gegen zehn. Auf die Minute kann ich mich nicht festlegen.«

»Warum nicht?«

Schoch kratzte sich verlegen am Kopf. Naja, ein Stück Film fehle ihm natürlich. Meistens gehe er ja an der Bahn entlang, bis zur Hauptstraße. Die überquere er bei der Bahnschranke, dann weiter auf dem Eisenbahnerweg, bis zu seinem Haus im Winkel. Im allgemeinen eine halbe Stunde Fußweg.

Ob ihm jemand auf dem Heimweg begegnet sei?

Schoch wußte es nicht. Unterwegs habe er stehenbleiben müssen, weil ihm sauelend war. »Wie's in dem fröhlichen Lied heißt: ›Eins von den dreißig Bierchen war wohl schlecht.‹ Kennen Sie bestimmt auch, Herr Genosse.«

Der Kriminalmeister überging die dümmliche Anspielung. »Jetzt sagen Sie mir bitte noch, wer Ihre Angaben bestätigen kann?« forderte er.

»Ach so, wegen's Alibi? Fragen Sie lieber die Gäste aus der Mitropa. Und dann noch meine Frau. Die merkt sich immer, wenn ich zu Hause war.«

Der Kriminalmeister stieg in seinen Dienst-Trabbi. Auf der Rückfahrt nach Röblingen fiel ihm ein, daß er den fälligen Besuch bei Schochs Ehefrau auch gleich erledigen könnte, dann brauchte er später nicht nochmal los.

Sieglinde Schoch öffnete ihm die Wohnungstür. Auf dem Arm hielt sie ein Kleinkind von anderthalb Jahren. Das Kind greinte. Die reichlich erschöpft dreinschauende Mutter versuchte vergeblich, die Kleine zu trösten. »Sie zahnt«, sagte die junge Frau. »Da kann man nichts machen.«

»Dann will ich mich kurz fassen. Sie sollen mir nur sagen, wann Ihr Mann am Sonntagabend nach Hause gekommen ist.«

Sieglinde Schoch zauderte. Angestrengt überlegte sie. »Ich weiß es nicht genau. Um dreiviertel zehn bin ich schlafen gegangen. Karl-Heinz war noch nicht da. Ich schlief gleich ein, mußte aber nochmal aufstehen, weil die Kleine einen Hustenanfall hatte. Als ich in die Küche kam, saß mein Mann am Tisch und trank eine Flasche Bier. Wie spät das war? Ich will nichts falsches sagen, aber es könnte gegen dreiundzwanzig Uhr gewesen sein.«

Auch diese Angaben brachte der Kriminalmeister gewissenhaft zu Papier. Das Ergebnis seiner Recherchen lieferte er im Führungspunkt ab. Sämtliche Ermittlungsprotokolle wanderten über den Tisch der Auswertergruppe. Aufgabe der hier eingesetzten Kriminalisten war es, mögliche Widersprüche zwischen den Aussagen der Befragten und ihren Alibigebern aufzuspüren.

Vier Tage nach dem Verbrechen zeichnete sich noch keine heiße Spur ab. Sie liefen wie durch wattigen Nebel. Die Überprüfung der Krankenhäuser und der klinischen Einrichtungen war abgeschlossen. Die Sichtung der kriminalpolizeilichen Karteien und Sammlungen, die per Hand zu durchforsten waren, dauerte an. In der Röblinger Einsatzzentrale klingelte ohne Unterlaß das einzige Telefon, das der MUK zur Verfügung stand. Lösers Antrag, einen Sonderanschluß freischalten zu lassen, war von der Post abgelehnt worden. Technische Schwierigkeiten. Jeder Anruf wurde vom diensthabenden Telefonisten notiert, Zeit, Name und Art der Information in einem Lagefilm festgehalten. Wichtiges wurde von Nebensächlichem getrennt, Mögliches von Unwahrscheinlichem. Die Männer der Ermittlergruppe kamen kaum zur Ruhe. Jede Recherche sollte rasch und mit möglichst großem Fingerspitzengefühl erledigt werden. Die Stoppelbärte der Männer zeugten vom hohen Einsatzwillen. Angebrochene Zigarettenschachteln lagen in den Arbeitsräumen herum, volle Aschenbecher und Tassen, aus denen man zwischendurch starken Kaffee schlürfte.

Lösers Kommission wurde von zwei Mordspezialisten der Hauptabteilung Kriminalpolizei im Innenministerium beraten. Man entschloß sich, die Mithilfe der Bevölkerung anzusprechen. Der ABV und seine Freiwillligen Helfer verteilten Handzettel. Und in der SED-Bezirkszeitung »Freiheit« erschien am 16. November die Notiz:

Die Volkspolizei bittet um Mithilfe!

Am 11. November 1979 wurde in Röblingen, Kreis Eisleben, Seestraße (Ortsausgang Richtung Aseleben), an einer Rentnerin ein Tötungsverbrechen begangen. Gesucht wird eine männliche Person im Alter bis 35 Jahre, mit blondem, linksgescheiteltem, glatten Haar.

Wer hat die gesuchte Person in der Zeit von 20.00 bis 23.00 Uhr in der Ortslage Röblingen gesehen?

Wer hat eine Person dieser Beschreibung bzw. mit auffälligem Verhalten in Röblingen oder Umgebung gesehen bzw. Kenntnis vom Aufenthalt in diesem Bereich?

Hinweise, die auf Wunsch vertraulich behandelt werden, nimmt das Volkspolizei-Kreisamt Eisleben, Telefon 570, oder jede andere VP-Dienststelle entgegen.

Noch am Freitag hielt Löser das Ergebnis der Opferumfeld-Ermittlungen in der Hand. Die drei Kriminalisten, die den Komplex zu bearbeiten hatten, legten ein perfektes Protokoll vor. Der Personenkreis, der zu Frau Träkel Kontakt hatte, war samt und sonders aufgelistet. Nicht nur die Namen der wenigen Verwandten – einige wohnten in der BRD –, auch die Nachbarn, der Briefträger, die Gemeindeschwester und sogar der Name des Hausarztes, der ab und an nach der Rentnerin sah, standen auf dem Papier.

Von besonderem Interesse erschien jedoch der letzte Absatz in dem Bericht. Der Chef der Auswertergruppe hatte ihn mit einem Bleistiftstrich versehen. Bis zum Herbst des vergangenen Jahres war Frau Träkel in der Kesselstraße wohnhaft gewesen. Natürlich hatten sich die Ermittler auch dort umgehört, wobei sie einem Hausbewohner die Information entlockten, daß drei Männer aus der Familie Schoch der Rentnerin Träkel beim Umzug behilflich waren. Karl Schoch, der achtundfünfzigjährige Senior der Familie, und seine beiden Söhne Herbert und Karl-Heinz!

»Alles zusammentragen, was über die Schochs bekannt ist!« wies Löser an.

Putzmunter und voller Tatendrag erschien der Oberleutnant Helmut Lieneweit am anderen Morgen zum Dienst. Von Zeit zu Zeit schickte Löser die eingesetzten Kriminalisten nach Hause, damit sie ausschlafen und frische Wäsche holen konnten. Lieneweit, der zur Eislebener Außenstelle des Dezernates II gehörte, wohnte im dreißig Kilometer entfernten Hettstedt.

Eine Gruppe junger Burschen lungerte auf dem Flur des zum Kripo-Hauptsitz umfunktionierten Gebäudes herum. Die Männer wohnten in Röblingen und hatten eine Vorladung zur Vernehmung erhalten.

Als Lieneweit sich beim Einsatzleiter meldete, sagte Manfred Löser: »Draußen wartet der Kranführer Karl-Heinz Schoch. Beschäftige dich mal mit ihm. Wir brauchen seinen genauen Tagesablauf vom 11. November. Nimm jede Minute zu Protokoll. Widersprüche nimmst du zur Kenntnis, kommentierst aber nichts. Am besten – wortwörtlich aufschreiben, was er dir erzählt!«

»Aufgabe verstanden.« Lieneweit nahm seinen Platz in dem provisorischen Vernehmungszimmer ein, dann ließ er den Kranfahrer kommen.

Karl-Heinz Schoch blieb an der Tür stehen und sah sich mürrisch um. Seine ganze Körperhaltung signalisierte Trotz und stummen Widerstand.

»Treten Sie näher und nehmen Sie Platz. Unser Gespräch wird einige Zeit in Anspruch nehmen.« Lieneweit beobachtete das Gebaren des jungen Burschen. Auf sein Äußeres schien er wenig Wert zu legen. Schoch war nachlässig rasiert, trug verwaschene Jeans, einen braunen Anorak aus synthetischer Faser und darunter ein kariertes Hemd. Er hatte ein ebenmäßiges glattes Gesicht, die Augen in wäßrigem Blau und einen schmalen Mund mit ausgeprägter Unterlippe, deren Rosa sich kaum von der Farbe der Kinnpartie abhob. Breite Stirnecken und kurzes Blondhaar. Trotz seiner zweiundzwanzig Jahre erschien Schochs Haarwuchs unnatürlich gelichtet. Vielleicht die Folgen einer Krankheit aus der Kinderzeit, vermutete der Oberleutnant.

»Was wollen Sie denn schon wieder von mir? Ich hab Ihrem Kollegen alles gesagt.«

Lieneweit lächelte friedlich, als ginge es wirklich nur um Kleinigkeiten. »Routinefragen, Herr Schoch. Wir müssen jeden hören, der am Sonntagabend nicht in den eigenen vier Wänden war.«

»Bitte, bitte, wie Sie wollen«, erwiderte Schoch gekränkt, nahm aber auf dem angebotenen Stuhl Platz. »Wo soll ich anfangen?«

»Nun, zum Beispiel: Wann sind Sie am Sonntag aufgestanden?«

»Ich schlief bis um neun. Meine Frau war mit den Kindern beschäftigt.«

»Und dann?«

»Nach dem Frühstück bin ich mit der Töle rausgegangen.«

»Sie besitzen einen Hund?«

»Einen Riesenschnauzer. Ich war mit ihm auf dem Übungsgelände unseres Vereins. So bis gegen Mittag.«

»Allein?«

»Nein, nein.« Schoch zählte die Namen der Sportfreunde auf, mit denen er im Spartenheim gesprochen hatte. »Zwei, drei Flaschen Bier haben wir auch noch gekippt«, gab er bereitwillig

Auskunft. »Dann bin ich nach Hause, weil meine Frau das Essen um zwölf Uhr fertig hatte.«

»Nach dem Mittagbrot?«

»Hat Sieglinde sich mit den Kindern hingelegt. Ich bin zum Sportplatz und hab mir das Fußballspiel angesehen.«

»Wer hat gewonnen?«

»Aktivist natürlich. Zwei zu eins. Ganz gut für den Klassenerhalt.«

»Nach dem Spiel?«

»Das war um sechzehn Uhr. Ich bin in die Mitropa. Hab Karten gespielt.« Ohne daß Lieneweit nachfragen mußte, benannte er seine Skatbrüder. »Und um halb zehn, also einundzwanzig Uhr dreißig, bin ich nach Hause.«

»In Begleitung?«

»Nein. Allein. Unterwegs war mir schlecht, mußte kotzen. Und an der Bordkante bin ich auch noch hingefallen. Sehen Sie, hier!« Schoch krempelte das linke Hosenbein hoch und zeigte Lieneweit die Schürfwunde an seinem Schienbein.

»Sie hatten getrunken?«

»Zwölf Doppelkorn und fünfzehn Bier.«

Lieneweit erschrak. Bei der Menge wäre er wahrscheinlich für einige Tage im Dienst ausgefallen oder gestorben. »Trinken Sie immer so viel?« brachte er erstaunt hervor.

Schoch nahm es als Kompliment. »Zwei- bis dreimal in der Woche gehe ich einen trinken. Fünfzehn oder zwanzig Bier kommen da leicht zusammen.«

Der Oberleutnant wollte schon den Kopf schütteln, besann sich aber noch rechtzeitig auf die Leitlinie, die Löser ihm vorgegeben hatte: Kein Kommentar, keine Diskussion! »Welche Kleidung trugen Sie am 11. November?«

»'ne alte Lederjacke. Hab sie von 'nem westdeutschen Monteur gekauft. Und die Jeans aus Ungarn.«

»Schuhwerk?«

»Lederturnschuhe. DDR-Produktion«, kam seine Antwort. »Ist alles dreckig geworden an dem Abend. Hat meine Frau noch gar nicht gemerkt.«

»Beschreiben Sie den Heimweg!« Schoch tat es.

»Was war mit der Schranke?« unterbrach Lieneweit. »Geöffnet oder geschlossen?«

Schoch schluckte. Die Zwischenfrage behagte ihm nicht. Auf so etwas war er nicht vorbereitet. »Die Schranke ...«, setzte er an, »ja, ich glaube ..., also, die Schrankenbäume waren oben!«

»Es fuhr kein Zug?«

»Nein«, antwortete Schoch gepreßt. Das Thema beunruhigte ihn augenscheinlich.

»Wann sind Sie zu Hause angekommen?« lautete Lieneweits erneute Frage.

»Kurz nach zweiundzwanzig Uhr.« Erst als der Oberleutnant die Schreibmaschine aufdeckte, fragte Schoch: »Wird das jetzt alles getippt? Dann muß ich, glaube ich, vorsichtig sein.«

»Warum?«

»Na, weil meine Frau zu dem anderen Polizisten gesagt hat, daß sie mich erst später zu Hause gesehen hat. Vielleicht war ich wirklich erst halb elf in der Wohnung – oder Sieglinde hat sich geirrt?«

Endlich lag der Mordkommission das Ergebnis der Karteien-Recherche vor. Ein Eintrag in der Jugendschutzkartei KP 40 zwang die Kriminalisten, Karl-Heinz Schochs Stellenwert im Netz der Tatverdächtigen neu zu bestimmen. Im Juli 1971 war am Süßen See eine Frau angefallen worden. Als Täter ermittelte die Polizei den damals vierzehnjährigen Schüler Karl-Heinz Schoch aus Oberröblingen. Formal war seine Strafmündigkeit zwar gegeben, erfahrene Pädagogen winkten jedoch ab. Schochs Sündenfall brachte dem Knaben väterlicherseits eine Tracht Prügel ein, der Rest wurde mit einem »erzieherischen Gespräch« beim Referat Jugendhilfe der Abteilung Volksbildung abgetan. Nun gewann der Vorgang plötzlich an Bedeutung.

Oberleutnant Manfred Löser traf Vorsorge, daß die jüngsten Informationen nicht über den Kreis der unmittelbar Eingeweihten hinausdringen konnten. Es gab genügend Vorgesetzte, die nur darauf brannten, den Kranfahrer auf der Stelle einzubuchten. Neben der »Spur Schoch« lagen weitere Hinweise vor, die man keinesfalls vernachlässigen durfte. Sich auf eine einzige Ermittlungsrichtung zu versteifen, konnte im Fiasko enden.

Karl-Heinz Schoch, Geburtsjahr 1957, war in Röblingen geboren worden. Er hatte hier die Schule besucht, mußte sich aber nach zweimaligem Sitzenbleiben mit dem Abgangszeugnis der

Oberleutnant Helmut Lieneweit

6. Klasse bescheiden. Schoch absolvierte eine Lehre als Hilfsmaurer. Auf dem Bau begann seine Bekanntschaft mit dem Alkohol, der ihn grob und unberechenbar auftreten ließ. 1973 wechselte er als Transportarbeiter ins Plattenwerk. Von 1976 bis zum Frühjahr 1978 leistete er den Wehrdienst ab. In diese Zeit fiel seine Heirat. Schoch wurde Vater. Nach der Entlassung aus der Armee arbeitete er im Trockenwerk Erdeborn als Kranfahrer. Am 29. Juli 1978 gebar seine Frau ihr zweites Kind. Die junge Familie zog in eine Dreiraumwohnung in einem Röblinger Altbauhaus und zahlte dafür 87,- Mark Miete. Schoch sei überaus rechthaberisch, hieß es im Leumundbericht, und meide keinen Raufhändel. Im Alkoholrausch habe er auch schon auf seine Ehefrau eingeschlagen, die Kinder liebe er abgöttisch. In seiner Freizeit beschäftige er sich mit seinem Hund, ansonsten lebe er unauffällig. Soweit das Bild zu seiner Person.

Zwei Tage nahmen sie sich Zeit, um Schochs Aussagen zu durchleuchten. Helmut Lieneweit und ein zweiter Kriminalist ermittelten in der Mitropa-Gaststätte. Der Geschäftsführer konnte ihnen nicht viel sagen, nur daß er Schoch am Sonntag gesehen habe, wie er in die Gaststätte kam, mit einer alten Lederjacke und Jeans bekleidet. Um so nützlicher erwiesen sich die Aussagen der Büfetteuse und der Kellnerin Regina. »Na freilich hat der Schoch bei uns gesessen. Erst hier am Stammtisch, wo die Skatspieler saßen, später dort drüben an der Wand.« Frau Regina deutete auf eine Tischreihe an der Fensterfront mit Blick zu den Bahnsteigen. »Gestänkert hat er schon beim Skat, und dann mit den beiden Gästen am Fenster. Zwei Rangierer von unserem Bahnhof. Klar, die drei kannten sich.«

Lieneweit legte ihr ein Blatt Papier vor, auf dem ein Bestuhlungsplan der Mitropa-Gaststätte zu sehen war. Frau Regina bezeichnete die Plätze, auf denen die einzelnen Gäste gesessen hatten, und nannte alle Namen.

»Wissen Sie auch, wann Schoch die Gaststätte verlassen hat?«

»Ich sagte schon, daß der zu stänkern anfing. Hatte wieder mal seinen Sauftag. Fünfzehn Bier und zehn Doppelkorn. Kurz vor einundzwanzig Uhr habe ich ihn am Fenstertisch abkassiert und dann zur Tür expediert.«

»Um einundzwanzig Uhr? Wissen Sie das bestimmt?«

»Wenn Sie mir nicht glauben, dann fragen Sie die Rangierer.«

Die beiden Männer, unabhängig voneinander befragt, bestätigten die Aussage der Kellnerin. Worum es bei dem Streit an ihrem Tisch gegangen sei, wollte Lieneweit noch von ihnen wissen.

»Um Schochs Hobby. Wenn der besoffen ist, prahlt er immer mit seinen angeblichen Erfolgen bei Frauen. Der hat doch ’n Stich, der Kerl!«

Staatsanwalt Wölfel kam nach Röblingen. Er begleitete Lieneweit, der bei einbrechender Abenddämmerung mit einer Stoppuhr bewaffnet, den Weg vom Bahnhof bis zu Schochs Wohnung verfolgte. Das provisorische Untersuchungsexperiment diente dem Ziel, Vergleichsdaten zu eruieren.

Ein Zaun, hinter der sich eine Hecke verbarg, trennte den Bahnkörper vom Fußweg. Die uralten Bäume verloren ihre Blätter. Lieneweit lief bewußt langsam. Er imitierte ein Marschtempo, das dem torkelndem Gang Betrunkener entsprach. Dennoch erreichten sie schon nach acht Minuten den Bahnübergang. Gerade senkten sich die Schrankenbäume herab.

»Habt ihr geprüft, ob die Schranke am 11. November zwischen 21.30 Uhr und 22.00 Uhr geöffnet war?« fragte der Staatsanwalt.

»Die Trapo hat eine Kopie der Stellwerksunterlagen beschafft.« Lieneweit schlug sein Notizbuch auf. »Um 21.38 Uhr wurde die Schranke für eine Zugfahrt aus Richtung Amsdorf geschlossen. 21.52 Uhr fuhr der Gegenzug in Richtung Halle. Während dieser Zeit war die Schranke dicht. Für eine volle viertel Stunde.«

Jenseits der Hauptstraße setzten Staatsanwalt und Kriminalist das Experiment fort. Exakt bei fünfundzwanzig Minuten blieben die Zeiger der Stoppuhr stehen, als sie vor Schochs Haustür aufkreuzten!

Am Morgen des 20. November, noch vor sechs Uhr, wurde Schoch, als er aus dem Haus trat trat, von einer Gruppe Kriminalisten festgenommen. Sie verfrachteten ihn in den dunkelbraunen Wartburg und fuhren nach Eisleben.

Löser und Lieneweit hatten sich auf ihren Mann vorbereitet. In gemeinsamer Arbeit war eine Dramaturgie entwickelt worden, die auf Schochs Wesen zugeschnitten war. Nach diesem »Fahrplan« wollten sie den Ablauf der Vernehmung gestalten. Tonaufzeichnungstechnik wurde im Vernehmungszimmer installiert. Es war der gleiche Raum, in dem Günter Kolz vor einem Jahr sein Pseudogeständnis abgelegt hatte.

Schoch setzte sich mit finsterer Miene auf den zugewiesenen Stuhl. Nervös, unsicher und voller Argwohn musterte er seine Kontrahenten. Den Kleinen mit dem harmlosen Gesicht kannte er. Der zweite Mann, seinem Auftreten nach wohl der Chef, war ihm fremd. Zu seiner Überraschung überschütteten sie ihn keineswegs mit Fragen und Vorwürfen. Sie stellten ihm einen Aschenbecher hin, boten Zigaretten an und Kaffee. Eine lockere Konversation hob an. Sie sprachen über den Alltag in Röblingen, über Hundezucht, erkundigten sich nach seinem Familienleben, wollten wissen, wie er mit seiner beruflichen Tätigkeit zufrieden sei und ob die Höhe des Lohnes auch der Schwere der Arbeit entsprach.

Nach anfänglichem Stillschweigen, das Schochs Mißtrauen entsprang, lockerte sich seine Haltung. Er beteiligte sich an dem Gespräch, antwortete freier und ließ in dem einen oder anderen Satz sogar einen Anflug von Humor aufblitzen. Aber in seinem Innern bohrte die Frage: Was wollen die wirklich von mir? Wegen dieser harmlosen Plauderei haben sie mich bestimmt nicht hergeholt. Welchen Zweck verfolgen sie mit dem Wortgeplänkel? Haben sie was in der Hand gegen mich?

Für Lieneweit und Löser war das Ganze in der Tat nur ein Vorspiel. Je mehr sie Schoch zum Reden brachten, ihn mit lockerem Geplauder ablenkten, um so günstiger standen ihre Chancen, daß er

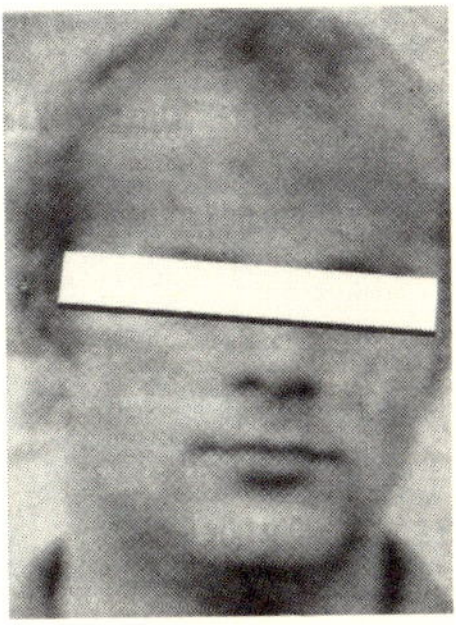

Karl-Heinz Sch. (22)

sich in Widersprüche verfing. Nach zweistündigem Abtasten rückten sie ihm mit geballter Kraft auf den Pelz. »Wir wollen Ihre Aussagen nochmal im einzelnen durchgehen!« Sie stellten nun direkte Fragen, erörterten seine Antworten, konfrontierten ihn mit nackten Vorhaltungen: »Sie sind nicht erst um einundzwanzig Uhr dreißig nach Hause gegangen!«

Schoch klammerte sich an seiner Aussage fest. »Wollen Sie behaupten, daß ich ein Lügner bin?« knurrte er.

»Um einundzwanzig Uhr hat Sie die Kellnerin rausgeschmissen. Weil Sie Zoff hatten mit den Rangierern am Fenstertisch!«

Lieneweit nickte zustimmend. »Drei Zeugen, die gegen Sie sprechen, Herr Schoch! Gibt Ihnen das nicht zu denken?«

»Ach, Scheiße!« Ungehalten warf er die Zigarette, die er eben angeraucht hatte, in den Aschenbecher. »Gut, dann hab ich mich eben geirrt!«

»Wie lange brauchten Sie für den Heimweg? Fünfundzwanzig Minuten, nicht wahr?«

»War ja besoffen. Vielleicht hat's auch länger gedauert?«

»Einverstanden, Herr Schoch. Schlagen wir ruhig zehn Minuten zu Ihren Gunsten drauf. Dann wären Sie zwischen halb und dreiviertel zehn in der Wohnung gewesen. Stimmt doch, oder? Ihre Frau, die zu diesem Zeitpunkt schlafen ging, hat Ihr Kommen aber nicht gehört!«

»Verdammt, Verdammt!« Pause. »Dann haben sich eben die Zeugen geirrt! Und meine Frau auch!«

Löser nickte. »Auch auf dieser Schiene wollen wir Ihnen entgegenkommen.« Freundliche Gelassenheit sprach aus seiner Stimme. »Nehmen wir also an,« leitete er zur nächsten Zeitberechnung über, »Sie sind tatsächlich erst um einundzwanzig Uhr dreißig in der Mitropa aufgebrochen, dann müßten Sie spätestens fünfundvierzig an der Schranke eingetroffen sein. Zu der Zeit war sie nämlich geschlossen. Es fuhren zwei Züge.«

»Naja! Hab ich doch gesagt!«

»Falsch!« griff Lieneweit ein. Er nahm das Vernehmungsprotokoll vom 17. November zur Hand und zitierte mit Nachdruck: »›Die Schrankenbäume waren oben. Es fuhr kein Zug.‹ – Ihre eigenen Worte, Herr Schoch!«

Bedächtig mahnte Löser: »Wie wir die Sache auch drehen und wenden, junger Freund, Ihr Alibi stimmt hinten und vorn nicht!«

Die Attacken hielten an. Schoch gab sich zwar noch selbstbewußt, gelegentlich raffte er sich zu einer pampigen Antwort auf, doch er konnte ihnen schon nicht mehr in die Augen sehen. Nach Stunden unwiderlegbarer Fakten und Vorhaltungen erlahmten seine Rechtfertigungsversuche. Sein Aufbegehren zerbröselte. Zunehmende Müdigkeit tat ihr übriges. Die Kriminalisten wußten, daß ihr Delinquent sich in einem psychischen Spannungszustand befand, ausgelöst vom Wissen um die reale Tat und der bangen Frage: Was können sie mir wirklich beweisen? Und dieser seelische Druck nahm ständig zu. Sie nutzten ihn für ihren letzten Schlag.

»Kannten Sie Ellen Träkel?«

»Sie meinen die ermordete Frau? – Nein, die ist mir nicht bekannt.«

»Seltsam, wo Sie ihr doch erst vor einem Jahr beim Umzug von der Kessel- in die Seestraße geholfen haben! Sie, Ihr Vater und Ihr Bruder!«

Verzweifelt setzte Schoch sich gegen den unerklärlichen Drang zur Wehr, die Wahrheit einfach hinauszuschreien. Nach mehr als zwölfstündigem Verhör, selbstverständlich von Pausen unterbrochen, unterlag er dem Druck. Er sähe jetzt ein, daß Lügen und Ausreden keinen Zweck mehr haben, leitete er sein Generalgeständnis ein. Ja, er war an jenem Abend in der Seestraße. Was ihn dorthin getrieben habe, wisse er selbst nicht zu erklären. Plötzlich habe er vor dem Haus der alten Frau gestanden. Hinter einem Fenster brannte Licht. Weil er Durst verspürte, habe er geklopft, und wollte von Frau Träkel etwas zu trinken. Sie, schon im Nachthemd, ließ ihn in die Wohnung ein. Als sie sich umdrehte, um eine Flasche Bier zu holen, sei es über ihn gekommen. In der Küche riß er sie zu Boden, wollte sie vergewaltigen und stach, als die alte Frau sich wehrte, mit einem Küchenmesser auf sie ein. Danach verging er sich an der Toten. Das Messer warf er auf dem Heimweg fort. Die blutbefleckte Kleidung – Jacke, Hemd und Jeans – habe er im Schuppen, hinter dem Hundezwinger versteckt, damit seine Frau sie nicht fände.

Am 21. November 1979 lancierte der Chef der Hallenser Bezirkspolizeibehörde in der »Freiheit« die spärliche Notiz:

Tötungsverbrechen aufgeklärt!

Durch intensive Ermittlungen der Deutschen Volkspolizei unter aktiver Mitwirkung der Bevölkerung wurde das am 11. November 1979 an einer Rentnerin in Röblingen, Kreis Eisleben, begangene Verbrechen aufgeklärt.

Als der Tat dringend verdächtig wurde ein 22jähriger Bürger aus Röblingen in Untersuchungshaft genommen. Die DVP dankt allen Bürgern, die zur Aufklärung der Straftat beigetragen haben.

Die erweiterte Morduntersuchungskommission wurde aufgelöst. Die beteiligten Kriminalisten, unter ihnen der Oberleutnant Helmut Lieneweit, kehrten in ihre Dienststellen zurück. Manfred Löser und Staatsanwalt Wölfel gedachten, das Verfahren so rasch wie möglich über die Bühne zu bringen. Die Öffentlichkeit erwartete eine abschreckende Sanktion. Doch Karl-Heinz Schoch machte allen einen Strich durch die Rechnung. Wenige Tage nach seiner Inhaftierung widerrief er das Geständnis. Nun zeigte sich, wie nützlich es sein konnte, nicht jeden Beweistrumpf gleich in der ersten Phase aufgedeckt zu haben.

Am 30. November wurde Schoch auf den Hof der Untersuchungshaftanstalt gebracht. Er trug seinen Anorak und blaue Jeans. Fünf Männer, etwa gleich groß und ähnlich bekleidet, stellten sich rechts und links neben ihm auf. Löser hatte für das Experiment einige Häftlinge, aber auch zwei Kriminalisten requiriert. Wichtig war, daß alle Vergleichspersonen hellblondes Haar hatten.

Helene Kling wurde hereingeführt. Löser stand seitlich an einen Pfeiler gelehnt. Aufmerksam beobachtete er das Mienenenspiel im Gesicht seiner Zeugin. Helene Kling ließ sich Zeit. Sie musterte die Männer, die im Abstand von drei oder vier Metern vor ihr an der Hofmauer aufgereiht waren. Dann zeigte sie auf den dritten von rechts. Ein Fotograf stand bereit. Er hielt die Reihung im Bild fest.

Auch Schoch erinnerte sich an die alte Frau. Von Selbstvorwürfen zerfressen, weil er beim Widerruf dem Ratschlag eines alten Knastis aufgesessen war, widerrief er seinen Widerruf. Doch er spürte, daß der Bonus, den Kriminalisten für geständige Täter naturgemäß aufbringen, dahinschmolz.

Löser und der Staatsanwalt Wölfel unterbrachen das Verhör.

Mittagspause. Häftling wie Vernehmern stand eine Erholung zu. Bevor sie die Zelle verließen, fragte Wölfel einem unbestimmten Impuls folgend: »Kennen Sie eigentlich Monika Kolz?«

Die Antwort kam wie aus der Pistole geschossen: »Klar, die Moni.«

Lapsus linguae? Oder verbarg sich mehr hinter Schochs dürftigen Worten? Hatte ihn die Niederlage, die er bei der Gegenüberstellung einstecken mußte, weich und anfällig gemacht?

Nach der Mahlzeit hockte Schoch schweigend in seiner Zelle. Er starrte die Wand an, rasend vor Wut über die eigene Dummheit. Sein Kinn zuckte unbeherrscht. Er zerrte an den Fingern, bis die Gelenke knackten. Als die Vernehmer ihn dann erneut aufsuchten, um das Verhör mit den Worten »Also, wir hören. Aber bleiben Sie bei der Wahrheit!« fortzusetzen, düpierte er sie mit der Behauptung: »Mit der Schrankenwärterin Kolz war ich nicht bekannt. Ich weiß, daß sie vermißt wird. Die Leute erzählen doch, daß Lohberg sie umgebracht hat. Was wollen Sie noch von mir?«

Nach der Devise »Wo Rauch ist, da muß auch Feuer sein« nahm Löser den Faden in Röblingen auf. Die Kolz, so hieß es in der Vermißtenakte, habe zuweilen die Mitropa-Gaststätte aufgesucht. Jeden Dienstag veranstalteten die Schichtbrigaden des Bahnhofes Röblingen ihren obligatorischen Dienstunterricht. Nach der Schulung pflegte sich das ebenso hungrige wie durstige Eisenbahnervölkchen in der Mitropa zu stärken.

Frau Regina, die bestens informierte Kellnerin, verhalf Löser zu einem Durchbruch. »Schoch und die Monika Kolz hab ich schon zusammen gesehen«, sagte sie aus. »Im vorigen Jahr, nach dem Umzug zum 1. Mai, haben die Eisenbahner 'ne Aktivistenfeier bei uns abgehalten. Die Monika Kolz war auf jeden Fall dabei. Sie hat mit Schoch, der zufällig hier aufkreuzte, getanzt. Also dafür leg ich meine Hand ins Feuer.«

Die Büfetteuse, die sich zu ihnen gesellte, nickte heftig.

Man müßte Schochs Tagesablauf vom 29. Juli 1978 rekonstruieren, dachte Löser. Sicher, ein schwieriges Unterfangen, aber es konnte alle Mühen wert sein. Einen Anhatspunkt gab es. An jenem Sonntag war Schochs zweites Kind geboren worden. Was tun die frischgebackenen Väter? Sie geben in aller Regel einen aus!

Polizeifoto von der Gegenüberstellung

Löser und Leutnant Schäfer wagten sich an die Filigranarbeit. Ihre Ausdauer wurde belohnt. Wie ein Weihnachtsgeschenk mutete es ihnen an, als Schäfer ein Mitglied der Sektion Hundesport auftat, der ihm versicherte, daß er mit Schoch und einigen Kumpels am 29. Juli im Spartenheim die Ankunft des neuen Erdenbürgers begossen hatte. Bis gegen 21.00 Uhr dauerte die Fete, dann löste der Kreis sich auf. Schoch wollte noch ins »Haus des Bergmanns«.

Löser und Schäfer protokollierten die Zeugenaussage und fuhren nach Halle zurück. In einer Arbeitsbesprechung erinnerte sich Hauptmann Schwarz: »Augenblickchen, Jungens, wenn mich nicht alles täuscht, existiert ein kaum benutzter Weg vom Hundeplatz zur Bergmannskneipe. Und der, ihr werdet's nicht glauben, führt in der Nähe des Schrankenpostens 16 vorbei!«

Das Jahr 1979 verabschiedete sich.

Am 16. Januar 1980 suchten Löser und Staatsanwalt Winfried Wölfel Schoch in der Haftanstalt auf. Blaß und schmal war er in den Wochen der Untersuchungshaft geworden. Die Ungewißheit zehrte an ihm. Nichtentdeckte Mörder leiden vielfach unter dem Druck, ihr tödliches Geheimnis bewahren zu müssen. Doch irgendwann droht der Damm, den sie zu ihrem Schutz im Innern errichtet haben, zu bersten. Die Erinnerungen quellen immer wieder hoch. Das macht sie verwundbar. Und manchen depressiv.

Schoch steckte in einer solchen Phase, als sie ihn jetzt verhörten. Den Blick zu Boden gerichtet, erklärte er: *»Ich will heute ehrlich zugeben, daß ich Monika Kolz gekannt habe. Sie war seit einem halben Jahr meine Geliebte. Wir hatten uns bei einer Maifeier kennengelernt. Wir trafen uns oft. Am 29. Juli 1978 hatten wir uns für den Abend verabredet. Ich traf Monika nach dem Dienst am ›Haus des Bergmanns‹. Wir tranken noch einige Bier und gingen dann am Kaolinwerk vorbei auf dem Feldweg in Richtung Stedten. Dort, wo die Fernwärmeleitung über den Berg läuft, hatten wir Geschlechtsverkehr. Danach sagte Monika zu mir, daß ich mich von meiner Frau scheiden lassen soll, denn sie wollte nur noch mit mir leben. Sie bekäme ein Kind von mir. Als ich mein Glied zum zweiten Mal bei ihr einführen wollte, kam es zum Streit. Der ganze Tag hatte mich schon mitgenommen, wegen der Feier im Spartenheim. Und dann die Drohung, meiner Frau alles zu stecken. Da habe ich ganz einfach durchgedreht. Ich schlug auf sie ein, wie ein Vieh, bis ich feststellte, daß keine Gegenwehr mehr da war. Das kam alles so schnell und ohne Überlegung. Ich stand dann auf und lief nach Hause. Erst am nächsten Tag bin ich zurückgekommen. Die Leiche lag noch an der gleichen Stelle. Ich hatte einen Feldspaten mitgenommen und begrub Monika an der Fernwärmeleitung.«*

»Wo genau?« Löser schob ein Blatt Papier über den Tisch. »Zeichnen Sie es auf!«

Erst am 23. Januar, der Boden war tagelang gefroren, fuhren ein Bergungstrupp der MUK und Professor Dr. Simon von Gerichtsmedizinischen Institut der Martin-Luther-Universität Halle-Wittenberg ins Gelände. Sie bogen auf den Feldweg ein, der von Unterröblingen nordwestlich an der Amsdorfer Tagebaukante entlangführte. Parallel dazu verlief eine meterdicke Rohrleitung. Billige Fernwärme strömte nach Stedten und den angeschlossenen Industriebetrieben.

Staatsanwalt Wölfel zog Schochs Handskizze zu Rate. »Der nächste Bogen dürfte es sein.« Er zeigte auf eine der U-förmigen Ausbuchtungen, die alle hundert Meter unter der technischen Bezeichnung »U-Bogen-Kompensator« die Dehnungs- und Spannungsvorgänge in der Rohrleitung ausglichen.

Die Männer verließen die Fahrzeuge. Neben einem Betonsockel, auf dem die Leitung ruhte, ragte ein Stoffetzen aus dem

Erdreich. Graublau mit einer Knopfleiste. Ein Wildtier, vielleicht der Fuchs, hatte ihn aus dem Boden gewühlt. Später konnten sie den Fetzen einer Eisenbahnerbluse zuordnen. In 50 Zentimetern Tiefe stießen die Kriminalisten auf menschliche Knochen. Mit größter Behutsamkeit bargen sie ein weibliches Skelett. Dazu Uniformreste und einen Ehering.

Professor Simon machte auf die Kiefernbrüche am Leichenschädel aufmerksam. »Da sind kräftige Schläge geführt worden«, wagte er einen ersten oberflächlichen Befund. »Geschlagen und gewürgt, vermute ich.«

Staatsanwaltschaft und MUK wiegten sich in der Gewißheit, den Mord an Monika Kolz restlos aufgeklärt zu haben. Wölfel ließ Peter Lohberg aus der Haft vorführen. Auf den Kopf sagten sie ihm zu, daß er kein Mörder sei. Lohberg stellte sich störrisch. Allen Vorhaltungen gegenüber taub, betonte er ein ums andere Mal, daß er allein die Kolz umgebracht habe. Nur er wisse, wo die Leiche geblieben sei, und ihre Grabstätte gebe er niemals preis. Sie bleibe sein Geheimnis. Das erweckte den Anschein, als habe Lohberg an einem Leben hinter Gittern Gefallen gefunden. Einige Tage später wurde er einem Facharzt vorgestellt. Nach gründlicher Untersuchung überwies der ihn in eine Nervenklinik, wo Lohberg für einige Zeit als »verkannter Mörder« lebte.

Absolut widersprüchlich verhielt sich Karl-Heinz Schoch. Am 14. Februar wartete der Zweiundzwanzigjährige mit einem Schriftstück auf. Sein Geständnis in der Mordsache Kolz sei ungültig, schrieb er an die Adresse der Staatsanwaltschaft.

»Aber wir haben doch die Leiche an dem von Ihnen bezeichneten Ort gefunden!« hielt Wölfel ihm verwundert entgegen.

Schoch zuckte die Schultern. »Zufall, Herr Staatsanwalt. Wie beim Lotto ›Sechs aus Neunundvierzig‹. Ich habe das bloß geraten.«

Neue Wortgefechte und Auseinandersetzungen ohne Ende. Die Schutzbehauptung hielt nicht lange vor. Bereits am fünften Tag verlangte Schoch die Rückgabe seines Schreibens. Den Inhalt erklärte er für gegenstandslos.

Mitte Juni reichte Staatsanwalt Winfried Wölfel die Anklageschrift beim Bezirksgericht ein. Vierzehn Tage später eröffnete Richter Angermann als Vorsitzender des 1. Strafsenates den Prozeß gegen den Kranfahrer Karl-Heinz Schoch, angeklagt des zweifachen Mordes gemäß § 112 Absatz 1 und Absatz 2 Ziffern 3 und 4 sowie § 63 Absatz 1 und 2 des Strafgesetzbuches. Die Verhandlung, die sich über mehrere Tage hinzog, fand im ehrwürdigen Gerichtsgebäude am Hansering statt. Schoch folgte ihr mit steinernem Gesicht. Er gab sich geständig, ließ jedoch kaum so etwas wie Reue erkennen.

Professor Dr. Dr. Hans Szewczyk, der führende Gerichtspsychiater an der Berliner Charité, war zum Gutachter bestellt worden. Der »Tscheff«, wie sein Spitzname in Insiderkreisen lautete, galt als Koryphäe. In allen bedeutsamen Mordprozessen der 70er und 80er Jahre hat er seine Spuren hinterlassen. Das Ergebnis

Fundort der Leiche Monika K.

seiner Exploration mündete in den Sätzen: *»In der Realität hat sich bei dem Mann, der den Geschlechtsverkehr mit hoher Potenz betrieb, der normale Sex mit perversen Triebpraktiken gemischt. Ohne jeden Zweifel ist die sexuelle Fehlentwicklung des Angeklagten auch für die Zukunft bedenklich. Da der Gutachter nicht wissen kann, zu welchem Ergebnis der Strafzumessung der Hohe Senat kommen wird, darf er jetzt nur darauf hinweisen, daß auf jeden Fall vor einer Haftentlassung der Zustand des Mannes im sexuellen Bereich sehr präzis beurteilt werden muß.«*

Die Staatsanwaltschaft beantragte lebenslänglichen Freiheitsentzug. Die Verteidigung verfocht die Auffassung, daß man in dem zweiundzwanzigjährigen Angeklagten einen perversen Psychopathen sehen müsse, der zu den Tatzeiten betrunken und zudem außergewöhnlich gereizt war. Eine Einweisung in eine psychiatrische Klinik erscheine gerechtfertigt und unerläßlich.

Am 4. Juli 1980 wurde das Urteil gesprochen: Lebenslängliche Freiheitsstrafe für den zweifachen Mörder!

Noch bevor das Urteil Rechtskraft erlangte, fuhr Winfried Wölfel nach Röblingen und Erdeborn. Er nahm an den Einwohnerversammlungen teil, zu denen ihn die Gemeindevertretungen eingeladen hatten. Wölfel stand gegen den Volkszorn, der lautstark nach Vergeltung rief. Man verstehe nicht, weshalb die Justiz Nachsicht gegenüber einem grausamen Mörder übe, hielt man ihm vor. Für einen Sexualmord, den ein Täter vor einigen Jahren in der Region beging, war ein Todesurteil gefällt worden. Folglich habe der zweifache Frauenmörder Schoch erst recht die Todesstrafe verdient.

1980 wäre ein solches Urteil in der Tat noch möglich gewesen. Die letzten beiden Todesurteile, 1980 und 1981 verhängt und vollstreckt, betrafen einen ehemaligen und einen aktiven Mitarbeiter des DDR-Geheimdienstes, die gefaßt wurden, bevor sie die Seiten wechseln konnten. Erst am 18. Dezember 1987 wurde die Abschaffung der Todesstrafe von der Volkskammer der DDR beschlossen.

Winfrid Wölfel verteidigte das Strafmaß. Für viele unerwartet sprang ihm der Vater der ermordeten Monika Kolz bei: »Was nützt es mir, wenn der Schoch hingerichtet wird«, argumentierte er erregt. »Monika wird davon nicht mehr lebendig. Mir ist es wichtiger, daß er lebt und arbeiten muß und wenigstens etwas zum Unterhalt der Kinder beitragen kann.«

1990, im Jahr nach der Wende, versuchte Schoch wie fast jeder verurteilte Straftäter, sich als »Opfer der DDR-Justiz« zu präsentieren. Ein mit westdeutschen Juristen besetztes Gremium befand: Sowohl Tat- als auch Schuldnachweis wurden im Prozeß vor dem Bezirksgericht fehlerfrei geführt. Unter Berücksichtigung der düsteren Prognose hinsichtlich einer Therapiefähigkeit des verurteilten Straftäters ist der Antrag zu verwerfen.

Im Februar 1996 verstarb Karl-Heinz Schoch im Strafvollzug. Laut Auskunft der zuständigen Staatsanwaltschaft an einer Erkrankung der Herzgefäße.